Klaus Kowalski

Die Wirkung visueller Zeichen

Analysen und Unterrichtsbeispiele
für die Sekundarstufe I

Ernst Klett Verlag Stuttgart

CIP-Kurztitelaufnahme der Deutschen Bibliothek

Kowalski, Klaus

Die Wirkung visueller Zeichen: Analysen und Unterrichtsbeispiele
für die Sekundarstufe I
ISBN 3-12-929350-7

1. Auflage 1975
Alle Rechte vorbehalten
Fotomechanische Wiedergabe nur mit Genehmigung des Verlages
© Ernst Klett Verlag, Stuttgart 1975
Satz: G. Müller, Heilbronn
Druck: Wilhelm Röck, Weinsberg
Einbandgestaltung: Klaus Karsten in Zusammenarbeit mit Gerhard Schäufele

Inhalt

Vorwort

Die didaktische Diskussion um das Schulfach „Kunst und visuelle Kommunikation" wird derzeit kontrovers geführt. Es ist häufig üblich geworden, Vertreter der „visuellen Kommunikation" als progressiv zu bezeichnen und andere, die es „noch" mit der „bildenden Kunst" halten, als rückschrittliche und ewig Gestrige abzutun. Derzeit ist es modern, sich politisch und materialistisch zu geben. Dabei ist in Vergessenheit geraten, daß die Adaption der Kybernetik in das System des dialektischen Materialismus auch heute noch Schwierigkeiten bereitet. Über alle Kritik an der Bewußtseinsindustrie und der Anpassung des „Bildnerischen" an das „Kommunikative" – und sei's auch nur durch Titel – ist vergessen worden, die semiotischen Grundlagen dahingehend zu überprüfen, ob „visuelle Kommunikation" mehr als ein politisches Schlagwort sein kann!

Dieser Frage nachzugehen war einer der Beweggründe für mich, dieses Buch zu schreiben. Es gibt in ihm keine endgültigen Antworten. Das Ergebnis ist vielmehr eine Art Standortbestimmung. Dazu gehört auch die Einsicht, daß die Zukunft der visuellen Kommunikation im Labyrinth der vielfältigen Ansätze derjenigen verborgen ist, die sich um sie wissenschaftlich bemühen. Jeder, der sich mit ihnen beschäftigt, muß gewärtig sein, auf Veränderungen – bedingt durch wissenschaftlichen Fortschritt – reagieren zu müssen.

Bei der Beschäftigung mit dem Stoff war die Entscheidung zu treffen, ob man an einer wissenschaftlichen Diskussion über den Aufbau visueller Zeichen teilnehmen oder in bereits erforschte Sachverhalte einführen sollte. In vielen Seminaren und Fortbildungskursen habe ich die Überzeugung gewonnen, daß die „visuelle Kommunikation" ein unverzichtbares Teilgebiet des Fachs „Bildende Kunst" sein muß, wenn den Schülern der Zugang zu den visuellen Phänomenen unserer Kultur vollständig eröffnet werden soll. So habe ich mich entschieden, ein didaktisch orientiertes Buch zu schreiben. Eingedenk des lückenhaften Ausbildungsstandes der Lehrer in diesem Bereich und bezogen auf die vorhandene Fachliteratur war mein Bemühen darauf gerichtet, Lehrern und Studenten in einer möglichst verständlichen Sprache und in kleinen Schritten den Zugang zur Theorie der Kommunikation zu ermöglichen und Wege zu ihrer Anwendung im Unterricht aufzuzeigen.

Das Buch führt in die Wissenschaft von den Zeichen ein, stellt die sich ergebenden praktischen Konsequenzen dar und bietet einen für die Sekundarstufe I ausgelegten Lernzielkatalog an. Das Buch ermöglicht es dadurch jedem Leser, sich den Zugang zu einem unübersichtlichen Fachgebiet zu verschaffen. Es befähigt ihn, semiotische Termini zu handhaben, wissenschaftliche Literatur leichter zu verstehen und die Grenzen eigenen Unterrichts zu erkennen.

Bei einer solchen Absicht mußte auf vieles, was einer ausführlicheren wissenschaftlichen Diskussion würdig gewesen wäre, verzichtet werden. Hierzu gehört z. B. die Frage nach der Mathematisierbarkeit ästhetischer Information, das kritische Eingehen auf didaktische Modelle, die sich aus dem Strukturalismus (H. K. Ehmer) und der sozialen Kommunikation (H. Möller) entwickelt haben, sowie die mir fast zu rigoros anmutende Beschränkung auf das Notwendigste in Sachen „Kunstwerk". Einige Teile dieses Buches führen die fachliche Diskussion auch weiter, indem ich den Versuch einer von der Wahrnehmungspsychologie ausgehenden Klassifizierung visueller Zeichen vorschlage, Zeichensystem und Kunstwerk zu scheiden versuche, ein größeres Gewicht auf die Methodenfrage lege, als dies bisher geschehen ist, und nicht zuletzt einen didaktischen Standort gegenüber den Massenmedien Comic, Film und Fernsehen vertrete, der die Entscheidungs- und Wahlmöglichkeit des einzelnen gegenüber der Abhängigkeit von den gesellschaftlichen Bedingungen betont und in den Mittelpunkt der Erziehung das Individuum stellt.

Großburgwedel, im Juli 1975   *Klaus Kowalski*

Das Problem: Gestalten – Mitteilen
Kunst – Kommunikation

In einer 9. Klasse läuft die letzte Stunde einer über mehrere Wochen gehen-
den Unterrichtseinheit, in der verschiedene Darstellungsmöglichkeiten von
Körpern auf der zweidimensionalen Fläche Gegenstand des Unterrichts
waren. In dieser Stunde will die Lehrerin zu einer Zusammenfassung gelangen, mit dem Ziel, die Dreidimensioniertheit unserer Erfahrungswelt
einer zweidimensionierten Darstellungswelt des bildnerisch Tätigen gegen-
überzustellen. Im Stundenentwurf las sich das so:
„Am Anfang der Stunde lasse ich die Darstellungsmöglichkeiten aus vielen
Arbeiten der Schüler und einigen Kunstwerken auswählen. Gegen Ende
der Stunde stelle ich zu den ausgesuchten Arbeiten eine Fotografie. Die
Kinder sollen erkennen, daß der Künstler immer eine bestimmte Darstellung des Körperlichen angestrebt hat. Die Fotografie hingegen gibt einen
wirklichen Eindruck der Gegenstände wieder."
Die Arbeit der Schüler klappt vorzüglich. Sie wählen verschiedene Dar-
stellungsmöglichkeiten aus und vergleichen sie (s. nächste Seite). Sie er-
kennen, daß die Bleistiftzeichnung hauptsächlich die gewölbte Form der
Gefäße und Gegenstände zum Ausdruck bringen wollte und daß der
Künstler bei dem Ölbild die Körperhaftigkeit der Gegenstände durch
Helligkeitsabstufungen dargestellt hat. Dann stellt die Lehrerin ein Foto
vor. Die Schüler verstehen die Absicht der Lehrerin und folgern, daß
„dieses Foto in Wirklichkeit das Dreidimensionale" darstelle, während die
Zeichnungen „nur immer ein bißchen von der Wirklichkeit" wiedergeben.
Ein Schüler sagt: „Das Foto ist wie in Wirklichkeit, die Zeichnungen sind
Gestaltung." Die Lehrerin glaubt damit das Ziel ihres Vorhabens erreicht
und schließt den Unterricht.
Wir können ihr darin nicht ganz folgen. Denn die Frage, ob nicht auch
die Fotografie einen „gestalteten Ausschnitt" aus der sich vielfältig darbietenden dreidimensionalen Wirklichkeit darstellt, blieb unbeantwortet.
Und, was schlimmer ist, die von Schülern oft zu hörende Meinung, ein
Künstler könne nur schwer etwas darstellen, wie es wirklich ist, hingegen
gäbe die Fotografie Dinge genauso wieder, wie sie tatsächlich sind, wurde
nicht weiterverfolgt. So konnten die Schüler glauben, ihre Meinung sei
richtig.

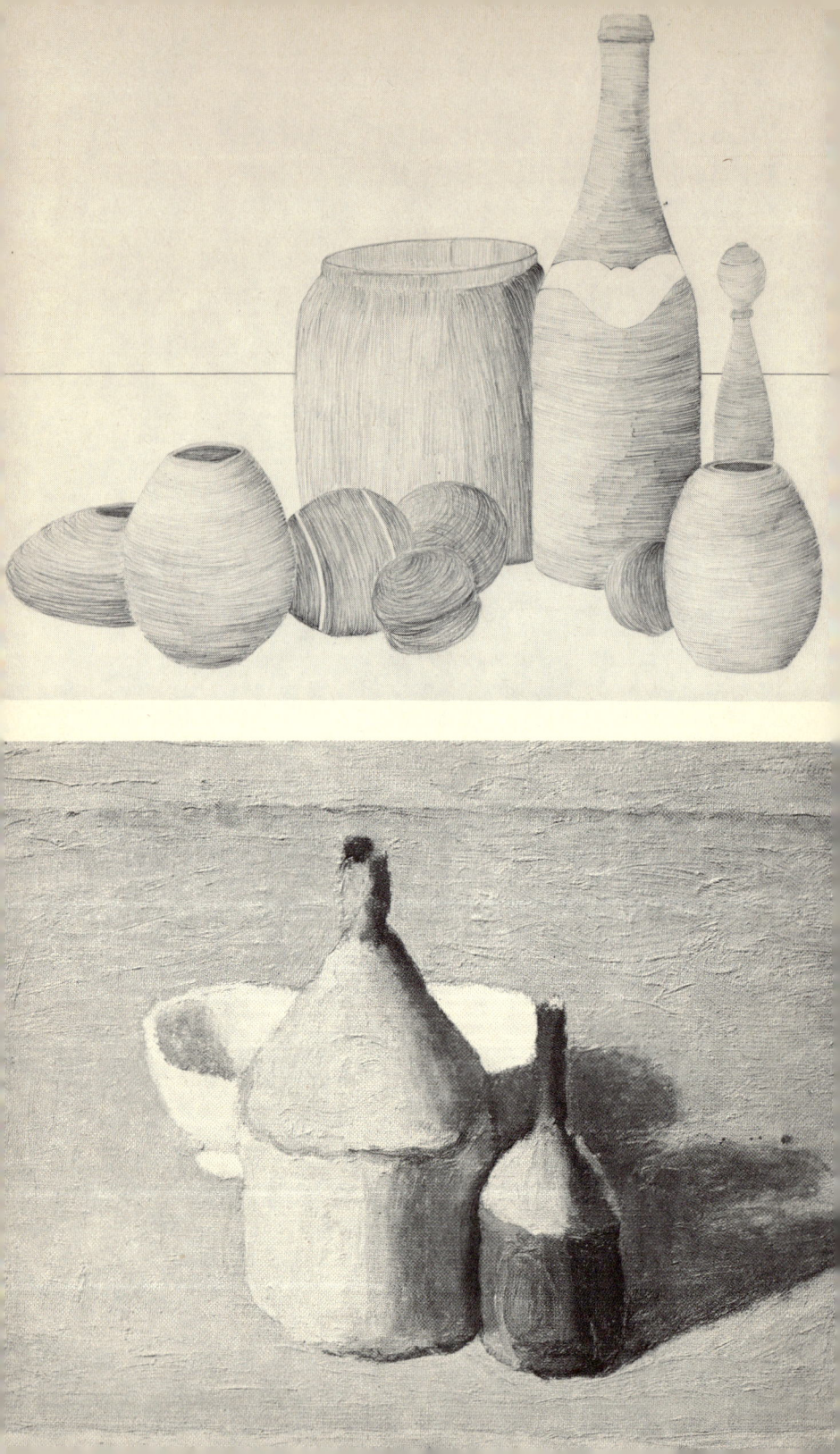

Links oben:
Schülerzeichnung
Bleistift
9. Kl. Hauptschule

Links unten:
Giorgio Morandi,
Natura morta,
Öl, 1957

Rechts oben/unten:
Fotografische
Experimente
Studentenarbeit

Aber schon eine weitere Abbildung, die in Verbindung mit einem einführenden Fotokurs von den Schülern auch hätte selbst hergestellt werden können, problematisiert diesen Aspekt. Vergleicht man nämlich die beiden Fotos unter dem von der Lehrerin gestellten Thema, so müßten die Schüler das Problem zumindest erkennen. Ist die eine Fotografie „Wirklichkeit" und die andere „Gestaltung"? Oder sind alle beide „Gestaltung", weil ja einmal ein Bemühen des Fotografen darin lag, möglichst viel Körperlichkeit anschaulich werden zu lassen, das andere Mal aber das gleiche Motiv möglichst flächig wirken sollte?

Stellen wir uns noch ein weiteres Bild vor, das ein Schüler als Schnappschuß von einer Trinkpause während einer Klassenfahrt gemacht hat. Warum hat er dieses Bild angefertigt? Entweder als Erinnerung oder um den Eltern später daheim zeigen zu können, was für ein Gelage diese Trinkpause geworden ist! Dieser Schüler wollte also mit seinem Bild etwas dokumentieren oder anderen eine Mitteilung über eine Episode von der Klassenfahrt machen! Was aber hatte die Lehrerin mit den Studien zur Körperdarstellung im Zweidimensionalen für ein Ziel verfolgt, was Morandi mit seinem Bild, was die körperhafte und die flächige Auslegung ein und desselben Motivs durch Fotos?

Der Schüler wollte etwas über die Wirklichkeit berichten; Morandi, die Klasse und der Schöpfer der beiden Fotos wollten Wirklichkeitseindrücke gestalten. Sind beide Vorhaben legitime Inhalte des Kunstunterrichts? Und sind das überhaupt zwei voneinander zu unterscheidende Inhalte des Fachs? Könnte man sich nicht auf den Standpunkt stellen, daß auch der Schnappschußfotograf Wirklichkeit „gestaltet" – nur eben viel unvollkommener – weil unüberlegter – als der Künstler Morandi? Ist „etwas mitteilen" und „etwas gestalten" nicht dasselbe?

Unbemerkt haben wir Argumente der heutigen fachdidaktischen Diskussion verwendet. Denn setzen wir für „mitteilen" das in Mode befindliche Wort „Kommunikation" und für „gestalten" das schon immer dafür (zu Unrecht) gebrauchte Wort „Kunst" ein, so wird jedem klar, daß wir uns im Zentrum der heutigen Diskussion der Fachdidaktiker befinden. Ohne nun hier das didaktische Problem über die praktische Notwendigkeit hinaus strapazieren zu wollen, kann jeder, der an den fachdidaktischen Diskussionen der letzten Zeit auch nur geringfügig teilgenommen hat, feststellen, daß es neben dem ziellosen „laissez faire" zwei besonders heftig in Gegensatz geratene Auffassungen über die Ziele des Unterrichts gibt:

☐ Die einen sagen, es handelt sich um die Vermittlung von Inhalten der Bildenden Kunst. Kommunikative Aspekte lassen sich daran miterörtern, oder sie sind des Erörterns gar nicht wert.

„Der Sachbereich Bildende Kunst ist unter den Gegebenheiten von heute und morgen ein selbständiges Fach mit spezifischen Inhalten und Aufgaben. Die Welt der Kunst bzw. des Bildnerischen und Gestalterischen ist eine Entdeckung des Menschen, die ihren Sinn primär in sich selbst hat. So geht es im Fach darum, Erkenntniskategorien, die uns überhaupt in ein vernünftiges (Kultur-)Verhältnis zur Kunst setzen und zweitens das Kunstwerk, gerade auch das moderne, vom ästhetischen Ding (das als Objekt-Versuch durchaus ernst gemeint sein kann) vom Machwerk, vom Jux und vom harmlosen Unsinn zu scheiden. Wir haben mit der Differenzierung unserer Terminologie vor allem Qualitäten zu unterscheiden. Die heutige Verwechslung von Quantität und Qualität könnte die Kunstgeschichte aufdecken." (Pawlik)

☐ Demgegenüber sagen andere, das Ziel des Unterrichts kann nur sein, die Schüler in die Tatbestände visueller Kommunikationsprozesse einzuführen, worunter die bildende Kunst auch fällt, aber ein gar nicht so wichtiges Teilgebiet ist.

„In der von der Gesellschaft unterhaltenen, auf die Gesellschaft bezogenen Institution Schule muß in einem Fach, das auf visuelle Phänomene bezogen ist, heute der Gesamtbereich visuelle Kommunikation in seinen relevanten Ausprägungen Gegenstand von Unterricht sein. Neben dem besonderen Phänomen Kunst müssen Medien ohne Rücksicht auf eine mögliche ästhetische Gestaltung Gegenstand des Unterrichts sein: Fotografie, Werbung, Illustrierte, Film, Fernsehen, Comics. Nur an der didaktischen Orientierung auf solche Kommunikationsbereiche kann ein auf visuelle Phänomene bezogenes Fach einen entscheidenden Beitrag leisten zur Orientierung in einer Welt, in der wirksame Kommunikation Existenzbedingung ist." (Möller)

Für unsere Fragestellung ist es wichtig, diese Anschauungen näher zu untersuchen. Nach dem allgemeinen Stand der Diskussion kann ohne Umschweife gesagt werden, daß Kunst in unserer heutigen Gesellschaft als Nicht-Wissenschaft angesehen wird, während Kommunikation eine Wissenschaft für sich geworden ist. Halten wir an der von vielen vertretenen Auffassung fest, so wird deutlich, daß „Kunst", vertreten durch das Spezialgebiet bildende Kunst, und „Wissenschaft", vertreten durch das Spezialgebiet Kommunikation, zwei ganz verschiedene Gegenstände sind. Es kann also weder behauptet werden, die Fragen der bildenden Kunst gingen in den Fragen der visuellen Kommunikation auf, noch darf geleugnet werden, daß es neben den Phänomenen der bildenden Kunst auch visuell Wahrnehmbares gibt, das im Alltagsdenken nicht für Kunst gehalten wird und unter diesem Anspruch auch nicht hergestellt wurde.

So kann die vorläufige Antwort auf die Frage, welche Unterrichtsinhalte im Fach unterrichtet werden sollen, zunächst nur heißen: Beide! Wir behaupten: Bildende Kunst und visuelle Kommunikation sind Inhalt des Unterrichtsfachs. Keiner von beiden ist unserer Auffassung nach dem anderen unterzuordnen. Beide Teilgebiete weisen eine prinzipiell andere Struktur auf. Zu ihrer Erarbeitung müssen andere Methoden angewendet werden, und sie sind für jeweils andere gesellschaftliche Ziele wirksam.

Um diese Annahmen zu überprüfen, bedarf es grundlegender Kenntnisse über die Problemstellungen der Kommunikationswissenschaft. In diese soll der Leser nun zunächst eingeführt werden. Am Ende der Erörterungen läßt sich die hier vorausgeschickte Behauptung, Kunst und Kommunikation sind zwei verschiedene Inhalte des gleichen Fachs, begründeter vertreten. Eine vollständige Bearbeitung des Fragenkomplexes bedeutete allerdings, daß auch der Problemkreis „bildende Kunst" in ähnlicher Weise wie hier die „visuelle Kommunikation" behandelt werden müßte. Dies aber ist hier nicht zu leisten und liegt auch nicht in unserer Absicht.

Im folgenden schließen wir uns der Meinung Ecos an, der in seiner „Einführung in die Semiotik" das Verhältnis von Kommunikation zu Kultur wie folgt bestimmt:

„Die Kultur ist Kommunikation — diese Formulierung, die die Gefahr des Idealismus enthält, muß übersetzt werden in: die ganze Kultur muß als Kommunikationsphänomen untersucht werden. Die ganze Kultur sub specie communicationis zu betrachten, heißt nicht, daß die Kultur nur Kommunikation ist, sondern daß sie besser und tiefer verstanden werden kann, wenn man sie unter dem Gesichtspunkt der Kommunikation betrachtet..." (S. 36)

Kommunikation – was ist das?

Kommunikation – das Wort gehört heute zum Wortschatz eines jeden modernen Menschen. Der Gebrauch signalisiert, daß man informiert ist, aber es kann genausogut Unsicherheit verbergen. Also fragen wir: Was heißt „Kommunikation"?

Das Wort ist aus dem Lateinischen hergeleitet. „Communicare" heißt dort: etwas Gemeinsames machen, einander mitteilen. Die Kommunikationswissenschaft beschäftigt sich also mit den Möglichkeiten des Gemeinsammachens von Mitteilungen. Hierbei berücksichtigt die Kommunikationstheorie nicht nur das „Wie", sondern auch das „Was" einer Mitteilung. Sie versucht, die Fragenkomplexe zu klären, die sich um die Kernfrage ergeben: Was teilen sich Sender und Empfänger w i r k l i c h mit und mit welchen Konsequenzen füreinander?

Um die Ernsthaftigkeit dieser Fragestellung und ihre Wichtigkeit für unser tägliches Leben zu erkennen, bedarf es nur eines kleinen Spieles: Ein Schüler sagt einem zweiten eine Neuigkeit ins Ohr, z. B.: „Heute abend gehe ich mit meinen Eltern ins Kino am Waterlooplatz." Diese Neuigkeit wird von Mund zu Ohr weitergegeben, bis sie schließlich – entstellt – beim letzten Schüler ankommt. Nehmen wir an, dieser hätte verstanden: „Heute habe ich ein Elt-Kino am Wartonplatz." Begäbe er sich nun wirklich abends an den Wartonplatz (Warton, J., engl. Dichter, 1722–1800), um seinen Freund zu treffen, so stellte er fest, daß er einer Fehlübermittlung aufgesessen ist. Er kann daraus schließen, daß die Kommunikation zwischen den Partnern fehlerhaft war, da ihm eine falsche Botschaft übermittelt wurde. Was der eine vom anderen w i r k l i c h verstanden hat, kann nur dadurch überprüft werden, daß der letzte Schüler dem ersten sagt, was er verstanden hat. Erst jetzt kann nach den Ursachen des Mißverständnisses geforscht werden, indem man fragt: „Welche Bedingungen der Übermittlung einer Neuigkeit müßten verändert werden, damit ihr Inhalt möglichst unentstellt beim Empfänger ankommt?"

Nun wird auch deutlich, daß immer eine Beziehung zwischen dem, der eine Neuigkeit ausgibt, und dem, der sie empfängt, besteht, sofern man die kommunikative Fragestellung anerkennt. Dem ersten Schüler könnte es ja auch vollkommen gleichgültig sein, was der letzte von seinem Satz verstanden hat. Wenn er aber gerne wissen möchte, ob der andere verstanden hat, was er meint, dann muß er sich schon irgendwie danach erkundigen.

In diesem Sinne ist Kommunikation das Gemeinsamwerdenlassen von Information mit dem Ziel, zu kontrollieren, wieweit die abgegebene Information mit der aufgenommenen übereinstimmt. All das geschieht mit der Absicht, etwas Gemeinsames zu machen. Das heißt: nicht nur etwas gemeinsam zu wissen, sondern vielmehr gemeinsam zu handeln.

In unserem Beispiel läge das gemeinsame Handeln in dem Entschluß des Empfängers, nun seinerseits auch zum Kino am Waterlooplatz zu kommen — und nicht, wie vielleicht ursprünglich vorgesehen, den Freund am Abend in seiner Wohnung zu besuchen. Jede Information wird also mit der Absicht mitgeteilt, bestimmte Handlungen zu bewirken.

Geht eine gemeinsame Verständigung einem Handeln voraus — wie in unserem Beispiel —, so stellt die übermittelte Information Argumente und Gründe für menschliches Handeln bereit mit der Wahrscheinlichkeit des Erfolges — gehe ich zum Kino, werde ich meinen Freund dort (und nicht in der Wohnung) treffen. Folgt die Information einer Handlung nach — der Schüler geht abends zu seinem Freund, trifft ihn aber nicht an —, liefert sie die Rechtfertigung (wie konnte ich wissen, daß du ins Kino gehst!) oder deren begründete Mißbilligung (du hättest mir das aber sagen müssen!).

Denken und Handeln sind auf diese Weise miteinander beziehungsreich verbunden. Die Verbindung ist zunächst eine unmittelbare, indem die Kommunikation zwischen den beiden Schülern besteht. Sie ist aber auch eine historische, weil der Zeitpunkt der Information eine gewichtige Rolle spielt und auf eine historische Befindlichkeit stößt (ich will mit meinen Eltern ins Kino gehen — ich bin gestern mit meinen Eltern ins Kino gegangen), die sowohl den Sendenden wie den Empfangenden betrifft (ich muß dich treffen — ich wollte dich treffen). Die Verbindung von Information und Handlung ist somit immer einem Zeitfluß unterworfen. Es gibt keine für immer festlegbaren Kommunikationsprozesse (z. B. du sagst mir immer, wann du wohin gehst, damit ich dich immer treffen kann), sondern gemeinsames Machen (wir wollten uns treffen) setzt auch immer eine irgendwie geartete gemeinsame Situation voraus (ich konnte dir nicht Bescheid geben, weil meine Eltern selbst erst am Nachmittag den Entschluß faßten, mit mir ins Kino zu gehen).

Die gemeinsame Situation resultiert aber nicht nur aus der individuellen Befindlichkeit der miteinander Kommunizierenden. Nicht die Tatsache allein, daß die beiden Schüler sich über den heutigen Verlauf des Abends verständigen, ist maßgebend, sondern auch ihre allgemeine Lage, daß sie z. B. Schüler sind und nicht Erwachsene, und ein bestimmtes gesellschaftliches Bewußtsein, daß sie z. B. in einer Großstadt wohnen und einer von beiden kein Telefon hat, weswegen schnelle Mitteilungen am Nachmittag nicht möglich sind und die Mitteilung vormittags in der Schule endgültig war. So sind die gesellschaftlichen Bedingungen in einer Großstadt Mitteleuropas für Söhne von Mittelstandseltern, deren einer sich ein Telefon leisten kann, sowohl Ausgangspunkt des gemeinsamen „Machens" wie Endpunkt der Möglichkeit gegenseitiger Verständigung. Beachtete man den Gesichtspunkt des „Kommunizierens" z. B. beim Auftreten von Konflikten menschlicher wie politischer Art, könnte es keine Aggressionen mehr geben, da die Verpflichtung zum Mitteilen aller Schwierigkeiten, Ängste und Hoffnungen nicht nur den Verlust einer eigenen Stärkeposition, sondern auch den Gewinn der Möglichkeit gemeinsamen Handelns für eine jeden Beteiligten zufriedenstellende Lösung mit einschließen würde.

Kommunikation und Information –
etwas Verschiedenes

Das, was hier unter dem Begriff der „Kommunikation" zusammengefaßt ist, spielt in vielen Veröffentlichungen auch in den Begriff der „Information" hinüber. Häufig wird Kommunikationstheorie mit Informationstheorie gleichgesetzt. Dies ist ein unpraktisches Verfahren, da es viel Verwirrung stiftet. „Information" bedeutet Vorstellung, Begriff, Auskunft („informare" = gestalten, bilden, ein Bild von etwas entwerfen, eine Vorstellung von etwas machen). Es ist schon hieraus leicht ersichtlich, daß der Informationstheoretiker kein so großes Gewicht auf das Erforschen der Bedingungen gemeinsamen Handelns legt, sondern sich nur damit befaßt, wie eine Auskunft, eine Vorstellung konstruiert sein muß, damit sie als Nachricht transportiert werden kann. Dabei ist es ihm unwesentlich, welche Inhalte transportiert werden und was sie bewirken. Er möchte nur kontrolliert wissen, daß sie beim Empfänger ankommen. Der Informationstheoretiker im engeren Sinne ist an dem „Wie" einer fehlerfreien Übermittlung und nicht an den Veränderungen, die sie bewirkt, interessiert. Die Informationstheoretiker sind dabei auch auf eine Mathematisierung der im Übermittlungsprozeß stattfindenden Vorgänge erpicht. Der Kommunikationstheoretiker hat eher soziale Interessen, wenn er vor allem die gesellschaftlichen Vorgaben des Senders wie Empfängers in einer Wirkungsanalyse erheben möchte, die in Zukunft rationales Handeln ermöglichen soll und gesellschaftliche Prozesse impliziert. Er fragt neben dem „Wie" auch nach dem „Was" und „Warum".

Regeln und Steuern im voraus – das ist das Ziel

In einem sind sich beide Wissenschaftsgebiete aber einig: Es geht nicht um die Analyse schon abgelaufener Informations- und Kommunikationsprozesse, sondern um die möglichst fehlerfreie Vorhersage von Abläufen der Nachrichtenübermittlung. Daß dabei die nachträgliche Analyse solcher bereits abgelaufener Prozesse sehr hilfreich sein kann, ändert an dem Ziel der Wissenschaften dieses Bereichs nichts: Man möchte den Ablauf und die Wirkungen von Informationsprozessen vorhersagen können. Hierbei kann es sich natürlich meistens nur um Näherungswerte handeln, die nach den Gesetzen der Wahrscheinlichkeitsrechnung statistisch ermittelt werden. Derartige Verfahren sind fast allen Wissenschaften heute als Regelkreise und Steuerungsprozesse bekannt. Die Wissenschaft, die sich mit ihnen beschäftigt, ist die Kybernetik (von kybernetes – griechisch: der Steuermann). So gesehen sind die Informationswissenschaften und die Kommunikationswissenschaften Unterabteilungen der Steuerungswissenschaften schlechthin, die heute „Kybernetik" genannt werden. Während es aber die Informationswissenschaft mit der Übermittlung von Signalen (Ströme, Spannungen, Lichtwellen, Töne, Nervenaktionsströme und die Änderung deren energetischer Zustände) zu tun hat, versucht die Kommunikationswissenschaft in den viel weniger präzisen Bereich des Sinnverstehens von Zeichen vorzudringen.

Nun ist jedermann einsichtig, daß Zustände, deren Vorhersage Gegenstand der Fragestellung ist, schlecht in Wirklichkeit erprobt werden können. Versuche dieser Art sind teils sehr teuer, teils auch gar nicht darstellbar, weil an ihnen Menschen beteiligt sind, die dadurch in große Gefahren kämen. So ist die Kybernetik — und mit ihr die Informations- und Kommunikationswissenschaft — auf andere Methoden als die der direkten Analyse angewiesen. Die am häufigsten angewendeten Methoden sind die der „Modellvorstellung" und der „black box".

Die Modellmethode – Nachbildung der Wirklichkeit

Um uns diese Methode recht deutlich zu machen, stellen wir uns vor, wir hätten eine Modelleisenbahnlokomotive in der Hand und wir gingen mit dieser auf den Bahnhof und verglichen sie mit der wirklichen Lokomotive gleichen Typs. Wir stellten fest, daß viele Teile nach Farbe, Lage und Anzahl im Modell genauso angeordnet sind wie in Wirklichkeit. Da ist ein Dach, ein Fenster wie im Modell auch, da sind zwei Scheinwerfer wie am Modell auch. Aber wir stocken: Während die Scheinwerfer der richtigen Lokomotive wirklich funktionieren, sind die Scheinwerfer der Modelleisenbahn nur abgebildet, sie haben die gleiche Form, aber sie funktionieren nicht. Wir stellen nun fest, daß bestimmte Beziehungen oder Verknüpfungen zwischen Modell und Wirklichkeit vorhanden sind, während anderes nicht übereinstimmt. Die wirkliche Lokomotive ist größer, sie hat z. B. eine andere Kupplung, und ihr Antriebssystem ist anders konstruiert als das der Modellokomotive. Wir stellen also fest, daß Modelle nur in bestimmten Relationen die Wirklichkeit repräsentieren und in anderen nicht.

Genau nach diesem Prinzip lassen sich auch Modelle von Informations- und Kommunikationsvorgängen bauen. Will man diese Methode anwenden, müssen sich zwischen Original und Modell Analogien herstellen lassen. Das bedeutet aber, daß bei Anwendung dieser Methode zunächst bestimmt werden muß, wovon es ein Modell ist und wofür es ein Modell ist. Dieses Verfahren wird in der Zeichentheorie häufig angewendet. So ist z. B. die Modelleisenbahn im Deutschen Museum in München kein Modell der Deutschen Bundesbahn innerhalb eines bestimmten Gebietes, sondern ein Modell z. B. zur Simulation von ineinandergreifenden Fahrplänen oder von Rangieraufgaben, analog bestimmbarer Teilbedingungen des Deutschen Bundesbahnbetriebs.

Die black-box-Methode –
der Wahrscheinlichkeitscharakter von Wirklichkeit

Diese Methode wird so genannt, weil sie an einen großen schwarzen Zauberkasten erinnert, dessen Inneres (das System) man nicht kennt, wohl aber seine Eingangs- und seine Ausgangsbedingungen (input und output). Schickt man nun in diesen Kasten etwas hinein, was vorher in ihm nicht enthalten war, so verändert man seinen Zustand. Wartet man, was an seinen Ausgängen herauskommt, und vergleicht man dieses mit dem, was in den Kasten hineingeschickt wurde (feedback), so hat man im Prinzip das Grundmodell jedes Informations- und Kommunikationsprozesses vor Augen. Man sollte sich nur darüber im klaren sein, daß für eine derartige Operation immer zwei Systeme notwendig sind – ein uns meist in Umfang und Aufbau unbekanntes System (in der black-box) und ein anderes in Umfang und Aufbau möglichst gut bekanntes, das von außen kommt (input) und eine bestimmbare Veränderung des ersten Systems bewirkt (output).
Alle kybernetische Forschung geht nun davon aus, daß sich Veränderungen eines Zustandes nach bestimmten Regeln vollziehen. Um also eine Vorhersage über die Veränderung eines Zustandes durch Einwirkung eines Umweltfaktors machen zu können, brauche ich „nur" diejenige Regel zu finden, nach der die Veränderung eines Verhaltens vor sich geht. Dieses Verfahren wird häufig im Bereich der Sozialwissenschaften angewendet.

Kurzinformation über „Information"

Das ist nun nicht ganz so einfach, wie es hier dargestellt werden muß. Denn es ist natürlich in den meisten Fällen so, daß es nicht nur eine Möglichkeit der Veränderung, sondern viele Möglichkeiten gibt. Auch dann läßt sich das Prinzip des Grundmodells anwenden, indem die Eingabe mehrere Möglichkeiten hat, Aussage zu werden. Jetzt muß es irgend etwas geben, was die Eingabe veranlaßt, sich mit dem vorhandenen System in der black-box gerade zu dieser einen Aussage zu verbinden – und nicht mit einer der x anderen Möglichkeiten zu einer jeweils anderen Aussage. Diesen Wert, dieses „irgend etwas" nennt der Kybernetiker eine „Information".
Die Information ist nach dieser Auffassung also etwas, das ein System, z. B. den Zustand in der black-box, dazu bringen kann, die eine oder andere Aussage zu machen.
Ein System, in dem es nur zwei Möglichkeiten der Entscheidung gibt, hat dabei einen niedrigen Informationsgehalt. Ein System, in dem es sehr viele Wahlmöglichkeiten gibt, hat einen sehr hohen Informationsgehalt.
Wir sehen, die alltägliche Bedeutung von „Information" im Sinne von Neuigkeit, Nachricht, Mitteilung unterscheidet sich erheblich von dem Begriff, den der Informationstheoretiker in seinem Wissenschaftsgebiet verwendet. Für

ihn zählt die Anzahl der Alternativen, die entschieden werden müssen, um den Eintritt eines Ereignisses eindeutig definieren zu können. „Information" ist deshalb für ihn nichts anderes als das Maß der Freiheit der Wahl innerhalb bestimmter Wahrscheinlichkeitssysteme — so einfach ist das, würde der Wissenschaftler sagen!

Dieses Verständnis ist schwerlich in der Schule aufrechtzuerhalten. Aus diesem Grunde wird im folgenden von der Alltagssprache ausgegangen. Mit ihr sind — schließt man die Mathematisierung von wahrscheinlichen Wahlmöglichkeiten aus — fast alle Phänomene des täglichen Lebens in dem hier zur Diskussion stehenden Bereich zu erfassen. Nur einmal noch werden wir uns auf den wissenschaftlichen Begriff der Information zu besinnen haben — bei der Frage nach der Redundanz einer Information (S. 113 f.).

Die Kommunikationstheoretiker sinnen darüber nach, wie der sehr hohe Anteil an Wahlmöglichkeiten bei inhaltlich bestimmten Kommunikationsprozessen als Regel beschrieben und damit im voraus gesteuert werden kann, wie dieses z. B. anscheinend in der Werbung geschieht.

Das Kommunikationsgeschehen

Möchte jemand mit jemand in einen Kommunikationsprozeß eintreten, so hat er dabei eine bestimmte Absicht — z. B., daß er möglichst objektiv, aber auch verständlich über die Vorgänge des Kommunizierens unterrichten will. Wenn er seine Absicht in die Tat umsetzt, wird der Kommunikator selbst Produzent, indem er versucht, seine Absichten zu kodieren, z. B. in das Zeichensystem „Deutsche Sprache". In ihr bedient er sich nicht aller Wörter, sondern er benutzt, um sich verständlich zu machen, eine bestimmte Auswahl der vielen möglichen Wortzeichen. Er stellt sich ein Repertoire zusammen. Indem er sich entscheidet, diese „Botschaft" — das Kommunikat — nicht über einen Zeitungsartikel, sondern über ein Buch unter die Leute (Kommunikanten; Empfänger) zu bringen, hat er sowohl die Transposition in ein Medium als auch einen bestimmten Kanal der Übermittlung gewählt, indem er z. B. dieses Buch nicht im Selbstverlag erscheinen, sondern über die Verkaufskette eines angesehenen Verlags transportieren läßt. Im Buchladen kommen viele mit dem Buch in Berührung. Diejenigen, die es lesen, dekodieren die „Botschaft des Produzenten" und sind damit Rezipienten. Nun hat sowohl der Produzent dieses Buches wie der Leser dieses Buches an das Buch bestimmte Erwartungen geknüpft. Der Produzent stellt sich z. B. vor, er habe ein sehr handfestes, praktisches, in Unterricht umsetzbares Buch geschrieben; der Rezipient und Empfänger der Nachricht stellt aber verärgert fest, daß es sich um ein „theoretisches Werk" handelt. Falls sich z. B. ein Briefwechsel entspinnt, entspräche dieser einem „feedback", da dem Produzenten durch den Rezipienten mitgeteilt wird, was er von seiner Botschaft verstanden hat und was nicht. Beide könnten sich wahrscheinlich z. B. darauf einigen, daß für eine

praktische Bearbeitung dieses Inhalts fundierte theoretische Kenntnisse kein Schaden sein können und daß daher diese hier gegebenen Informationen wichtig sind. Diesen Teil der Übereinstimmung kann man den „teilidentischen Kode" nennen, während über den Tatbestand, was Praxis ist und was für sie in einem solchen Buch geleistet werden soll und kann, vielleicht keine Einigkeit erzielt wird. Aber man könnte sich ja dann zusammensetzen . . .
Das für unsere Zwecke ausreichende Modell eines Kommunikationsgeschehens sähe etwa so aus:

Sender			Empfänger	
Produzent	Produktion	Übermittlung	Rezeption	Rezipient
planen bestimmen von Zielen Vorverständnis	machen auswählen aus Möglichkeiten erstellen eines Repertoires	transportieren in einem Medium und Kanal abschätzen von Störfaktoren	sehen auswählen aus Möglichkeiten erschließen eines Repertoires	verstehen bestimmen eines Sinns Vorverständnis

Rep_P Rep_R

Repertoire des Senders | Repertoire des Empfängers

Ermittlung des teilidentischen Kode durch feedback = kommunikatives Handeln

Begriffssalat à la Semiotik

Jede Wissenschaft hat ihre eigene Sprache. Es ist daher nicht verwunderlich, wenn innerhalb der semiotischen Wissenschaften neue und ungewohnte Begriffe auftauchen, die bisher nicht beachtete oder anders verstandene Vorgänge in der Wirklichkeit entsprechend wissenschaftlich beschreiben helfen. So weit, so gut. Wer also z. B. wissen möchte, was ein „Kommunikant" ist, wird, wenn er im Duden nachschlägt, die erstaunliche Feststellung machen, daß dieses „ein an der heiligen Kommunion Teilnehmender" ist (Fremdwörterduden, 2. Aufl. 1966). An derartige Entdeckungen schließt sich meist die Frage an, ob es nicht möglich ist, verständliche, deutsche Wörter zu verwenden und für Kommunikant z. B. „Empfänger" zu sagen. Dies mag hin und wieder möglich sein, ist aber im ganzen undurchführbar, da die wichtigsten Arbeiten auf diesem Gebiet nicht aus dem deutschen Sprachraum stammen. Eine angleichende Übersetzung aus dem Englischen oder Französischen hat daher für den Deutschen eine „Fremdwörterschwemme" hervorgebracht. Auch dies wäre noch zu verkraften, wenn die Begrifflichkeit für die gleiche Sache nicht schwanken würde. Dies aber tut sie sehr ausgiebig.

Das deutet einmal darauf hin, daß diese Wissenschaft eigentlich noch sehr jung und noch nicht durch eine einheitliche Theorie gefestigt ist, andererseits aber auch, daß durch die umfassende Anwendung der Erkenntnisse dieser Wissenschaft Begriffe anderer Wissenschaften mit eingebracht worden sind, wie soziologische, psychologische und sprachwissenschaftliche Begriffe. Insgesamt ist die Verwirrung groß. Um hier zu helfen, sollen einige wichtige Begriffe in ihren Bedeutungen einfach untereinandergestellt werden.

Sender:	Empfänger:
Kommunikator	Kommunikant
Nachrichtenquelle	Nachrichtensenke
Produzent	Rezipient
Expedient	Perzipient

Bereich der Übermittlung:

| kodieren/dekodieren | < | Informationsübermittlung | > | Zeichenumwandlung |
| Informationsverarbeitung | | Informationserschließung | | Transposition |

Gegenstand und Abbildung —
die Zeichenfunktion

In einer neunten Klasse erhalten die Schüler den Auftrag, sich bis zur nächsten Woche über Fotoapparate zu informieren, das Modell ihrer Wahl auszuschneiden und mitzubringen. In der kommenden Stunde bringen Schüler Zeitungs- und Katalogausschnitte mit, auf denen jeweils ein Fotoapparat abgebildet ist. Sie sollen lernen, sich über Gegenstände, deren Besitz sie anstreben, zu informieren.

Diese — wie viele andere — Unterrichtspassagen ließen sich nun weiter problematisieren, indem man die Frage aufwirft, wie es möglich ist, daß die Abbildung eines Gegenstandes mir Informationen über den Gegenstand selbst vermitteln kann.

Wir müssen hier innehalten und überlegen: Wie kommt es eigentlich, daß ich über einen Gegenstand etwas aussagen kann, ohne daß dieser Gegenstand vor mir steht oder in meiner Hand liegt? Oder weiter gefragt: Ist es eigentlich dasselbe, ob ich mir Informationen — wie in dem Unterrichtsbeispiel — aus Abbildungen hole oder ob ich die Schüler bitte, möglichst zur nächsten Stunde einen Fotoapparat mitzubringen? Warum, werden die Schüler sagen, es geht doch auch mit Abbildungen; wozu gibt es denn Kataloge? Ich habe keinen Fotoapparat, mein Vater gibt mir seinen nicht, wenn nun der Apparat herunterfällt und kaputtgeht, wer steht dafür ein? Ja, in der Tat, es ist wirklich unpraktisch, statt der Bilder von Fotoapparaten die Fotoapparate selbst mitbringen zu lassen. Wenn das aber so ist, müssen der Fotoapparat und das Bild des Fotoapparates irgend etwas gemeinsam haben. Das haben sie auch, denn beide Male sprechen wir von Fotoapparaten und können Inhalte erarbeiten, die nur mit Fotoapparaten zu tun haben.

Diesen Sachverhalt, daß nämlich eine auf Papier aufgedruckte Abbildung eines Fotoapparates auf etwas anderes, nämlich den Fotoapparat als Gegenstand, verweist, nennt man die *Zeichenfunktion* der Abbildung. Abbildungen von Gegenständen haben immer eine Zeichenfunktion, da sie den Betrachter immer auf den Gegenstand in der Wirklichkeit verweisen. Die Abbildung steht für den wirklichen Gegenstand, das Zeichen des Gegenstandes für die Wirklichkeit des Gegenstandes. Ist uns dies klar geworden, können wir verallgemeinernd sagen:

Zeichen sind materielle Gebilde, die über sich hinausweisen auf etwas, was sie bezeichnen. Sie sind Stellvertreter von Dingen und Zusammenhängen. So gesehen ist das Zeichen selbst keine Wirklichkeit, sondern Zuordnung zu einem bestimmten Objekt der Wirklichkeit.

Zeichen, Zeichenträger und Signal

Und warum ist die Abbildung des Fotoapparates nur dann ein Zeichen für den wirklichen Fotoapparat, wenn eine Zuordnung zwischen Zeichen und Objekt stattgefunden hat? Das ist leicht einsehbar, wenn man sich klarmacht, daß nicht jeder die Abbildung des Fotoapparates auch mit dem Interesse am abgebildeten Fotoapparat anzusehen braucht. Zunächst kann ja auch die Abbildung nichts anderes sein als ein Stück Wirklichkeit, nämlich ein Stück Papier, das bedruckt worden ist, das jetzt gerade in der Wohnstube herumliegt, Unordnung verbreitet und deswegen in den Papierkorb gehört. Der Ordnungmachende stuft in diesem Falle unsere Abbildung und das Papier als Wirklichkeit ein. Er kann dies, weil er sich nicht an die von uns im voraus hergestellte Bindung (Relation): Abbildung zu Gegenstand, hält.

Der Wissenschaftler macht hier einen Unterschied zwischen dem Zeichenträger – in unserem Fall Papier und darauf gedruckter Druckerschwärze – und dem Zeichen – in unserem Fall der Abbildung eines Fotoapparates. Während das Zeichen durch seine Relation zur Wirklichkeit also ein „semiotischer Sachverhalt" ist, handelt es sich beim Zeichenträger um einen „physikalischen Sachverhalt".

Unter diesen Bedingungen können wir sogar feststellen, daß jeder materielle Gegenstand dieser Welt sowohl Wirklichkeit wie Zeichen sein kann, unter der Voraussetzung, daß seine Zuordnung zu etwas gelingt, das mehr Wirklichkeit sein kann als er selbst. Zur Kontrolle versuchen wir uns vorzustellen, wie denn der wirkliche Fotoapparat „Zeichen für etwas" werden könnte. Eine der einfachsten Zuordnungsmöglichkeiten wäre z.B., daß er die Funktion eines Ladenschildes übernimmt. Jetzt ist er Zeichen für den Wirklichkeitskomplex Fotoladen. Aber der Fotoapparat – nehmen wir eine einfache Instamatik – kann auch, vor der Brust getragen, zum Zeichen werden, wenn z.B. die Zuordnung gelänge: Alle Instamatikbesitzer sind Anfänger. Dann wäre die Instamatik ein Zeichen für die Sachkompetenz seines Besitzers geworden.

Müssen wir allerdings Zweifel daran haben, daß für einen bestimmten Zeichenträger auch schon eine entsprechende Zuordnung zu einem Inhalt,

einer Botschaft stattgefunden hat, so handelt es sich, wie bei unserem Fotoapparat, den wir zum Ladenschild erheben *könnten,* nur um einen möglichen Zeichenträger, den der Wissenschaftler „Signal" nennt. Strengge-
nommen wäre also in unseren beiden Beispielen der Fotoapparat in Wirklichkeit ein „Signal", da eine Zuordnung zu einer der beiden „Bedeutungen" noch nicht stattgefunden hat.

Das Zeichen – eine reduzierte Information

Wir müssen nun weiter fragen, worin sich eigentlich Zeichen und Wirklich-
keit unterscheiden, nachdem wir festgestellt haben, daß sie sich in einigen
Dingen auch ähneln. Legen wir einmal die Abbildung eines Fotoapparates
und den wirklichen Fotoapparat nebeneinander. Was unterscheidet sie?
Das scheint zunächst einfach. Der Fotoapparat ist dreidimensional, ein
Körper – die Abbildung ist zweidimensional, eine Fläche. Der wirkliche
Apparat weist Farben auf, die Abbildung ist nur schwarzweiß. Der Ge-
genstand läßt sich anfassen – die Abbildung auch –, und doch sind es ganz
unterschiedliche Erfahrungen, die man dabei machen kann. Hier eine ein-
heitliche, etwas faserige Oberfläche des Papiers, dort die Vielfalt von
Oberflächeneindrücken wie rauh, glatt, riffelig – von Gewichtserfahrungen,
Materialtemperaturen und Gerüchen noch gar nicht geredet . . .

Es ließen sich noch viele Unterschiede finden. Wir fragen, ob sie alle nach
einem gleichen Prinzip zu ordnen sind. Wenn wir es genau überdenken,
so haben wir am Gegenstand selbst mehr Möglichkeiten, Erfahrungen und
Entdeckungen zu machen, als an der Abbildung. Irgendwann sind die
Möglichkeiten, an einer Abbildung noch etwas Neues zu entdecken, er-
schöpft. Freilich, je komplizierter eine Abbildung ist, desto länger dauert
dieser Prozeß, jedoch ist er den am wirklichen Objekt zu machenden Erfahrungen immer unterlegen. Wir können also verallgemeinernd feststellen:

**Ein Zeichen von etwas ist niemals die Realität des Gegenstandes selbst,
sondern immer weniger als er.**

Diese Entdeckung von der Struktur der Zeichen in ihrem Verhältnis zur
Struktur der wirklichen Gegenstände hat weitreichende Folgen. Wenn wir
festgestellt haben, daß die wirklichen Gegenstände immer „mehr" sind als
die mit ihnen in Beziehung gebrachten Zeichen, so ist das keine Angelegenheit der Dimension oder der ausführlichen Beobachtung. Dieser Satz gilt

prinzipiell: Es ist nicht möglich, Wirklichkeit in solche Zeichen zu übertragen, die gleich der Wirklichkeit sind. Das liegt daran, daß Wirklichkeit ein ungeordnetes Vielfältiges ist, das sich nicht vollständig überblicken läßt. Ein Zeichen dieser Wirklichkeit aber ist immer irgendwie begrenzt und daher übersichtlich. Es enthält daher auch weniger Information als die Wirklichkeit. In diesem Zusammenhang wird von einer *Informationsreduktion* gesprochen. Sie tritt immer dann ein, wenn etwas Reales in einen Zeichenausdruck übertragen wird.

Dieses Prinzip ist der Grund für alle Schwierigkeiten, die bei der Darstellung von Realität durch Zeichen auftauchen. Der im Urlaub erlebte Sonnenuntergang, begleitet von Düften, Geräuschen, Klima und Hochstimmung – er wirkt auf dem Dia zu Hause fast albern. Man beginnt daran zu zweifeln, ob Benjamins Ziel, die Aura der originalen Begegnung durch Reproduktionen zu ersetzen, sinnvoll sein kann.

Wenn Schüler heute oft meinen, sie brauchten sich nicht mehr die wirklichen Sachverhalte, wie z.B. einen Innenraum, im Original anzuschauen, da die Fotografie dieser Gegebenheiten ja ausreiche, vergessen sie oder wissen sie nicht, daß dies nur auf dem Wege einer Informationsreduktion geschehen kann. Gleiches gilt natürlich für jede Rundfunk- und Fernsehübertragung – z.B. einer Sportveranstaltung. Die oft gelobte Tatsache, daß man am Fernsehschirm ja „mehr sehe als im Stadion" rührt her von der Übereinstimmung der Interessen des Senders und des Empfängers, die zufällig einmal mit der informationsreduzierenden Auswahl des Moderators übereinstimmt. Der theoretische Sachverhalt also ohne Berücksichtigung seiner tatsächlich vorhandenen individuellen Interessen läßt dem Moderator aber gar keine andere Wahl, als weniger zu zeigen, als in Wirklichkeit vorhanden ist. Andererseits ist es möglich, durch die Wahl der repräsentierenden Zeichen auch „etwas anderes" aus einer Sache zu machen. Kurzum, wer Realität in Zeichen umsetzt, interpretiert die Realität bewußt oder unbewußt in einer bestimmten Weise und beeinflußt dadurch gewollt oder ungewollt den Empfänger. Konsequent durchdacht, ist dieser Vorgang insofern von politischer Sprengkraft, als Sender und Empfänger durch eine bewußte Informationsreduktion zu Meinungsbildungen gelenkt und dadurch manipuliert werden können (vgl. auch Fernsehanalyse S. 163).

In diesem Zusammenhang lassen sich mit Schülern sehr gut Aufstellungen erarbeiten, in denen die Informationsreduktion untersucht wird. So wurde in dem folgenden Beispiel von einer Realität „Tonkrug" ausgegangen und die Frage untersucht, in welcher der Abbildungen die Reduktion am größten, in welcher am kleinsten ist.

Realität: totale Information möglich

Zeichen: plastische Darstellung der Realität – totale Information weniger alle materialspezifischen und farbigen Informationen.

Zeichen: Ölbild als Darstellung von Realität – totale Information weniger alle haptischen und körperlichen Informationen.

Zeichen: Schwarzweiß-Reproduktion eines Ölbildes – totale Information weniger alle haptischen, körperlichen und farbigen Informationen. (Siehe Morandi, Seite 10)

Der Töpfer. Holzschnitt aus Polydor Vergilius
»Buch von den Erfindern der Dinge«.
Augsburg, 1537.

Zeichen: Schwarzweiß-Linienzeichnung in einem Holzschnitt – totale Information weniger alle haptischen, körperlichen, farbigen, Oberflächen- und Helligkeits-Informationen.

Es ließe sich dann die Frage erörtern, ob in dieser Aufstellung wesentliche Schritte der Informationsreduktion fehlen. Schließlich ließe sich auch ein System erfinden, das sich auf das bewegte Bild bezieht. Ein Vergleich beider Systeme ist dabei lehrreich.

27

Fotobericht über unsere Schule –
Mitteilungen durch Zeichen

Eine Klasse möchte die eigene Schule zum Gegenstand einer Mitteilung machen. Da wir schon wissen, daß dies nur über den Weg einer Zeichenansammlung möglich sein wird, muß zunächst beschlossen werden, auf welche Art diese Mitteilung gemacht werden soll. Es bieten sich an: Bilder, Texte oder Gespräch. Gegenstand unseres Interesses sind hier die optischen Zeichenträger. Nehmen wir also an, die Gruppe habe sich für Bilder entschieden. Was muß sie nun tun?

Zunächst muß eine Zeichenrelation zwischen Schule als Wirklichkeit und den Zeichen für die Wirklichkeit hergestellt werden. Hierzu braucht man Abbildungen von der Schule. Das scheint leicht. Aber bald taucht die Frage nach dem „Was" auf: Soll das Gebäude der Schule z. B. nur so von außen aufgenommen werden, wie es die Schüler sehen, wenn sie morgens durch den Hofeingang zur Schule kommen – oder sollen zunächst Aufnahmen von allen vier Seiten des Gebäudes gemacht werden, um einen Überblick über die Baugestalt zu geben? Oder kann man sich diese sparen, wenn man eine Luftaufnahme besorgt? Diese Diskussion kann auf alle Teile der Schule sowie alle Vorgänge, die die Schule betreffen, ausgedehnt werden. Es gäbe z. B. die Frage zu entscheiden, ob die Schule in ihrer Funktion oder nur als öffentliches Gebäude aufgenommen werden soll, also am Vormittag, während des Betriebs, oder am Nachmittag, wenn sie leersteht ...

Es wird jedem deutlich, daß das Herstellen einer Relation zwischen Wirklichkeit und Zeichen nur möglich ist, wenn aus der Vielfältigkeit der Wirklichkeit eine Auswahl getroffen wird. Um aus einem Viel ein Wenig zu machen – wir erinnern uns des Begriffs der Informationsreduktion –, bedarf es also einer Verabredung. Es muß entschieden werden, was mitgeteilt werden soll.

Wer soll wem was mit welcher Absicht über unsere Schule mitteilen? Das Zeichenrepertoire

Zunächst muß man sich untereinander darüber verständigen, was in einen Zeichenzusammenhang aufgenommen wird und was nicht. Das Zusammenstellen einiger aus der Wirklichkeit entnommener Signale (potentielle Zeichen) ergibt, nachdem man sich einig geworden ist, eine bestimmte Anzahl von Zeichen, die einen bestimmten Aspekt von Wirklichkeit vertreten. Eine solche durch Verabredung begrenzte Zusammenstellung von Zeichen wird *Zeichenrepertoire* genannt.

Um ein optisches Zeichenrepertoire zusammenzustellen, müssen die Schüler nun zunächst aus der Wirklichkeit diejenigen Aspekte (Signale) auswählen, die sie für die Repräsentation der gewählten Wirklichkeit durch Bildzeichen für notwendig halten. Dabei wird sich herausstellen, daß sich die Zusammenstellung des Zeichenrepertoires nicht formal lösen läßt. Es nützt denen, die über die Auswahl zu entscheiden haben, wenig, wenn sie sich z. B. auf 20 Bilder einigen – vielleicht einfach deswegen, weil das zur Verfügung stehende Fotomaterial vom Handel so angeboten wird.

Auswahl bedeutet nicht nur, aus viel weniger zu machen, sondern bedeutet auch, Entscheidungen im Hinblick auf die zu vermittelnden Inhalte zu treffen. *Was* soll über die Schule mitgeteilt werden? Soll die Schule in Funktion oder als Gebäude, soll sie aus der Sicht der Lehrer oder aus der Sicht der Schüler oder gar aus der Sicht der Gemeindevertreter aufgenommen werden? Am besten wäre ja schon, man könnte alle Standpunkte durch Bildmaterial repräsentieren – aber es gibt sehr viele „Sichtweisen". Bestünde dann nicht die Gefahr, daß aus einer Mitteilung über die Schule eine Mitteilung über die Standpunkte und Sichtweisen gegenüber der Schule wird?

Plötzlich fragt dann einer – was wollen wir eigentlich? Jeder sieht jetzt ein, daß eine Auswahl von Zeichen – die Bestimmung des Zeichenrepertoires – nicht möglich ist, wenn man nicht im voraus eine Zielentscheidung trifft. Es liegt nahe, zunächst an eine bestimmte Personengruppe zu denken. *Wem* soll etwas über die Schule mitgeteilt werden? Ist z. B. die Entscheidung gefallen, vor allem den Eltern ein Bild von der Schule zu vermitteln, dann wird man bei der Auswahl von Zeichen mehr das Innere der Schule betonen als das Äußere – weil das Außen ihnen schon bekannt ist. Und man wird die Funktionen der Schule verdeutlichen wollen, weil dies ja gerade die Aspekte sind, die Eltern interessieren, von denen sie aber bisher wenig erfahren haben.

Entscheidungen, was mitgeteilt werden soll

Das Schulgebäude
- als solches, nachmittags (1 a)
- in Betrieb, vormittags (1 b)
- Fußgängerzone, nach dem Unterricht (1 c)

Der Pausenhof
- als solcher (2 a, 3 a)
- in Betrieb, Schüler gehen nach Hause oder Klassenzimmerwechsel (2 b),
  nicht erkennbare Aussage (2 c); Vergleich von 2 a und 2 c im Hinblick
  auf Wiedergabe der räumlichen Gegebenheiten: Schulhof höher gelegen
  mit Treppeneingang (2 a), Schulhof ebenerdig ohne Treppe (2 c)
  Schüler in der Pause: entsprechend der Schulordnung (3 b), Schüler in
  der Pause: „Freiheit" markierend (3 c)
  Schüler in der Pause (6 a), die gleiche Pause, nur dramatischer wiedergegeben (6 b), Unterrichtsbeginn, wenig Mitteilung (6 c)

Der Schuleingang
- als solcher, während des Unterrichts oder am Nachmittag/Sonntag (4 a)
- in Betrieb, während des Unterrichts, zu Beginn des Unterrichts (4 b)
- in Betrieb, Herein- und Herauslaufende, Pause oder Ende einer spät-
  liegenden Pause oder frühliegenden Pause (4 c)
- in Betrieb, Schüler streben dem Eingang zu, zufällige Massierung (5 a),
  Ende einer Pause (5 b), verstärkt Ende (5 c)

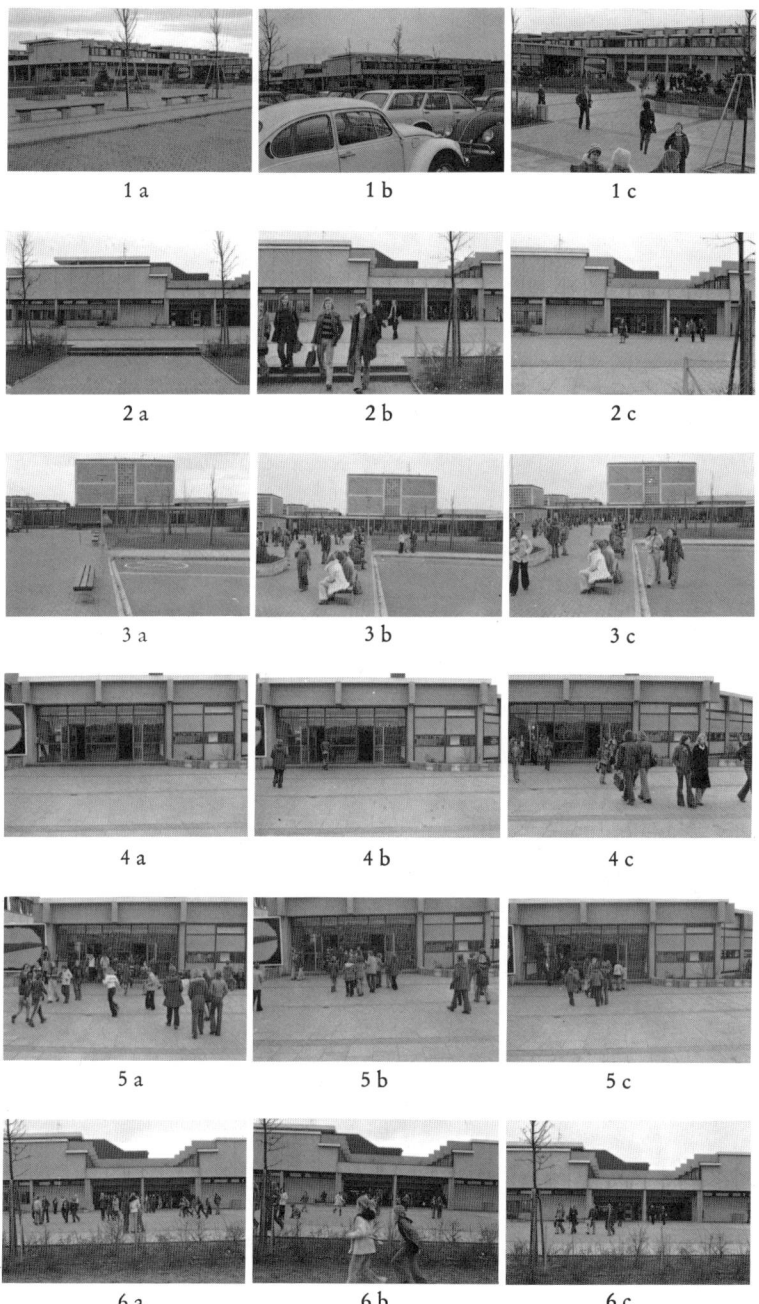

1 a   1 b   1 c

2 a   2 b   2 c

3 a   3 b   3 c

4 a   4 b   4 c

5 a   5 b   5 c

6 a   6 b   6 c

Ist also die Zielgruppe bekannt, fällt die Zusammenstellung des Zeichenrepertoires schon etwas leichter. Dennoch ergeben sich Schwierigkeiten ganz anderer Art: Wenn die Funktionen der Schule möglichst einsichtig wiedergegeben werden sollen, so müßten auch die Verwaltung, das Rektorzimmer, das Lehrerzimmer mit in die Auswahl aufgenommen werden. Aber wer macht nun Aufnahmen aus dem Lehrerzimmer, wer weiß überhaupt etwas von den Vorgängen, die dort ablaufen? Die einen werden sagen, dann lassen wir das eben weg und beziehen uns nur auf die Vorgänge, die uns, die Schüler, angehen. Andere sagen, wir können doch nicht alles weglassen, wovon wir nichts wissen! Wissen wir denn, wie die Lehrer Unterricht, Pausengedränge, Hofspiele sehen und was sie dabei für wichtig halten? Wir können doch einfach das vom Lehrerzimmer aufnehmen, was wir für wichtig halten, wie wir auch vom Unterricht das aufnehmen, was uns wichtig ist.

Wir sehen: Nicht nur die formale Struktur des Repertoires und auch nicht nur die Zielgruppe, für die das Repertoire zusammengestellt wird, sondern auch die Frage, *wer* das Repertoire zusammenstellt, ist für die Zeichenauswahl von entscheidender Bedeutung. Die Schüler werden in ihr Repertoire natürlich ein bestimmtes Vorverständnis von Schule einbringen, genauso wie die Lehrer dies tun, wenn sie über Schule sprechen.

Aber auch wenn jetzt feststeht, daß Schüler Eltern etwas über ihre Schule mitteilen wollen, reicht das noch nicht aus. Erst die Beantwortung der Frage: „*Warum* wollen wir den Eltern eigentlich etwas über unsere Schule mitteilen?" wird Entscheidungshilfen bei der Auswahl der Zeichen für ein Zeichenrepertoire geben.

Ja, warum? Sollen die Eltern informiert werden, was ihre Kinder während der Schulzeit machen? Sollen die Eltern auf Mißstände aus der Sicht der Schüler aufmerksam gemacht werden? Oder sollen die Eltern einen Rechenschaftsbericht erhalten, der den Verbleib gespendeter Gelder nachweist . . .

Erst wenn die Entscheidung gefallen ist, mit welcher Absicht etwas mitgeteilt werden soll, kann mit der Entwicklung eines Zeichenrepertoires begonnen werden.

Der Transport der Mitteilungen

Nehmen wir an, die Schülergruppe hätte sich darauf geeinigt, den Eltern eine Mitteilung darüber zu machen, was ihre Kinder an einem Schultag so in der Schule treiben. Nun könnte also mit der Arbeit begonnen werden, oder? Noch immer steht eine Entscheidung aus, die für das Gelingen von großer Wichtigkeit ist. Wie soll diese Mitteilung vom Sender zum Empfänger gebracht werden? Auch die Übertragung des Zeichenrepertoires auf einen Zeichenträger bedarf wichtiger Entscheidungen. Welches Mittel soll angewendet werden, um die Mitteilung lesbar zu machen? Bisher – so können wir uns das vorstellen – haben die Schüler entweder in der Klasse gesessen und über Bildthemen diskutiert und sind schließlich zu einer listenartigen Zusammenstellung von 20 Bildern gekommen, die ihr gewähltes Zeichenrepertoire ausmachen; oder Gruppen von Schülern haben den Ablauf eines Schultages beobachtet und sich Notizen über notwendige Bilder an Ort und Stelle gemacht. Jeder der am Projekt Beteiligten hat jetzt das verabredete Repertoire im Kopf – aber es muß ja für die Eltern – den Empfänger – lesbar werden. Aus diesem Grund müssen also die gedachten Bilder – oder die ausgewählten Wirklichkeitsaspekte – durch Anwendung von Regeln in ein Darstellungssystem übertragen werden.

Einen solchen Vorgang, bei dem eine Mitteilung (Nachricht) von einer Darstellungsform in eine andere transformiert wird, nennt der Theoretiker einen Kodierungsvorgang. Dabei versteht er unter dem Kode ein System von Zeichen, das durch vorherige Übereinkunft dazu bestimmt ist, die Botschaft zu repräsentieren. Um sie von der Quelle zum Bestimmungspunkt zu übertragen, wird außerdem ein Transportmittel, das sogenannte Übertragungsmedium, benötigt.

In unserem Beispiel ist das System von Zeichen das schon verabredete Repertoire von Bildern, mit dem die Schüler (Quelle) ihren Eltern (Bestimmungspunkt) Mitteilungen über die Schule machen wollen. Für die Übertragung dieser Mitteilungen stehen den Schülern im visuellen Bereich die mannigfaltigsten Medien zur Verfügung:
Man könnte das Repertoire durch Zeichnungen oder Malereien, man könnte es durch Fotografien, durch Film, durch Bandaufzeichnung übermitteln. Jedes dieser Transportmittel leistet natürlich etwas ganz Besonderes, jedes Medium hat seine Vor- und Nachteile. Im Zeichen- und Malbereich ist es ein Vorteil, daß ich genau das malen und zeichnen kann, was mir bei der Darstellung einer Auswahlsituation wichtig erscheint – wenn ich es kann. Dieser Vorteil ist häufig der Grund, warum z. B. Innenräume viel genauer durch eine Zeichnung als durch eine Fotografie wiedergegeben werden können. In der Zeichnung können z. B. die vorderen (Tür-)Begrenzungen eines Innenraumes mühelos eingezeichnet werden, während die fotografische Abbildung dies nur mit Hilfe eines Weitwinkelobjektivs erreicht, was aber

33

Das Pantheon. Blick von der Vorhalle
ins Innere (Fotografie)

Links: Der Kuppelraum des Pantheons
(Zeichnung)

den Gesamteindruck verzerrt. Bei der Fotografie muß man lange lauern,
bis eine Situation so eingefangen ist, wie man sie benötigt. Der Vorteil der
Fotografie ist aber die dokumentarische Gebundenheit an das Vorhandene,
die wie eine „Aura der Objektivität" ihre Wirkung auf den Empfänger
selten verfehlt. Das gleiche gilt für den Film, wobei hier noch Belichtungs-
schwierigkeiten, aber auch spezielle Formen der Repräsentation der Mitteilung mit berücksichtigt werden müssen.

34

Die Klasse hat sich also entschieden, das gewählte Zeichenrepertoire mit dem Mittel der Schwarzweiß-Fotografie zu übertragen. Nun ist es auch möglich, die Bildvorhaben in Bildzeichen zu transformieren, d. h. die Botschaft zu kodieren.

Jetzt steht fest, wie die Mitteilung an die Eltern aussehen soll. Klar ist nur noch nicht, wie die Einzelbilder, in unserem Zusammenhang die Einzelzeichen, aus denen sich das Repertoire zusammensetzt, zusammengestellt werden sollen: Man könnte ja die Fotos, so, wie sie aus der Dunkelkammer kommen, als ungeordneten Stoß von Hand zu Hand gehen lassen; man könnte sie aber auch in ein Album kleben und ihnen dadurch eine bestimmte Abfolge geben. Auch hiervon – der Konstruktion des Zeichensystems – kann und wird die Wirkung der Mitteilung an die Eltern beeinflußt werden. Aus vielen Einzelzeichen kann auf diese Weise ein Zeichenkomplex gemacht werden.

Zeichen und Zeichenkonnexe – Instrumente der Kommunikation

Das bis hierhin Erörterte läßt sich nun auch auf einer allgemeineren theoretischen Ebene beschreiben und zusammenfassen. Um Übertragungsmöglichkeiten in andere Inhalte zu öffnen, aber auch um das Verständnis bei der Lektüre theoretischer Schriften zu erleichtern, soll das hier geschehen.

Wer eine Mitteilung machen möchte, muß sich dabei vorherbestimmter Zeichen bedienen. Zeichen sind dabei als materielle Gebilde aufzufassen, die über sich hinausweisen auf etwas, das sie bezeichnen. Gegenstände, die in keiner Relation zu einem anderen Wirklichen stehen, sind auch keine Zeichen. Ein Zeichen tritt selten isoliert auf. Es gehört mit einer durch Verabredung bestimmten Anzahl anderer Zeichen zu einem Repertoire von Zeichen. Hieraus geht hervor, daß es verschiedene Größen von Zeichen gibt.

Die Zeichen, aus denen sich ein Repertoire zusammensetzt, bezeichnet man auch als *Elementarzeichen*. Sie lassen sich nicht weiter in kleinere Zeichen unterteilen, d. h., ihre materiellen Bestandteile können nicht erneut als Zeichen verstanden werden. Damit ist die Bestimmung der Elementarzeichen innerhalb eines Zeichenrepertoires eine Festlegung, die für jede Übermittlung einer Nachricht neu bestimmt werden kann.

Aus Elementarzeichen können nach bestimmten Regeln *Zeichenkomplexe* gebildet werden. Sie fassen einzelne Informationsträger zu einer Informationseinheit zusammen. Die Zusammenfassung ist nur möglich, wenn sich die einzelnen Informationsträger zu *Konnexen* zusammenfügen lassen

(Konnex = Verbindung von Zeichenelementen). Konnexe lassen sich sehr unterschiedlich bilden. So kann z. B. ein Vorrat von Zeichen zu sogenannten *Zeichenketten* verbunden werden *(Adjunktion)*, oder ein Anfangszeichen interpretiert alle folgenden Zeichen *(Iteration)*, oder es findet eine vollständige Verknüpfung aller Elementarzeichen zu einem abgeschlossenen Ganzen, einem *Superzeichen,* statt (Superisation).

Um eine Mitteilung transportieren zu können von dem, der sie aussenden möchte, zu dem, der sie empfangen soll, bedarf es der Umwandlung des Zeichenrepertoires, die *Kodierung* genannt wird. Durch das Verkoden einer Mitteilung wird der verabredete Zeichenvorrat durch Anwendung vorher bestimmter Regeln von einer Darstellungsform in eine andere transformiert. Hierzu benötigt der Kodierer ein vorher verabredetes Mittel oder Medium, um diese Operation ausführen zu können.

Das *Medium* setzt sich zusammen aus dem Zeichenträger und dem Zeichengut. Der Zeichenträger ist das physikalische Objekt (z. B. Fotopapier), das Zeichengut die verabredete Information, z. B. ein bestimmtes Bild.

Betrachtet man diesen Vorgang der Herstellung einer Mitteilung zum Zwecke der Übermittlung an andere, so läßt sich das bisher Gesagte in einer von Lasswell 1948 aufgestellten einfachen Kommunikationsformel wiedergeben:

„Wer sagt was mit welchen Mitteln zu wem mit welcher Wirkung?"

Da wir hier mehr von kommunikativen als von informativen und kybernetischen Prozessen sprechen, muß hier eine Beschreibung des Kommunikationsprozesses hinzugefügt werden:

„Kommunikation heißt Information abgeben durch Kodierung in Zeichen und Nachrichten, heißt Information transportieren, heißt Information aufnehmen und heißt letztlich kontrollieren, inwieweit die vom Perzipienten aufgenommene Information mit der vom Expedienten abgegebenen übereinstimmt. All das geschieht mit dem Ziel, bestimmte Handlungen und Verhaltensweisen zu bewirken." (Maser, S.: Grundlagen der allgemeinen Kommunikationstheorie, 1971, S. 168)

Die Bedeutung von Zeichen

Sind die Schüler nun hinreichend darüber informiert, was zu geschehen hat? Aus der Kenntnis der Sachlage müssen wir sagen: Nein. Wenn der Lehrer seine Schüler jetzt losschickt, um die vorher verabredeten Aufnahmen zu machen, so könnte es zwar passieren, daß wirklich Fotografien abgeliefert werden, die dem Ziel, Eltern eine Mitteilung über die Schule ihrer Kinder zukommen zu lassen, entsprechen. Doch dies wäre ein Zufall. Die abgelieferten Fotos sollten ja nach dem bisherigen Stand der Untersuchung auf jeden Fall „Zeichen für etwas" sein. Aber nicht jedes Foto, das wir herstellen, ist immer schon irrtumsfrei Zeichen für etwas. Worauf muß also geachtet werden, wenn diese Bedingung erfüllt werden soll? Was sollen die Fotografien „be-deuten" oder „be-zeichnen"?

Das Foto einer offenen Klassenzimmertür könnte bedeuten: „Pause", „Schulschluß" oder vielleicht „vor Beginn der Schule". Wir sehen, eine einfache Aufnahme der Wirklichkeit kann Verschiedenes bedeuten oder bezeichnen. Es müßte nun im Interesse des Aufnehmenden liegen, das, was er bezeichnen will, möglichst eindeutig aus dem umfassenden Wirklichkeitskomplex herauszufiltern.

Im Falle der Pause wäre es vielleicht möglich, die Aufnahmerichtung zu ändern und aus dem Inneren einer leeren Klasse durch die offene Zimmertür und das Fenster eines Gangs auf den Hof hinaus zu fotografieren, auf dem sich die Schüler aller Altersstufen tummeln. Im Falle des Unterrichtsbeginns könnte man den Gang entlang fotografieren, in der offenen Türe steht der „Türschließer", und im Hintergrund taucht ein Lehrer auf, über ihm die Schuluhr, die auf 3 Minuten nach 8 Uhr zeigt! Und auch für den Schulschluß muß sich eine Zusammenstellung finden lassen. Da steht der Schüler im Gang der Schule und wartet auf das letzte Klingelzeichen. Er möchte aufnehmen, wie die Kinder aus den Klassentüren strömen und der Schulgang mit quirlendem, ungeregeltem Leben erfüllt wird.

Da entdeckt er, wie der Staub in der Luft durch die Sonnenstrahlen getroffen, erleuchtet wird. Einen Fächer von Sternbahnen en miniature sieht er da, und er kann nicht widerstehen, er drückt ab. Verständnislos blicken später seine Kameraden auf das gegenstandslos anmutende Bild: Das hat doch keine Wirkung, sagt einer geringschätzig. Genau das ist das Problem!

Die Wirkung von Zeichen

Was hat er gemeint? Wir müssen hier wieder schrittweise analytisch vorgehen und hierbei, um des besseren Verständnisses willen, auch andere Beispiele heranziehen. Wir sind uns klar darüber, was ein Zeichen ist. Und wir wissen, was es heißt, Zeichen auszuwählen, die einen bestimmten Ausschnitt der Wirklichkeit repräsentieren sollen. Die Repräsentation ist aber nicht nur abhängig davon, was der Sendende mitteilen will, sondern auch davon, ob das gewählte Zeichen auf den Empfangenden in der gleichen oder in einer ähnlichen Weise wirkt.

In unserem Falle hätte ja das Foto gerade noch den Zusammenhang von seiten des Senders, der Schüler, gewahrt, weil zumindest der eine Schüler nachweisen konnte, daß dieses Licht auf diesen Staub in dieser Schule – so wie auf seinem Bild – gefallen ist. Warum, so könnte er sich fragen, soll es denn nicht wichtig sein, gerade auch diesen Tatbestand den Eltern mitzuteilen? Nur – das, was dort aufgenommen ist, übt auf die Eltern – das läßt sich nun schon voraussagen – keine Wirkung aus. Sie werden die Aufnahme nicht verstehen, da aus ihr weder zu entnehmen ist, daß es sich um eine Aufnahme aus der Schule, noch, daß es sich überhaupt um etwas handelt, dem man hier und jetzt begegnen kann.

Wenn sich nun aber schon vorhersehen läßt, daß dieses Foto keine dem Superzeichen „Fotobericht über die Schule" entsprechende Wirkung ausüben wird und zudem für die Eltern beim Betrachten auch keine Bedeutung erlangt, dann ist es vielleicht ein Bild oder Signal, aber noch kein Zeichen, da dem Empfänger die Möglichkeit fehlt, die Relation zwischen Wirklichkeit und Zeichen herzustellen, die vom Sender intendiert ist.

Aufgrund dieser Tatsache gelangen wir zu der Einsicht, daß sich unsere Planungen bisher zwar auf die Zielgruppe „Eltern" gerichtet hatten, jedoch diese Beziehung nur einseitig vom Produzenten des Superzeichens aus gedacht worden war. Dies entspricht nicht einem kommunikativen Ansatz der Übermittlung von Mitteilungen. Wenn es mir gleichgültig ist, ob die auf eine bestimmte Zielgruppe hin gemachten Mitteilungen auch von ihr verstanden werden, habe ich kein Interesse am Gemeinsammachen von Mitteilungen! Aufgabe ist es also auch, die Verstehensmöglichkeiten der Empfängergruppe bei der Zusammenstellung eines Zeichenrepertoires und dessen Kodierung mit zu berücksichtigen.

Teilidentischer Kode und Vorverständnis

Wer sich mit der Übermittlung von Nachrichten durch Zeichen beschäftigt, kann nicht davon ausgehen, daß die von ihm erfundenen Zeichen „wie selbstverständlich" auch von anderen verstanden werden. So hat es z.B. bei dem Versuch, optische Signale zu erfinden, die international verständlich und möglichst eindeutig sind, viele Fehlschläge gegeben. Sie beruhten auf der eigentümlichen Tatsache, daß der vom Sender verwendete Kode für die Empfängergruppe entweder nicht eindeutig oder gar nicht verständlich war.

Von dem hier abgebildeten Zeichenzusammenhang z. B. hatte sich eine internationale Jury vor Jahrzehnten einmal Erfolge auf dem Gebiet einer allgemeinen, wortfreien und damit von nationalen Sprachen unabhängigen Kommunikation versprochen. Der Versuch ist mißlungen. Auch wir vermögen nicht die Bedeutung der Zeichen zu enträtseln. Liegt das nun an dem hohen Grad ihrer Abstraktheit, oder liegen die Gründe für das Nichtverstehen woanders?

Ein Hauptfehler unverständlicher Zeichen beruht auf der Mißachtung der Bedeutungsunterschiede, die durch gesellschaftliche Verhältnisse entstehen. Sie bedingen ja unter anderem, daß Sender und Empfänger ein je anderes Vorverständnis in die Ver- und Entschlüsselung von Zeichensystemen bringen.

In unserem Beispiel hatten die Entwerfer das rote Kreuz – Symbol für Hilfe/Schutz – für denjenigen mitverwenden wollen, der Hilfe und Schutz im Unglücks- und Krankheitsfall gewähren kann: den Arzt. Die Entwerfer gingen also von einem aus ihrem Vorverständnis naheliegenden Gedanken aus und kombinierten das internationale Zeichen für Hilfe/Schutz = Krankenhaus mit Zeichen für typische Utensilien des praktischen Arztes (Koffer), der Hebamme (kleines Kreuz – kleines Kind, getragen von der Hebamme) und des Augenarztes (Brille). Sie vermengten dabei allerdings das Mitwissen „im Krankenhaus sind auch immer Ärzte" und „praktische Ärzte tragen immer einen Koffer mit sich" usw. mit der beim Empfänger aus einem anderen Vorverständnis kommenden üblichen Erfahrung (rotes Kreuz = Krankenhaus – aber nicht Arzt, denn kein Empfänger hat im Krankenhaus schon einen Arzt mit einem roten Kreuz auf dem weißen Arztkittel gesehen). Daher ruft z. B. auch das Zeichen für „Hebamme" beim Empfänger Unsicherheit hervor und kann auf ihn nicht unmittelbar wirken. Es bewirkt überhaupt keine erstrebenswerte Verhaltensänderung beim Empfänger, weil dieses Zeichen nur aus dem Vorverständnis der Sendenden, aber nicht der Empfangenden eine die Bedeutung unmittelbar aufschließende Funktion hat.

So ist eine wichtige Voraussetzung für das Gemeinsammachen von Mitteilungen, daß ein gemeinsamer Kode vorhanden ist. Die Identität des Kodes (s) mit dem Kode (e) (Senderkode mit Empfängerkode) kann nur

so hergestellt werden, daß die Konnotationsebene – also der Bereich des Vorwissens – möglichst gleichgeartet ist. Es gibt personale und gruppenspezifische Konnotationen, die beide auf gesellschaftlich gegebene Bedingungen rückführbar sind.

Dies verursacht Arbeit und Kosten, sofern es sich um künstliche Systeme handelt, wie z. B. bei den Verkehrsschildern. Hier handelt es sich um optische Zeichen, die an sich für viele Bedeutungen und daher auch Wirkungen offen sind. So ließe sich das Schild (Überholverbot) auch so lesen, daß rechts nur schwarze und links nur rote Autos fahren dürfen oder auf der linken Fahrspur nur Feuerwehren, oder das Schild könnte anzeigen, daß Gegenverkehr zu erwarten ist. Alle, die die theoretische Prüfung für den Führerschein gemacht haben, wissen aber, daß dieses Zeichen die Bedeutung „Überholverbot" hat, was aus dem optischen Zeichenzusammenhang selbst nicht hervorgeht.

Im ganzen gibt es nur wenige Zeichensysteme im visuellen Bereich, bei denen das Ergebnis der Dekodierung mit den Ausgangsbedeutungen der Kodierung annähernd übereinstimmt. Viel häufiger sind Divergenzen zwischen der Bedeutung im Sendebereich und der im Empfangsbereich, so daß oft der Anteil an identischem Verstehen gering ist. Diesen Anteil nennt man auch den *teilidentischen Kode*, wobei die Anteile der Identität der Kodes von Sender und Empfänger hoch oder niedrig sein können.
Das, was jemand beim Herstellen oder Lesen eines Zeichens mit einbringt – gewissermaßen als seine persönliche Erfahrung –, wird als *Vorverständnis des Senders* und *Empfängers* beschrieben. Wenn Landschaftsschützer das Zeichen für Naturschutz anbringen oder der Förster beantragt, ein Schild „Wildwechsel" aufzustellen, so bringen sie in den Sachverhalt ein Vorverständnis ein. Beide wollen, daß Gegenstände geschützt werden, die durch Umwelteinflüsse gefährdet werden. Jeder Autofahrer hat ein ähnliches Vorverständnis, freilich reduziert auf seinen Interessenbereich als Autofahrer. Aber meine Tochter, die das erste Schild freudig entzifferte: „Mami, hier fliegen noch Adlers 'rum", und wenige 100 Meter weiter

freudig ausruft: „Und Rehe laufen hier auch!", bringt zunächst einfach ein anderes Vorverständnis mit, da sie sich der Tatsache, daß sie Verkehrsteilnehmerin ist, noch nicht bewußt geworden ist. Das Gemeinsammachen von Mitteilungen hängt also nicht nur an der „richtigen" Verwendung der Zeichen, sondern auch am Vorverständnis der Beteiligten.

Konventionalisierung von Zeichenkodes

Neben den verabredeten Zeichensystemen gibt es auch solche, die entweder „den Sinn in sich selbst zu tragen" scheinen oder durch assoziatives Denken den Sinn offenbar werden lassen. Zur ersten Gruppe gehört der Pfeil. Niemand wird die Pfeilform falsch lesen. Er bezeichnet „wie von selbst" eine Richtung. Dabei ist es müßig, über die Herleitung aus seinem ursprünglichen Gebrauch zu philosophieren – heute ist dieses optische Zeichen irrtumsfrei für Richtungsanzeigen zu verwenden.

Diesen Vorgang, daß man entweder ein Zeichensystem durch Belehrung so weit verselbständigen kann, daß es letztlich jeder versteht, oder daß Zeichen „wie von selbst" irrtumsfrei gelesen werden, nennt der Zeichentheoretiker die Konventionalisierung eines Zeichens oder Systems. Ein Zeichen wird von ihm immer dann als „konventionalisiert" angesehen, wenn der Empfänger oder Benutzer dieses Zeichens nicht mehr auf die ursprüngliche Erfahrung in der Wirklichkeit zurückgreift, um es zu entschlüsseln, sondern das es Bezeichnende (Designat) ohne Rückbezug auf die repräsentierte Realität (Denotat) lesen kann. Beim Pfeilzeichen ist dies zweifelsfrei der Fall: Niemand muß, um das Zeichen zu verstehen, an einen pfeilabschießenden Indianer denken. Hingegen war es bei den Arztzeichen weiter oben so, daß das Verstehen des Zeichens nur durch die Identifizierung der damit repräsentierten Realität überhaupt möglich wird. Neben sicher konventionalisierten und gar nicht konventionalisierten Zeichen gibt es natürlich eine Fülle von Gradstufen der Konventionalisierung. Läßt man Zeichen in diesem Sinne untersuchen, dann stellt sich bald heraus, daß der Konventionalisierungsvorgang sowohl psychologische wie gesellschaftlich-kulturelle Faktoren enthält, die ihn erleichtern oder erschweren können. So hat z. B. Frieling zeigen können, daß bei der Entschlüsselung von „bitter", „süß", „sauer" und „salzig" nicht nur gesellschaftliche Übereinkünfte, sondern auch intersensorische Zusammenarbeit der Sinnesorgane Grund dafür sind, daß bestimmte Farbzusammenstellungen in dieser Weise entschlüsselt werden.

Als Beispiele für nicht vollständig konventionalisierte Zeichen seien hier einige Abbildungen hinzugefügt. Diesen Zeichen ist gemeinsam, daß sie einerseits in ihrer Gestaltung noch nicht sicher feststehen und daß andererseits der wirkliche Vorgang beim Lesen des Zeichens noch teilweise vorgestellt werden muß.

Teilweise konventionalisierte Zeichen

Konventionalisiert: der Pfeil, die Schrift
Teilweise konventionalisiert: Zeichen für Essen und Telefonieren
Nicht konventionalisiert: Geld(wechsel) und Warte(raum)

Der Aufbau visueller Zeichen

Die semantische, syntaktische und pragmatische Dimension des Zeichens

Wir haben bisher erfahren, daß ein Zeichen nur dann funktioniert, wenn es eine Bedeutung hat, die dem Sendenden und dem Empfangenden bekannt ist, und eine im voraus beabsichtigte Wirkung auf den ausübt, für den das Zeichen hergestellt wurde. Mit einer solchen Erkenntnis ist der Theoretiker aber nicht zufrieden. Er unterscheidet mindestens drei Funktionen, die ein Zeichen haben muß:

1. Ein Zeichen muß etwas bedeuten (Semantik).
2. Ein Zeichen muß sich auf andere Zeichen beziehen (Syntaktik).
3. Ein Zeichen muß wirken (Pragmatik).

Jedem Zeichen, so sagt der Theoretiker, kommen daher semantische, syntaktische und pragmatische Aspekte zu. Fehlt einer dieser Aspekte, dann handelt es sich auch nicht um ein Zeichen. Phillip Morris, der diese Unterscheidungen erstmals 1932 dargestellt hat, nennt diese drei Aspekte des Zeichenaufbaus auch die Dimensionen des Zeichens. Diejenige Wissenschaft, die sich nun mit den Dimensionen des Zeichens und den Beziehungen der Dimensionen untereinander sowie ihren gegenseitigen Abhängigkeiten beschäftigt, wird *Semiotik* genannt. Die Semiotik ist daher eine Grundlagenwissenschaft der Informations- und Kommunikationswissenschaften, da es diese immer mit Zeichen zu tun haben.

Für die genauere Untersuchung der Beziehungen der Dimensionen innerhalb des Zeichens lassen sich – nach Morris – einige Relationen abstrahieren:

□ Man kann die Beziehung zwischen den Zeichen und den Gegenständen, auf die sie anwendbar sind, untersuchen. Diese Relation nennen wir die semantische Dimension des Zeichenprozesses. Die Untersuchung dieser Dimension nennen wir Semantik.

In der semantischen Dimension lassen sich aufgrund der Zeichenfunktion zwei unterschiedliche Bedeutungen beschreiben. Bedeutet das Zeichen nämlich die Realität, so spricht der Zeichentheoretiker von einem *Denotat*, bedeutet das Zeichen aber nur etwas zu Bezeichnendes, das in der Realität gar nicht existiert oder auf sie nicht bezogen ist, so spricht der Theoretiker von einem *Designat*. Daher wird auch zwischen einer semantischen Dimension (Denotat) und einer sigmatischen Dimension (Designat) unterschieden.

☐ Oder man macht die Beziehung zwischen Zeichen und Interpret zum Untersuchungsgegenstand. Diese Relation nennen wir die pragmatische Dimension des Zeichenprozesses. Die Untersuchung dieser Dimension nennen wir Pragmatik.

☐ „...Da die meisten Zeichen ganz offenkundig in Beziehung zu anderen Zeichen stehen, da viele Fälle angeblich isolierter Zeichen sich bei genauerem Hinsehen als systembezogen herausstellen und da alle Zeichen zumindest potentiell in Beziehung zu anderen Zeichen stehen, ist es angebracht, den beiden schon erwähnten Dimensionen des Zeichenprozesses eine dritte hinzuzufügen. Diese dritte Dimension nennen wir die syntaktische Dimension des Zeichenprozesses, und die Untersuchung dieser Dimension nennen wir Syntaktik" (Charles William Morris, Grundlagen der Zeichentheorie, in: Reihe Hanser 69, S. 24/25).

Die syntaktische Dimension des Zeichens birgt in sich allerdings einige Schwierigkeiten, die bei der Bearbeitung von visuellen Zeichenkodes gegenüber den sprachlichen entstehen. In der Linguistik sprach man schon vor Erfindung der Informationstheorie von der „Syntax" eines Satzes und meinte damit die spezifische Anordnung der Wörter, unabhängig davon, ob ich sie verstehe oder nicht. Es handelt sich hierbei also um einen Ordnungsfaktor der Zeichen. Er ist z. B. auch bei noch nicht entzifferten Sprachen statistisch nachweisbar. Man kann daraus dann ersehen, daß es sich um eine Sprache handelt, weil sie eine syntaktische Ordnung aufweist, auch wenn man die Bedeutung dieser Ordnung, also die semantische Dimension dieser Ordnung, nicht kennt.

Im Bereich der visuellen Zeichen ist nun die Frage nach dem Ordnungsfaktor ein sehr komplizierter und problembeladener Aspekt. Zunächst muß man davon ausgehen, daß die Sehgewohnheiten des Menschen auf Sinnentnahme gerichtet sind. Sinn entsteht aber, wenn sich meine Erfahrungen, die ich im Laufe meines Lebens gemacht habe, mit den sich anbietenden Aspekten der Gegenstände verbinden lassen. Sehe ich also auf einem Bild einen Menschen abgebildet, so erkenne ich in ihm den Menschen wieder. Das Bild des Menschen ist mir ein Zeichen für die Realität Mensch. Ich könnte auch sagen, ich erkenne sofort die Bedeutung des Zeichens, wobei die syntaktische Dimension des Zeichens Mensch – also die Ordnungsfaktoren der Abbildung – unbewußt mitgesehen werden. Wenn aber nun *nur* die syntaktische Dimension des Zeichens „Mensch" bestimmt werden soll, entstehen Schwierigkeiten. Denn woraus besteht eigentlich der Ordnungsfaktor? Aus der Umrißlinie und den Binnenlinien? Aus elementaren Teillinien, die jeweils als mehr oder weniger Gebogene und Gerade von unterschiedlicher Länge und Lage in einer eigenartigen Zusammenordnung stehen? Oder ist das Ganze, die Figur „Mensch", das Element? Aber auch dieses kann nicht der „Ordnungsfaktor" sein, denn es handelt sich ja um eine bestimmte, kaum je wieder so antreffbare „Niederschrift" einer menschlichen Figur – wie kann dann eben diese ganz individuell aufgezeichnete menschliche Gestalt die syntaktische Dimension des Bildzeichens „Mensch" sein? Das Wort Mensch hingegen hat immer den gleichen Ordnungsfaktor – die Anordnung von Buchstaben –, obwohl mit dem Begriff immer ein anderer Mensch bezeichnet werden kann!

Etwas anders verhält es sich bei sogenannten „gegenstandslosen" Bildern. Sie werden im allgemeinen deswegen als „gegenstandslos" bezeichnet, weil der naive Betrachter in ihnen keinen Gegenstand seiner Erfahrung wiederentdeckt und daher leicht dazu neigt, derartige Gebilde als „sinnlos" abzutun. Aber gerade hier taucht die syntaktische Dimension deutlicher auf: Man sieht Ausdehnungen, Lagebeziehungen, Formen und Farben in einer bestimmten Weise gruppiert. Es lassen sich diese Zustände der Teile als Ordnungsfaktor beschreiben, nur bedeuten sie dem naiven Betrachter nichts!

Wenn also Wahrnehmungskomplexe unter der syntaktischen Dimension des Zeichens betrachtet werden und Beziehungen aufgestellt werden sollen, die der Theoretiker *Verknüpfungen* nennt, dann ist es zwar möglich, Arten von Verknüpfungen zu nennen, jedoch bleibt im ungewissen, welche syntaktische Einheit er zur Analyse wählen soll. Im Gegensatz zur Linguistik kann sie hier nur operational, d.h. für jeden individuell geformten Gegenstand neu bestimmt werden.

Die Beantwortung der Frage: „Welche Beziehungen der Zeichen untereinander sind feststellbar?" hängt also weitgehend von der willkürlichen Wahl der syntaktischen Ausgangsgröße ab. Wir werden noch sehen, daß dies nicht nur ein unbefriedigender Zustand für den Semiotiker ist, sondern auch eine Hauptschwierigkeit bei der semiotischen Analyse visueller Zeichenkomplexe.

Will man die syntaktische Dimension visueller Zeichen im Zwei- und Dreidimensionalen sprachlich und begrifflich gegliedert erfassen, so müßte sich die Feststellung von Beziehungen der Zeichen untereinander auf folgende Aspekte richten:

☐ *die Richtung der Teile zueinander (parallel, senkrecht, schräg ...)*

☐ *die Ausdehnung der Teile (relativ groß, klein ...)*

☐ *die Lage der Teile zueinander (z.B. nahe, gegenüber, seitlich, unbestimmt)*

☐ *die Form der Teile (z.B. flächig, quadratisch, körperhaft, amorph)*

☐ *die Beschaffenheit der Teile (z.B. glatt, rauh, farbig, weißgrau).*

*Aus diesen „Grundkategorien" wären dann Verknüpfungsmöglichkeiten
mit zunehmender Komplexität beschreibend zu entwickeln, bei denen
grundsätzlich zwischen systematischen Verknüpfungen (z. B. Millimeter-
papier; einheitliche graduelle Verkleinerung von Flächenteilen in die
Tiefe . . .) und unsystematischen Häufungen von Teilen (z. B. Schrift /
Bild / Einzelgegenstände / abstrakte Formen auf einer rechteckigen Fläche)
unterschieden werden könnte.*

*Für den Schüler muß dabei nicht gelten, daß er etwas leisten soll, was die
Semiotiker selbst noch nicht zustande gebracht haben. So problematisch
hier auch die Nähe zu den sogenannten „Grundlehren" und „bildnerischen Kompositionen" ist, so dienen diese Übungen in der Schule doch in
erster Linie der Schärfung des Auges, des analytischen Sinnes und dem
Erwerb einer differenzierteren Beobachtungs- und Ausdrucksweise, die
ohne derartige Versuche kaum zu erreichen wären.*

Denken wir noch einmal an die Fotografie des Schülers, auf der Staub (in
der Schule) durch Sonnenstrahlen sichtbar geworden war. Fragen wir nach
der Bedeutung, so muß festgestellt werden, daß das Bild keine über den
Aufnehmenden hinausreichende Bedeutung erlangt, weil niemand es für
ein Abbild dessen hält, was es tatsächlich ist. Innerhalb des Zeichenvorrats
hat es zwar Beziehungen zu anderen Zeichen, aber aus dem vorher Gesagten wird deutlich, daß es innerhalb des einmal verabredeten Repertoires nur eine sehr lockere Bindung zu den anderen Zeichen hat. Aus
diesem Grund übt es denn auch keine Wirkung aus und hat daher keinen
Informationswert innerhalb der zu übermittelnden Nachricht.

Nun ist die Tatsache, daß ein Zeichen etwas bezeichnet, also in einer Relation zu einem Wirklichen stehen muß, für unser Vorhaben konstitutiv.
Will ich die Wirkung des angesprochenen Fotos in der Weise verändern,
daß es zu dem Zeichenzusammenhang „Schule" gehört und auch vom
Empfänger in dieser Weise dekodiert werden kann und also verstanden
wird, brauche ich nur den Bedeutungsgehalt des Fotos zu verändern. Gelingt es mir, das Foto so zu verändern, daß neben den Sonnenstrahlen auch
noch der leere Gang zu sehen ist, so hat das Foto eine Bedeutungsverände-
rung erfahren. Diese ist jedoch nur dadurch erreichbar, daß sich auch in
der Beziehung und Anordnung der Teile etwas verändert.

**Wir können also feststellen, daß die Veränderung einer Beziehung, sei es
nun eine Größen-, Lage- oder Farbbeziehung, sogleich die Bedeutung
des Zeichens verändert. Durch die Veränderung der Bedeutung, die ohne
Veränderung des Bestandes an Beziehungen nicht möglich ist, verändert
sich notwendigerweise auch die Wirkung.**

Das Modell von Morris verdeutlicht, in welcher Weise die Funktionen eines Zeichens aufeinander bezogen sind:

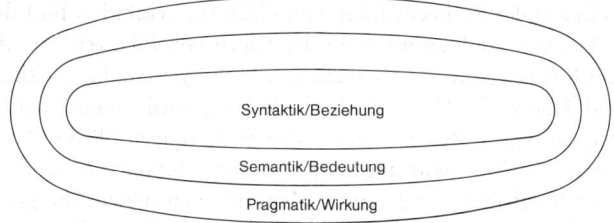

Dieser Tatbestand soll an einem Beispiel noch einmal verdeutlicht und analysiert werden, weil er die Grundlage für alle Reaktionen ist, die Zeichen hervorrufen können.

Zeichendimensionen und ihre Veränderung – am Beispiel einer Anzeige

Auf S. 49 ist eine Werbeanzeige der Firma Pino AG für das Produkt „Silva-Kur" wiedergegeben. Bei der folgenden Bearbeitung wird grundsätzlich davon abgesehen, den Inhalt „Werbung" zu thematisieren. Es geht hier nur darum, Erkenntnisse im Bereich der Zeichensysteme zu erlangen. Es wird dabei nicht geleugnet, daß die Beziehungen zwischen Informations- und Kommunikationstheorie auf der einen und einer ihrer praktischen Anwendungsbereiche, der Werbung, auf der anderen Seite sehr eng sind. Aber unser Thema ist, die Veränderung einer Wirkung durch die Veränderung syntaktischer Beziehungen aufzudecken, nicht das Anreizen zum Kauf von Ware.

Fragen wir uns, wie der Betrachter diese Werbeanzeige aufnimmt, so müssen wir davon ausgehen, daß er wahrscheinlich zuerst den Bedeutungsgehalt der Gegenstände im Sinne einer Identifizierung ihm bekannter Utensilien vornimmt.

Dann erst fallen im Zeichenvorrat Unterschiede auf: Die Strenge der Wirkung wird von der Senkrecht-waagerecht-Teilung der gekachelten Wand erreicht und von dem weder kühl- noch warmfarbenen Grün einer beruhigenden Dunkelheit, die in der Spiegelung leicht zum Schwarz des Talars hinüberspielt. Aktive Farbwirkungen werden vor allem durch das rote Buch und das Markenzeichen erreicht, erst in zweiter Linie durch das Weiß der Wanne und der Schrift und erst zuletzt durch die Farbe des Badewassers und der Frau.

Zeichenbeziehungen, Zeichenbedeutungen und Zeichenwirkungen sind engstens aufeinander bezogen: Liniatur und Farbgebung, Frauentyp und Be-

47

kleidung sowie die ungewöhnliche Tätigkeit in der Badewanne erzielen eine auf Konzentration und Ruhe abgestimmte Wirkung. „Spannkraft" ergibt sich aus der Farbbedeutung von Grün (= „einfaches Bild des vegetativen Daseins" und „erinnert an das Leben von Pflanzen" = „belebt") und dem Rot (= „aktiv") als stärkstem Farbgegensatz bei gleicher Intensität und Helligkeit. Diese Zeichenbedeutung wird unmittelbar aus den Farben entnommen. Zusammen mit den Bedeutungen „Richter", „berufstätige Frau", „Verantwortung und Ordnung" führen sie dazu, daß sich vor allem Berufstätige und reifere Menschen von dieser Anzeige ansprechen lassen, was den Intentionen der Produkthersteller voll entspricht.

Bei der Abbildung auf S. 50 sind nun zwei syntaktische Relationen verändert worden: Die Kachelung ist statt grün gelbocker, die Kacheln selbst sind kleiner. Die Frage ist nun, ob sich durch eine minimale Veränderung der syntaktischen Anordnung auch Bedeutung und Wirkung des Superzeichens (der Anzeige) verändern.

Das Blatt macht auf den Betrachter unmittelbar einen anderen Eindruck als die unveränderte Anzeige. Dieser wird durch das sehr helle und intensive Gelb hervorgerufen. Während das Grün dunkel war und so die Helligkeitswerte insgesamt – außer der Badewanne und der Frau – sich in einem mitteldunklen Wert zusammenfinden konnten und dadurch die Anordnung der Zeichen trotz inhaltlicher Differenzen zur wirklichen Erfahrung einer Einheit führten, passiert im anderen Blatt das genaue Gegenteil: Nicht das Grün, nicht die Frau, nicht einmal die Badewanne werden wichtig, sondern der stärkste Helligkeitskontrast Schwarz-Gelb trennt die Anordnung in zwei Teile. Zum unteren gehören Robe, Akten, Hut und Bücher sowie Produkt und Verpackung, zum oberen die Kachelung, die Wanne, die Frau und das Wasser. Schon hierdurch ergibt sich eine Verlagerung der Bedeutungen: War vorher die Robe nur einer unter vielen Gegenständen, so ist sie jetzt der wichtigste Kontrast zu den Kacheln, die auch im vorigen Zusammenhang eine durchaus wichtige, dem Ganzen aber untergeordnete Rolle spielten. Das Rot verliert seine spannungherstellende Wirkung, weil es nicht mehr als Gegenfarbe agieren und das Grün kräftiger machen kann und weil nun die Quantitäten Rot, Grün falsch bemessen sind. Hier ergibt sich eine engere Beziehung zwischen dem roten Markenzeichen und dem roten Buch. Vollends die Frau! Durch die Helligkeit plötzlich unscheinbar in der Badewanne geworden, verliert sie im Teint alle Frische und wirkt eher welk, grau und alt. Die Wirkung des Superzeichens verkehrt sich in das Gegenteil: Das wichtigste scheint die Robe, eine Zutat, das Bad und die Kacheln. Es fällt schwer, daran zu glauben, daß das Produkt ein Badeöl ist, eher möchte man an ein Intelligenzwässerchen denken. So geht auch die Assoziationskette von Grün (Pflanze,

49

Veränderte Anzeige

Neu Für alle Frauen,
deren Urteil auch bei Männern gilt:

Silva Kur
Aktivierungs-Bad

Das Kräuterbad gegen den großen Stress.
Und gegen den kleinen (zum Beispiel, wenn Sie schräge Vögel
zum singen bringen wollen!).
Für solche „Stunden der Tat" aktiviert Silva Kur
den Organismus mit der vitalen Kraft der Natur.
Durch die einzigartige Kombination natürlicher Wirkstoffe:

- Kalmuswurzelöl • Salbeiöl
- Lavandinöl • Thymianöl
- Rosmarinöl

Silva Kur gibt es – mit anderen Wirkstoffen – auch als Entspannungs-Bad.

**Wer mehr leistet, braucht das Bad
mit der Kraft der Natur.**

Aus dem Hause PINO Freudenstadt/Schwarzwald
Nur im Fachhandel erhältlich.

50

"Diesen Geschmack muß man auskosten: Nur so kommt man dem Geheimnis der Klosterbrennerei Mariacron auf die Spur."

Der Vollmundige Mariacron.

Das ist der Geschmack, der uns lächeln läßt.

belebt) über Rot (aktiv) zur Frau – aktive Tatkraft durch das Bad – verloren. Es entsteht ein merkwürdiger Geltungsdrang von Kacheln und Robe, der extraversiv ist und wegen seiner Helligkeitskontraste, die nirgends ausgeglichen werden, das Ganze in Einzelbedeutungen zerfallen läßt.

So verändert sich auch die Nachricht: Die Frau im Badezimmer mit dem Produkt im Vordergrund kann zu allen möglichen Zwecken dienen, eine sichere Verbindung zum Bad fehlt.

Wir haben zu beweisen versucht, daß syntaktische Relationen für sich verändert werden können, daß sie aber eine Veränderung semantischer und pragmatischer Beziehungen nach sich ziehen. Noch einleuchtender erscheint: Wenn Relationen der semantischen Dimension verändert werden – und z. B. die Badewanne mit der Badenden weggelassen wird –, dann sind sowohl syntaktische Veränderungen wie die Veränderung der Wirkungsfunktion des Superzeichens nicht zu umgehen.

In Erweiterung des Modells von C. Morris müssen wir also davon ausgehen, daß jede der Zeichenfunktionen Ausgang von Veränderungen sein kann. Und unserer Auffassung nach ist es im praktischen Bereich richtig, daß sich durch jede Veränderung auch die anderen Zeichendimensionen ändern. Theoretisch ist jedoch denkbar, daß es syntaktische Veränderungen gibt, die keinen Bedeutungs- und Wirkungswandel des Zeichenzusammenhangs nach sich ziehen. Dies könnte von einer Schülergruppe einmal untersucht werden!

Für den Unterricht ergeben sich mannigfache Möglichkeiten der Bearbeitung von Zeichenfunktionen.

Jüngere Schüler verändern im allgemeinen zunächst den semantischen Bestand bei fast gleichbleibenden syntaktischen Vorgaben. Das Ergebnis (s. S. 54) zeigt Wirkungen, die nur dann entstehen, wenn die Wahrscheinlichkeit von Kombinationen noch erhalten ist wie hier.

Ansteigend läßt sich das Bedürfnis der Kinder, den semantischen Bereich zu verfremden, ausdehnen auf die Veränderung syntaktischer und semantischer Bedingungen. Die Abbildung auf S. 55 gibt einen Schritt auf dieses Ziel wieder, der bei der dritten Abbildung verwickelter wurde, weshalb man auch wörtliche Erklärungen zu Hilfe nimmt. Es könnte hier vor allem daran gearbeitet werden, mittels der Veränderung des Zeichenbestandes möglichst eindeutige optische Wirkungen zu erzielen. Dies ist dann bei der Abbildung auf S. 51 (die Originalanzeige finden Sie auf S. 52) durch die Veränderung des syntaktischen Bestandes „Schriftform" meisterlich erreicht worden. Es lohnt sich, derartige Arbeitsreihen in unterschiedlichen Klassenstufen durchzuführen, weil hierdurch dem Schüler erst die Bedingungen der Wirkung von „Bildzeichen" deutlich werden.

Wenn Sie
Ihren Wohlstand
im Auge
haben...

Arten und Klassen von Zeichen

Die Klassifizierung von Zeichen ist zunächst ein wissenschaftstheoretisches Problem. Die Diskussion darüber ist noch nicht abgeschlossen und hat auch noch keine allgemein anerkannten Ergebnisse erbracht. Das Thema könnte hier also fehlen. Doch ist die Unterscheidungsmöglichkeit verschiedener Zeichenarten hilfreich für das Verständnis ihrer Wirkweisen, die oft unreflektiert angenommen und für selbstverständlich gehalten werden. Hier soll besonders das von Adam Schaff (Einführung in die Semantik, Frankfurt/Wien 1969) entwickelte System der Zuordnung von Zeichentypen herangezogen werden, da es mit für die Erkenntnis unterschiedlicher Funktionen von Zeichen am hilfreichsten zu sein scheint und der optischen Wirklichkeit am ehesten entspricht.

Schaff teilt die Zeichen zunächst ein in natürliche und künstliche Zeichen. Unter den natürlichen Zeichen versteht er alle Symptome, die aus der Erfahrung der Wirklichkeit genommen, für Veränderung stehen oder Merkmale sind und vom Menschen erst nachträglich als „Zeichen" interpretiert werden. Hierzu gehören z. B. das Gefrieren von Wasser als Zeichen für das Fallen der Temperatur, das Gelbwerden des Laubes als Zeichen für den Herbst, die Falten im Gesicht eines Menschen als Zeichen für sein Alter.

Künstliche Zeichen sind dann solche, die ein bewußt gesellschaftliches Produkt des Menschen sind, mit dem Zweck, als Medium innerhalb eines Kommunikationsprozesses zu dienen oder Nachrichtenträger zu sein. Als Beispiele führt Schaff an: den schwarzen Flor an der Fahne als Zeichen für Trauer, das Abschießen einer roten Leuchtkugel als Zeichen zum Angriffsbeginn, den Knoten im Taschentuch als Zeichen dafür, etwas nicht zu vergessen. Die künstlichen Zeichen werden in mehrere Untergruppen geteilt. Die wichtigste Gruppe sind die Wortzeichen, die sowohl als Lautzeichen wie als Schriftzeichen die Basis menschlicher Kommunikation bilden und bisher Hauptgegenstand der Kommunikationsforschung gewesen sind. Die verbleibenden Zeichen versucht Schaff zu unterscheiden in „Signale", „substitutive Zeichen sensu strictu" und „Symbole".

Das Signal wird durch folgende Eigenschaften gekennzeichnet: Seine Bedeutung ist stets willkürlich festgesetzt und eingeführt aufgrund der Übereinkunft einer Personengruppe. Es bezweckt immer das Hervorrufen einer bestimmten Handlung. Zu dieser Art von Zeichen gehört die abgeschossene Leuchtkugel, gehören alle Verkehrszeichen und Ampeln, gehören die Signale der Bundesbahn, die Seezeichen und anderes mehr. (Auf keinen Fall darf hier „Signal" als Zeichenklasse mit dem Begriff Signal verwechselt werden, der mögliche Zeichen von solchen unterscheidet, die schon durch feste Zuordnung zwischen Realität und Information über die Realität „Zeichen im engeren Sinne" sind. Schaff spricht nur über die Zeichen im engeren Sinn.)

Wortzeichen

Bildzeichen

Signalzeichen

Substitutives Zeichen
sensu stricto

Symbolzeichen

Der Begriff substitutives Zeichen sensu stricto ist der zentrale Begriff für die visuelle Kommunikation. Substitution bezeichnet den Vorgang des Austauschens und meint das Ersetzen eines Begriffs durch einen anderen oder ein anderes Zeichen. So kann unter einem substitutiven Zeichen ein materieller Gegenstand verstanden werden, der einen konkreten Gegenstand aufgrund von Konvention vertritt. So war es z. B. in früheren Zeiten üblich, den Herrscher selbst durch sein Bild vertreten zu lassen, um seine Anwesenheit in einer Versammlung sicherzustellen. „Sensu stricto" bedeutet „durch die Sinne zusammengezogen" und bezieht sich hier ausdrücklich auf die Wahrnehmungen, also auch auf das Zusammenziehen eines optischen Eindrucks. Daher fallen hierunter – nach Ansicht Schaffs – alle Abbildungen von Gegenständen der Wirklichkeit.

Das Symbolzeichen wird durch folgende Eigenschaften charakterisiert: Materielle Gegenstände repräsentieren hier abstrakte Begriffe. Die Beziehung des Zeichens zur Wirklichkeit ist nicht kausal begründbar und beruht ausschließlich auf gesellschaftlichen Konventionen, die man kennen muß, um das Zeichen zu verstehen. Die Form des materiellen Zeichens beruht auf einer Äußerlichkeit, die sich durch nichts herleiten läßt als aus der mit ihr verbundenen Vorstellung. Ein Beispiel für die Konventionalisierung des Symbols ist der symbolische Sinn schwarzer Kleidung: In Ägypten war es das Kleid der Freude, im christlichen Abendland das der Trauer, im gesellschaftlichen Bereich das der gehobenen, ernsten, feierlichen Stimmung, womit wegen der diffusen Relation zur Realität auch der Symbolcharakter verlorenging. Andere symbolische Zeichen sind z. B.: das Kreuz für Christentum, das Hakenkreuz für Nazismus, die rote Fahne als Symbol der Arbeiterbewegungen oder die Farbe Rot als Symbol der Liebe.

Je nach der Art der Zeichen sind ihre Wirkungen unterschiedlich. Wenn Feldmann von einer Grobunterscheidung zwischen informierenden, regulierenden und stimulierenden Kommunikationsweisen spricht, so bezieht sich das auf die jeweiligen Wirkungen, ohne daß hier ein allzu trennscharfer Maßstab angelegt werden könnte. Jedenfalls aber besitzen die natürlichen Zeichen eher einen informierenden, die Signale eher einen stimulierenden Wirkungskoeffizienten, während z. B. das Symbol abhängig ist von dem Vorverständnis, aus dem heraus es angesehen wird: Während ein säkularisierter Beobachter einer Prozession aus der Verwendung des Kreuzes lediglich entnehmen wird, daß es sich um eine christliche (und nicht parteipolitische) Demonstration handelt, wird derjenige, der sich im Wirkkreis der symbolisierten Inhalte befindet, diese als stimulierend oder zumindest als regulierend ansehen, indem er eine vorherbestimmte Haltung einnimmt, durch die sein Handeln beeinflußt wird. Jacobson (Essais de linguistique générale, Paris 1963) gibt darum einer Botschaft – entwickelt aus den Funktionen der Sprache – eine referentielle (berichtende), eine emotionale (gemütsbewegende), eine imperative (handlungsanweisende), eine phatische (Kontakt herstellende), eine metasprachliche (ordnende) und ästhetische (auf sich selbst verweisende) Funktion, die im Alltäglichen nie getrennt sind, obwohl häufig eine der Funktionen vorherrscht.

Für die Einsicht der Schüler kann es hilfreich sein, zunächst einen Katalog von Zeichenarten aufzustellen, um schließlich die Wirkweisen und ihre Hintergründe (Konnotat, Denotat, Designat, Konventionalisierung) zu diskutieren. Auf diese Art können die Erwartungen, die an die Zeichen gestellt werden, eingekreist und entsprechend reflektiert werden.

Übermittlung und Störung einer Nachricht

Die Wirkung der Zeichen ist aber auch von ihrer Übermittlung abhängig. Wir haben schon gesehen, daß für den Transport einer Nachricht ein bestimmtes Mittel oder *Medium* ausgesucht werden muß, das als Nachrichtenträger fungiert. Als Medium können z.B. gelten: Schallplatte, Tonband, Hörfunk, das gemalte Bild, das reproduzierte Bild, das Diapositiv, der Filmstreifen, die Bildaufzeichnung.

Für den Transport der Nachricht ist es nun wichtig festzustellen, welche von außen kommenden und durch die Übertragung des Kodes auf das Medium entstehenden Störfaktoren die fehlerfreie Übermittlung einer Nachricht beeinflussen können. So lassen sich Überlegungen etwa in Richtung auf die *Speicherbarkeit,* die *Reproduzierbarkeit* und die *Haltbarkeit* anstellen. Es ist z.B. jedem bald klar, daß das Medium „Tonband", was die Reproduzierbarkeit und die Haltbarkeit anbelangt, der Schallplatte um vieles überlegen ist, da die Tonabnehmer gar nicht die Tonquelle berühren, sie also auch nicht abnutzen können. Bei der Diskussion der Speicherbarkeit muß aber differenziert werden: Zwar läßt sich das Tonband platzsparender speichern, jedoch geht mitunter viel Zeit verloren, das richtige Musikstück im Durchlauf des Tonbandes zu finden. Hier ist eine genauere und umständliche Katalogisierung notwendig, um das Tonband ebenso leicht abrufbar zu machen wie die Schallplatte. Gleiches gilt natürlich auch für die Bildmedien. Das gemalte Bild kann im Bereich der Haltbarkeit dem Diapositiv haushoch überlegen sein, da sich besonders Farbdias bei beständiger Lichteinwirkung schnell verändern. Ähnlich verhält es sich mit reproduzierten Gemälden, da auch hier die Druckerfarbe nicht immer lichtbeständig ist. Hingegen lassen sich beim Malen Pigmente verwenden, die sich kaum – oder sehr langsam – verändern.

Allgemein sollten die Schüler lernen, sich die Abhängigkeit der vorhandenen Information von dem für den Transport notwendigen Medium zu verdeutlichen und vor dem Anlegen von Sammlungen Vor- und Nachteile jedes Mediums abzuwägen, was dann schließlich auch einen erheblichen Einfluß auf die Anschaffung teurer Geräte hat.

Eine mechanische Störung: Die Oberfläche des Fotos wurde durch Außeneinwirkung zerkratzt. Hierdurch gingen einige „Daten" verloren – obwohl man z.B. den Adler und das Geländer aus Stein mit den Augen ergänzen könnte, ist nicht mehr erkennbar, welche Form der Steinsockel wirklich hat und ob der turmartige Bau rechts mit dem Gebäude links in Verbindung steht.

Auf dieser Basis ist es hilfreich, sich einmal eine Liste der gebräuchlichsten visuellen Medien anzulegen und rasterartig die Bedingungen des Nachrichtentransportes einzutragen.

Medium	Speicher-barkeit	Reproduzier-barkeit	Haltbarkeit	Transportierbarkeit
Gemälde	sehr schlecht	sehr schlecht	sehr gut	mittel bis schlecht
Vierfarbendruck	gut	sehr gut	mittel	mittel bis schlecht
Farbfoto	sehr gut	gut	mittel	sehr gut
Farbdia	gut	mittel	mittel	gut
usw.				

Bei der Übermittlung der verkodeten Nachricht über ein bestimmtes Medium muß auch der Nachrichtenweg festgelegt werden, auf dem das Medium mit der Nachricht verbreitet wird. Man nennt diese Größe *Kanal*. Der Begriff ist jedem aus den UKW-Sendebereichen geläufig. Er sagt auch dort nichts anderes aus, als daß eine bestimmte Nachricht, z. B. eine Bildbetrachtung des Herrn X, im Hamburger Funkhaus in einer bestimmten *Richtung*, mit einer bestimmten *Intensität, Quantität* und *Qualität* ausgestrahlt wird. Wer die maximalen Werte dieses Sende- d. h. Transportweges erreichen will, muß die angegebene Richtung einstellen.

Im visuellen Bereich macht es zunächst Schwierigkeiten, den Kanal z. B. eines Fotos zu bestimmen, da öffentlich ausgestellte oder von Hand zu Hand gereichte Bilder schon in der Richtung meist diffus sind und sich Intensität und Qualität von den herrschenden Umständen her bestimmen lassen. Ein Sammler, der ein Werk Picassos im Keller umgekehrt an der Wand lehnen hat, erreicht mit dieser Art der Übermittlung sicher keine hohe Qualität und Intensität. Auch ist die Richtung der Übertragung gänzlich eingeschränkt. Hängt dasselbe Bild im Museum, dann erhöht sich die Intensität und Qualität der Übermittlung, sie erhält eine ausgezeichnete Richtung – nämlich potentiell alle Museumsbesucher.

Im informationstheoretischen Bereich gehört es zu den wichtigsten Aufgaben, alle hier erwähnten Größen, die mit anderen zusammen unter dem Begriff der *Störung* zusammengefaßt werden, genau zu bestimmen. Ihre – dann mathematisierten – Werte sind im Fernsprechverkehr z. B. ausschlaggebend dafür, ob ein Anrufer aus München in Flensburg noch verstanden werden kann oder nicht.

Aus der Abhängigkeit der Nachrichtenübermittlung vom Kanal und von den Störgrößen ergibt sich schließlich, daß man an bestimmte Medien keine übertriebenen Forderungen stellen kann. So wird z. B. der Wunsch, Kunstwerke an die Massen heranzubringen, seine Grenze dort haben müssen, wo z. B. der Störfaktor Quantität allen Massenbesuchen einen Riegel vorschiebt: Bilder sind nun einmal meist so klein, daß sie von nicht mehr als 10 Menschen sinnentnehmend gleichzeitig betrachtet werden können – ein Umstand, der für Diapositive und das Kino nicht, wohl aber für das Fernsehen von einschneidender Bedeutung ist.

Wenn Schüler z. B. ihren Eltern eine Botschaft aus ihrem Schulalltag über das Medium Fotografie geben wollen, muß nun, nachdem das Medium „Fotobilder" feststeht – und damit Speicherbarkeit der Nachricht, Haltbarkeit während der Übermittlung und die speziellen Bedingungen der Transportierbarkeit (z. b. nicht elektronisch, sondern von Hand zu Hand) bestimmt sind –, der Kanal der Übermittlung bestimmt werden.

Wie schon angedeutet, ließe sich der Kanal „von Hand zu Hand – von Person zu Person" wählen. Die Richtung wäre dann eindimensional und linear, es sei denn, es schauten beim Betrachten zu Hause noch andere Leute zu. Die Übermittlung geschähe mit hohen Intensitätsgraden, da sich die Eltern abends in Ruhe Zeit nehmen können, die Botschaft zu erfassen. Qualität und Quantität werden kaum in Mitleidenschaft gezogen, sofern sichergestellt ist, daß keine Seiten verlorengehen oder so beschädigt werden, daß die letzten nur noch einen geringeren Teil der Botschaft überhaupt erfassen können (Haltbarkeit des Mediums!).

Es ließe sich aber natürlich auch ein anderer Kanal für die Übermittlung der Botschaft wählen. So könnte z. B. dieser Fotobericht in den Gängen der Schule ausgestellt werden, und die Eltern müßten in die Schule kommen. Daß hier sowohl die Richtung als auch die Quantität leiden, ist deutlich. Es könnte aber das Ganze auch vor der Schule oder in einem Raum der Gemeinde oder in einem Schaukasten der Ortszeitung öffentlich ausgestellt werden – dann wäre die Richtung diffus, denn jeder, und nicht nur die Eltern der Schüler, könnte die Botschaft der Schüler aufnehmen. Man könnte aber schließlich auch bei einer Elternversammlung die Arbeiten auslegen, zeigen, besprechen oder bei Gelegenheit eines Klassenfestes die Botschaft durch Diavortrag vermitteln ... Kurzum, es bieten sich für die „Wahl des Kanals" die mannigfaltigsten Möglichkeiten an, die mittels einer Tabelle sorgfältig geprüft werden sollten.

	Kanal	Richtung	Quantität	Qualität	Intensität
Nachricht					

Schließlich muß ein Entschluß gefaßt und nach Abwägen der Vor- und Nachteile jeder Art der Nachrichtenkanalisierung ans Werk gegangen werden. Jetzt wird es der Klasse möglich sein, zielgerichtet in Gruppen an dem Projekt zu arbeiten und es bis zur Übermittlung voranzutreiben.

Die Eigenart visueller Kodes

Es ist nun an der Zeit, nach der Eigenart visueller Kodes zu fragen. Beschäftigt man sich mit semiotischer Forschungsliteratur, stößt man bald auf eine Diskussion der Wissenschaftler, die sich um die Frage dreht, ob die Forschungsergebnisse der Linguistik (Sprach- und Sprechkodes) einfach auf visuelle Kodes übertragen werden können oder nicht. Haben visuelle Zeichen den Charakter einer „Sprache", oder sind sie grundsätzlich anders aufgebaut? Hierbei gibt es vor allem zwei Probleme zu beachten, die nicht nur in der Sprachwissenschaft, sondern auch in der Informations- und verstärkt in der Kommunikationswissenschaft eine Rolle spielen. Das erste Problem ist, ob eine „Sprache" aus Elementen besteht, die sich gegenseitig bedingen, oder ob eher eine „Struktur", das übergeordnete Ganze, die Elemente beeinflußt. Das zweite Problem ist, ob eine informationstheoretische Bearbeitung nur dann Sinn hat, wenn sich statistische Methoden anwenden lassen, oder ob eine offene Bearbeitung der semiotischen Funktion der Zeichen auch sinnvoll ist.

Zeichen aus Punkten und Linien

Um Schülern die Gewichtigkeit dieser wissenschaftsmethodischen Entscheidung nahezubringen, wird es hilfreich sein, sich im Fachbereich bildende Kunst derjenigen Erklärungsmodelle bildnerischen Gestaltens zu erinnern, die vor allem am Bauhaus in den 20er Jahren von elementaren Vorstellungen ausgingen und Punkt, Linie und Fäche (Kandinsky) sowie Helligkeitswerte und Farbe (Klee) zu „Elementen des Bildhaften" erklärten. Eine sehr kurze Einführung in diese Denkweisen genügt, um mit Schülern folgende Aufgabe zu bewältigen:

Wir verabreden mit der Klasse die Darstellung irgendwelcher Inhalte, die jedem aus Erfahrung bekannt sein sollen, wie z.B. Haus und Baum oder Auto und Mensch. Dann lassen wir drei Gruppen bilden, mit denen jeweils andere Spielregeln der „Zeichenerstellung" verabredet werden.
Die erste Gruppe wird darauf verpflichtet, nur Punkte (große und kleine) für ihre Darstellung des gewählten Inhalts zu verwenden. Der zweiten Gruppe wird nur die Verwendung von Linien (gerade und gebogene) er-

*laubt, während die dritte Gruppe sich ganz frei von Bindungen an die
Arbeit machen soll. Nach Beendigung der Arbeit werden die Ergebnisse
verglichen, und zwar im Hinblick auf die Rolle der „Elemente" beim
Transport der Nachricht.*

Wir stellen fest, daß die einzelnen Elemente zwar kleinste Teile sind, aus
denen auch „irgendwie" die Botschaft Haus und Baum entsteht, und daß
es nicht sinnvoll erscheint, die Punkte und Geraden noch einmal zu teilen
– weil dadurch an der „Botschaft" eigentlich nichts verändert wird, be-
merken aber dabei gleichzeitig, daß nicht die Punkte als solche an der
Konstituierung der Botschaft Anteil haben. Ein Zeitungsbild kann dies
auch in der Praxis beweisen – sehen wir doch meist gar nicht die Rasterpunkte der Autotypie, sondern nur die „Gestalt", zu deren Bildung sie
notwendig sind.
Ein Vergleich mit den Problemen in der Linguistik ließe sich durch ein
Zitat herstellen. Maser schreibt:
„Schwierigkeiten treten auf, wenn man im Bereich der verbalen Kommuni-
kation sagt, daß man Buchstaben zu Silben, Silben zu Wörtern, Wörter zu
Sätzen und Sätze zu Texten superiert (bilden von Superzeichen). Was ist
die Bedeutung von Buchstaben? Was ist die Bedeutung von Wörtern? Und
wie läßt sich die Bedeutung beispielsweise des Wortes ‚singen' aus der
Bedeutung von ‚s', ‚i', . . ., ‚n' eindeutig und vollständig bestimmen?"
Hierbei hat aber die Sprache einen unbestrittenen Vorteil zu verzeichnen:
Sie besteht aus einem endlichen System von Elementen (Zahl der Buchstaben) und läßt sich daher statistisch untersuchen. Auch der Wortschatz
einer Sprache kann statistisch erfaßt werden. Dadurch erscheint es zumindest nicht ausgeschlossen, von der Bestimmung der Elemente ausgehend,
auf die Struktur von Superzeichen (Sätzen, Artikeln, Briefen, Dichtungen)
zu schließen.

Gerade dieser Aspekt fehlt aber im visuellen Bereich gänzlich. Die Festlegung einer bestimmten Punktzahl bei der Autotypie und dem Fernsehen
hat lediglich informationstheoretische und -praktische Gründe, die die
kommunikationstheoretische Frage, was ein visueller Kode ist, nur an der
Stelle tangieren, wo zu wenig Rasterpunkte die Reizschwelle menschlicher
Sehgewohnheiten unterschreiten. Die Frage, ob sich im visuellen Bereich
„Inhalte" aus Elementen bilden lassen, ist dabei so nicht zu klären.
Auch Kandinsky z. B. untersucht das optische Äquivalent zu diesem Begriff „Punkt" und kommt zu der Feststellung, daß der Punkt, herausge-
rissen aus der gewohnten zweckmäßigen Umgebung der Satzzeichen, aus
seinen bis dahin schweigenden inneren Eigenschaften, einen immer mehr

wachsenden Klang erhält – d. h., er ist in seiner Größe nicht absolut bestimmbar. Abbildung 1 zeigt, daß die Bestimmung, bis wohin ein Punkt Punkt und ab wann Kreisfläche oder Fleck ist, nicht möglich erscheint.

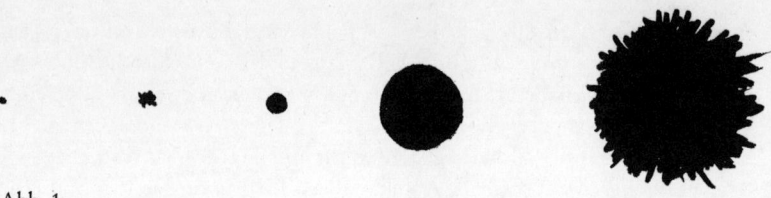

Abb. 1

Überblicken wir die kleinsten Teile, müssen wir feststellen, daß es nur wenige ausgezeichnete Größen im Wahrnehmungsraum gibt. Zu ihnen kann man mit Sicherheit die Waagerechte und die Senkrechte rechnen. Es gibt aber unendlich viele Schräge und vor allem Gebogene und Gekrümmte sowie Punkte und Flächen. Wer wollte sich vermessen, aus diesem Vorrat an Signalen ein endliches Zeichenrepertoire zu bilden, das in der Lage ist, alle Gestaltphänomene unseres Umraumes zu repräsentieren? Die Elemente des Optischen können also nur dann als Zeichen wirksam werden, wenn ihnen eine Bedeutung von außen angetragen wird. Hierbei bilden die wenigen durch die Wahrnehmung ausgezeichneten Größen wie Senkrechte und Waagerechte eine Ausnahme. Fragt man nach dem Zustandekommen ihrer Bedeutungen, wird man auf die Grundorientierung des Menschen durch Horizont und aufrechten Gang verwiesen.

Zeichen sind Analogien zur Wirklichkeit

Beim Durchblättern der Kandinskyschen Schrift „Punkt, Linie zu Fläche" (1926) stößt man auf noch ein anderes „Zeichensystem", das in seinen Anmutungsqualitäten mehr emotionalen Charakter hat und zur Charakterisierung von Befindlichkeiten z. B. auch von Kunsthistorikern zur Beschreibung von optischen Beständen gebraucht wird.

Wir sollten den Versuch machen und unseren Schülern drei Aufgabenreihen stellen, die das Problem zu verdeutlichen hätten. Technik: Faserschreiber, Papierformat: DIN A4. Auftrag: Optische Zeichen für ‚nervös', ‚erregt', ‚steif', ‚schwer', ‚anmutig' und andere Gefühle bezeichnende Adjektive finden (s. Abb. 2). In einer zweiten Reihe können wir unter den gleichen

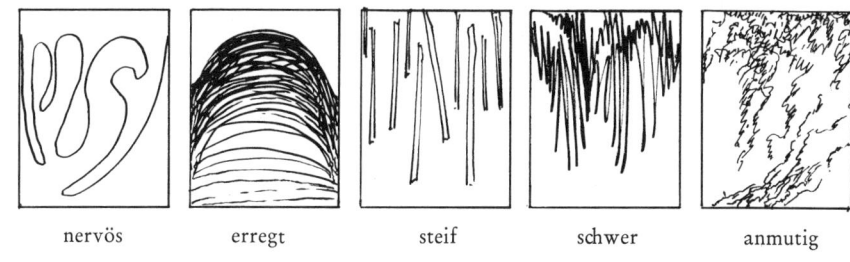

| nervös | erregt | steif | schwer | anmutig |

Abb. 2

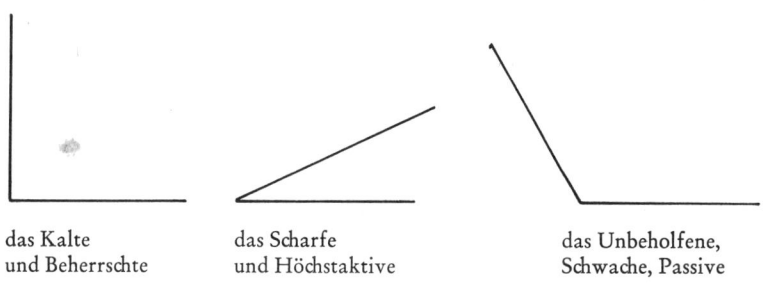

| das Kalte und Beherrschte | das Scharfe und Höchstaktive | das Unbeholfene, Schwache, Passive |

Abb. 3

Bedingungen in Auftrag geben, mit nur zwei Geraden, die sich berühren oder auch schneiden dürfen, Begriffspaare darzustellen, wie sie Kandinsky mitgeteilt hat: ‚Das Kalte und Beherrschte‘, ‚das Scharfe und Höchstaktive‘, ‚das Unbeholfene, Schwache, Passive‘ (Abb. 3).

Die Ergebnisse werden wenig einheitlich sein. Etwas anderes war auch nicht zu erwarten. Interessant ist die Kontrolle der Wirkung der Zeichen auf die Gruppe. Uns interessiert aber zunächst nicht so sehr dieses Ergebnis als vielmehr die Frage, wie der einzelne zu der niedergelegten Vorstellung gekommen ist. Warum glaubt er, daß sein Zeichenzusammenhang die gegebenen Gefühlsbezeichnungen repräsentiert?

Nachdem diese Frage vielleicht angeschnitten und kurz diskutiert worden ist, ließe sich eine dritte Aufgabe stellen: Die Schüler werden aufgefordert, bei der Produktion der „Zeichen" darauf zu achten, woher sie den Einfall haben, den sie in der Kürze der Produktionszeit realisieren. Es sollen

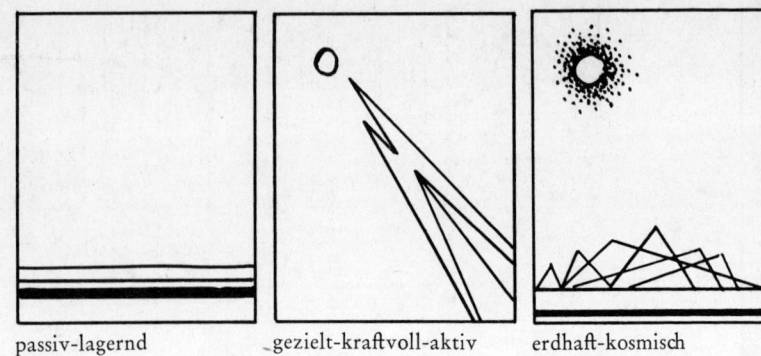

passiv-lagernd   gezielt-kraftvoll-aktiv   erdhaft-kosmisch

Abb. 4
Gestaltfindungen analog den Erfahrungen aus der figuralen Umwelt
(vgl. Kandinsky, „Hinauf", Gouache, 1925, Paris, Privatbesitz)

*Zeichen für ‚passiv-lagernd', ‚gezielt-kraftvoll' und ‚erdhaft-kosmisch' ge-
funden werden. Als Auflage wird festgesetzt, daß nur die Elemente Kreisfläche und gerader Strich verwendet werden, jedoch in beliebiger Form
zusammengesetzt werden dürfen (Abb. 4).*

Auch hier ist fraglich, ob die Schüler die Vorstellungen Kandinskys zu
diesem Thema erreichen werden; alles in allem erscheinen sicher sehr individuelle Lösungen. Dies ist aber jetzt nicht unser Problem. Es geht ja vielmehr um die Frage, ob diese „Zeichen" aus einem gemeinsamen Grund,
einem vielleicht „angeborenen Empfinden" heraus entwickelt worden sind.
Schon bei der zeichnerischen Übertragung von elementaren Empfindungen
in der ersten Aufgabe kommt man auf eine „Figur", wenn man sich selbst
in diese Gefühle hineinversetzt oder sich vorstellt, wie eine dazu kompo-
nierte Musik verlaufen müßte. Ähnlich ist es mit der zweiten Aufgabenreihe. Die dritte Aufgabe macht erkennbar, daß es sich beim Gestalten um
das Herstellen von Analogien handelt. Der Zeichner versucht, Merkmale
oder Erfahrungen aus den gegebenen Worten auf sein Verständnis von
wirklich Vorhandenem zu transponieren und darzustellen. Dabei verhindert die Kombination zweier Begriffe die Verwechslung von Analogie-
vorstellungen. Die Vorstellung „erdhaft" wäre schließlich im Zeitalter der
Raumfahrt auch kreisförmig darzustellen. Dann aber müßte das „Kos-
mische" in Geraden ausgedrückt werden, was eine Analogiebildung erschwert. Leichter fällt es, „kosmisch" als analog zu „runden" Sternen /
Himmelskörpern zu denken und entsprechend darzustellen. Also wird als
„erdhaft" die Waagerechte gesetzt, in Analogie zu der Erfahrung, die wir

mit der Erde als dem unter uns waagerecht Lagernden machen. Für „kosmisch" ergibt sich die Kreisfläche analog zu den Erfahrungen der Mondscheibe und der Stern wie auch dem Wissen um andere Himmelskörper.
Wir sehen also, daß die Entwicklung optischer Zeichensprachen aus dem analogen Denken hervorgehen kann. Kümmern wir uns jetzt noch einmal um die Ergebnisse der drei Aufgaben. Schon eingangs mußten wir immer einschränkend sagen, daß „individuelle Lösungen" erscheinen werden. Dies ist ganz sicher bei der ersten Aufgabe der Fall. Die Lösungen sind nicht nur „individuell", sondern „beliebig", je nachdem, welche Empfindungen der eine oder andere mit dem Reizwort „nervös", „erregt" usw. verbindet. Die Ergebnisse sind austauschbar.
Anders verhält es sich mit den Lösungen der zweiten Aufgabe. In ihnen lassen sich verschlüsselte Erfahrungen aufdecken: Spitze Winkel suggerieren die Anwendung der Erfahrung „spitz" = scharf, aktiv; rechte Winkel suggerieren die Anwendung der Erfahrung „ausgeglichen konstruiert" = kalt und beherrscht. Hier werden gefühlhafte Erfahrungen analogisiert, ohne daß man zu Darstellungen der figuralen Umwelt (Messerspitze, Hausecke) greifen müßte.
Die Lösungen der dritten Aufgabe nun benutzen zur Bildung von Analogien Erfahrungen aus der figuralen Umwelt. Analogien, das mag vor allem das letzte Beispiel bewiesen haben, sind aber immer Gegenstand von Erfahrungen, die mehr oder weniger kulturabhängig sind. „Erde" und „Kosmos" sind in der hier bezeichneten Art Größen, die unter der Voraussetzung anderer kultureller Traditionen auch anders dargestellt würden. Zudem ist der Zusammenhang mit der optischen Wahrnehmung sehr groß, was nicht nur den Produzenten einer Botschaft, sondern auch den Rezipienten gleichermaßen trifft.

Wir behaupten also: Visuelle Kodes bestehen zum großen Teil aus analog den kulturellen Erfahrungen verlaufenden Formfindungen. Je willkürlicher sie lesbar sind, desto individueller sind die Empfindungen, auf denen der Kode aufgebaut ist.

Analyse von Verkehrszeichen

Um unsere bisherigen Einsichten in den Aufbau visueller Kodes zu erproben, versuchen wir, unter den gewonnenen Gesichtspunkten so etwas Harmloses wie Verkehrszeichen zu untersuchen. Wir haben bereits an anderer Stelle betont, daß sie durch Lernen ihrer Bedeutung eine konventionalisierte Wirkung besitzen. Kaum jemand kann sich noch vorstellen, daß das Überholverbot in der Wirklichkeit auch etwas anderes bezeichnen könnte als das Verbot des Überholens. Hier nun interessiert uns, ob es im Aufbau des optischen Zeichens Analogien zu den Erfahrungen gibt, die man macht, wenn man mit dem Auto fährt. Die Frage ist, ob wir aus den drei Aufgabenreihen, die das analogisierende Denken bei der Kodierung von Zeichen gezeigt haben, Gesichtspunkte für die Analyse von Zeichen gewinnen und ihre Verständlichkeit und damit Irrtumsfreiheit und damit Eindeutigkeit nachweisen können.

☐ Die ersten Aufgaben optischer Zeichenfindung bezogen sich auf Empfindungen bei Grundelementen, die in jeder elementarisierten optischen Erscheinung enthalten (Senkrechte, Waagerechte, Schräge, Gekrümmte), in ihrer Bedeutung aber beliebig zu lesen sind.

☐ Die zweite Aufgabenreihe betraf die Analogien, die aus Erfahrungen und den damit verbundenen Gefühlen gebildet und als figurative Reizmuster übermittelt werden.

☐ Die dritte Reihe betraf die gestalthaften Analogien – aus der Erinnerung eines Wissens und der Erfahrung mit Wirklichkeit entstehen Zeichen.

Der *ersten Art* lassen sich vor allem drei Zeichen – mit kreisrunder, dreieckiger und viereckiger Form – zuordnen. Die ursprüngliche Überlegung der Zeichenmacher, durch die Grundform der Fläche schon die Grundbedeutung des Signals festzulegen (rund = Verbotsschilder, dreieckig = Gebotsschilder und viereckig = Hinweisschilder), führt uns auf den Grund dieser Zeichensystematik. Sie ist nicht semantischer, sondern syntaktischer Struktur, weil die Anordnung, Größe und Form von Flächen ausschlaggebend für die Bedeutungen sind: Es werden elementare geometrische Figuren ausgewählt, um Bedeutungen zu transportieren. Die Bedeutung der Schilder ist nicht an Analogien geknüpft, sondern ist von außen herangebracht – also beliebig. Diese Schilder könnten bei entsprechender Einübung jede andere Bedeutung erhalten. Was sie auszeichnet, ist ihre möglichst grundsätzliche Unterschiedlichkeit der Form, was in bezug auf ihre Bedeutung darauf schließen läßt, daß sie etwas sehr Unterschiedliches meinen. Es ist kein Analogon im menschlichen Empfinden und Denken zu finden. Visuelle Zeichen dieser Machart, so können wir feststellen, sind keine, wenn ihr Bedeutungsgehalt – ohne den sie ja nicht wirken und deswegen auch keine Zeichen sein könnten – nicht über ein anderes, sprachliches, d. h. allgemein konventionalisiertes System mitgeteilt wird.

Der *zweiten Art* lassen sich Zeichen zuordnen, die sich auf ausgezeichnete Größen im Wahrnehmungsraum beziehen und allein aus der Anordnung und Form von Elementarzeichen – z. B. waagerechter Strich – eine weitläufige Bedeutung aus dem analogen Denken gefühlhafter Erfahrungen

1. Art

2. Art

3. Art

beziehen. Waagerecht bedeutet hier, da einem einheitlich gefärbten Grund schwebend zugeordnet, Barriere, Sperre. Um dieses Gefühl für die Analogie deutlicher hervortreten zu lassen, braucht man das Zeichen nur zu drehen, bis der weiße Balken senkrecht steht. Welche Bedeutung es nun annimmt, braucht hier nicht erörtert zu werden. Deutlich wird, daß es auf keinen Fall für die Bedeutung Sperre, „Barriere" geeignet ist.

Visuelle Zeichen dieser Machart, so können wir feststellen, bedienen sich gefühlhafter Grunderfahrungen des Menschen, die er in allerfrühester Jugend erworben hat und die Grundbestandteile seiner Orientierungsleistungen im Wahrnehmungsraum sind. Solche Zeichen können nicht mehr jede Bedeutung annehmen und daher auch nicht beliebige Wirkungen haben, sondern besetzen ein mehr oder weniger genau zu bestimmendes Bedeutungsbündel, das den Umfang der Wirkungen festlegt und scheinbar aus sich heraus Zeichen für etwas ist.

Der *dritten Art* ist eine vielfältige Anzahl von Zeichen zuzuordnen, die so aussehen wie die der zweiten. Fragt man aber nach der Struktur der hier abgebildeten Analogien, so sind diese nur bedingt auf gefühlhafte Erfahrungen zurückzuführen. Den abbiegenden Pfeil und den nach oben weisenden Pfeil unter der Rubrik „ausgezeichnete Größen im Wahrneh-mungsraum" zu subsumieren, um daraus Rückschlüsse auf die Bedeutung des Zeichens zu erlangen, gelingt nicht. Das Zeichenhafte geht verloren. Hingegen werden wir fündig, wenn wir uns der Vorgänge erinnern, die zum „Erfinden" von „Zeichen für etwas" geführt haben: Bestimmend für die Kodierung war das Finden von Analogien, die aus der Praxis des menschlichen Handelns stammmen und diese Erfahrungen auf einem sehr abstrakten Niveau abbilden. So sind alle Abbiegungshinweise ja nichts anderes als die abstrahierte Reproduktion der tatsächlichen Handlungs-möglichkeit. Alle Verteilerschilder, alle Richtungsschilder folgen diesem Grundsatz.

Daß dies wirklich so ist und die Dekodierung des Zeichens mit der gestalt-haften Analogie des Handelns ursächlich verbunden ist, kann eine Situa-tion zeigen, in der das Zeichen die Wirklichkeit nicht genau, sondern nur

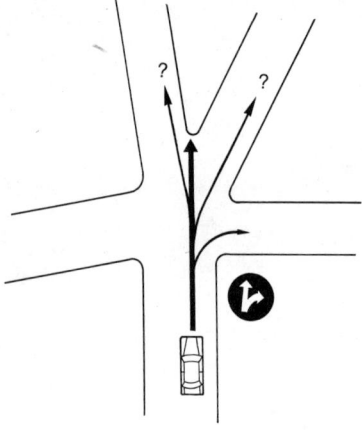

prinzipiell repräsentiert. Die Abbildung zeigt eine Situation, wie sie jeder im Straßenverkehr antreffen kann: Das Verkehrsschild gibt an, man dürfe geradeaus fahren und rechts abbiegen. Tatsächlich landet man aber beim Geradeausfahren auf dem Bordstein des gegenüberliegenden Bürgersteigs, denn man müßte sich entscheiden, entweder mehr nach rechts oder etwas nach links zu fahren. Genau dies aber gibt das Schild nicht wieder. Man fühlt sich durch eine solche ungenaue Abbildung der Situation verunsichert. Dies ist sehr häufig der Grund für „unfallreiche Ecken", da der Autofahrer oft keine Zeit mehr hat, analoges Denken gegen eine Signalanweisung in rational zielgerichtetes umzufunktionieren. Dies führt nun auch nach und nach dazu, Verkehrszeichen wie „Achtung Kurve", „Straßenverengung", „eine Richtung bevorrechtigt" und „Richtungsanzeige" nicht als Zeichen der ersten oder zweiten, sondern der dritten Art aufzufassen und der jeweiligen Situation, in der sie stehen, anzupassen: Ein Schild „Achtung Kurve" zeigt heute an, ob es sich um eine Rechts-, Links- oder Haarnadelkurve handelt!

Für unsere Fragestellung ist nur wichtig, daß diese Zeichen gestalthafte Erfahrungen in einer bestimmten Situation verkoden und in Analogie zeichenhaft repräsentieren. Die Vernachlässigung der Analogie zur Wirklichkeit führt zu Fehlleistungen, die durch die falsche Verkodung der Realität hervorgerufen werden.

Von gleichem Aufbau wie die hier aus den Verkehrsschildern entwickelten Richtungszeichen sind z.B. auch alle Orientierungsskizzen, die man anfertigt, um jemanden den Weg durch eine fremde Stadt zu beschreiben. Ein sehr differenziertes Zeichensystem dieser Art ist dann die Karte.

Wir können sagen, daß diese Zeichen für erfahrbare, figurale Realität stehen, daß der Kode sich schnell konventionalisiert. Nachdem jeder erst einmal die praktische Erfahrung gemacht hat, daß es sich so verhält, wie es das System analog zur Wirklichkeit zeigt, neigt der Empfänger mehr dazu, sich informativ analogisierend zu verhalten, d.h. dem Zeichen für eine solche Situation mehr zu vertrauen als der Realität, deren Überprüfung Mühe kosten würde.

Bei dem Versuch, Verkehrszeichen nach ihrer Zeichenstruktur zu ordnen, bleiben zwei Typen von Zeichen übrig. Die einen sehen so aus wie die Zeichen der zweiten Art – z.B. das Park- und Halteverbotsschild –, die anderen bilden einen uns bekannten Gegenstand – ein Reh, eine Kuh, einen Traktor – ab und könnten wegen ihrer gestalthaften Zeichen zur dritten Gruppe gerechnet werden. Wir müssen prüfen, ob das stimmt.

Besonders das Halteverbotszeichen weist Zeichenelemente auf, die analog zu Erfahrungen aus der Grundschulzeit zu stehen scheinen: Das Andreaskreuz steht – geometrisiert – für das Durchkreuzen von etwas Falschem. Also, könnte man folgern, wird hier die Realität „Halten" zeichenhaft durchkreuzt und damit als „falsches Handeln" ausgewiesen. Um einer derartigen Möglichkeit zustimmen zu können, müßte man nun fragen, ob auch die Realität „Halten" in gleicher Weise kodiert wird. Aber weder der blaue Grund noch die rote Umrandung der Kreisscheibe ergeben einen solchen Hinweis. Die runde Form des Schildes mit rotem Rand sagt, daß hier ein Verbot ausgesprochen wird, die blaue Farbe (die ja auch der Grund z.B. des Parkschildes ist) kann aber nicht als „Parken" kodiert sein, weil sonst ja auch die Grundfarbe bei allen Richtungshinweisen „Parken" heißen müßte! Blau bedeutet in diesem Fall also – nichts!

Wir müssen zu dem Schluß kommen, daß die Durchkreuzung keine Analogie ist und sich somit keine Relation zwischen einem realen Handeln und dem Zeichen dafür finden läßt. Demnach ist dieses Schild eigentlich unter die elementaren Zeichen zu klassifizieren, da die Zeichenelemente ihre Bedeutung unabhängig von einem realen Handeln erhalten. Nun wird aber auch erkennbar, daß das Zeichen für „Park- und Halteverbot" innerhalb des Repertoires „Gebotsschilder" unökonomisch aufgebaut ist, denn die blaue Farbe der Kreisscheibe ist ein unnötiger Zusatz, da keinerlei Beziehung zur Realität besteht. Im Bereich der Bedeutungszuweisung hätte es eine weiße Kreisscheibe auch getan. Zeichentheoretisch ausgedrückt, könnte man sagen: Die Blaufärbung der Kreisscheibe hat keinen sigmatischen Bezug, da das Zeichen selbst keine Denotation zuläßt, aber für die irrtumsfreie Dekodierung des Designats innerhalb des Repertoires unnötig ist.

„Bilder" oder: Das ikonische Zeichen

Die letzte Gruppe der Verkehrszeichen, auf denen „Gegenstände" abgebildet sind, wirft ein neues Problem auf (S. 73). Es scheint, als sei das Zeichen – z.B. „Trecker" – unmittelbar in der Wirklichkeit wiederzufinden, weshalb es dem Betrachter auch keine Schwierigkeiten macht, ein solches Zeichen (als Denotat) zu lesen. Solche Zeichen nennt der Theoretiker *ikonische Zeichen:* Das Adjektiv „ikonisch" leitet sich aus dem griechischen Wort für Bild (eikon) her und bedeutet soviel wie bildlich, bildhaft.

Was nun ein „Bild" sei, ist die Kernfrage nicht nur aller Versuche, eine Theorie der visuellen Kommunikation zu erstellen. Auch in der Geistesgeschichte hat diese Frage alle Gemüter bewegende Formen der Auseinandersetzung hervorgebracht. In diesem Zusammenhang sei etwa an das Bilderverbot der frühchristlichen Gemeinden erinnert oder an die vielen Bilderstürmerbewegungen im Verlauf der Geschichte oder an den Glauben in die Macht bildhafter Symbole in Frühkulturen wie noch später bei Napoleon und Hitler, die durch Bildbesitz den Anspruch ihrer Herrschaft über die Unterworfenen verdeutlichen wollten. Und es gibt heute Lebens- und Glaubensgemeinschaften, die davon ausgehen, daß derjenige, der das Bild einer Person (z. B. im Fotoapparat) hinwegträgt, auch ein Stück Macht über diese Person besitzt. Hinter allem steht die ungeklärte Frage, ob das Bild eines Gegenstandes

– über sich hinausweist und damit entweder scheinhafte Vorstellungen über die Wahrheit erweckt (Platon) oder eine von vielen Möglichkeiten menschlicher Erfahrung darstellt (Aristoteles);

– Realität nur widerzuspiegeln imstande ist und daher einen Anteil an der rationalen Durchdringung der materiellen Wirklichkeit des Alltags hat (Lukács);

– das Erscheinen einer anderen Wirklichkeit ist, die nur irrational begründet werden kann (Heidegger).

Betrachten wir kurz die Versuche einiger Theoretiker, damit uns das Problem deutlicher wird. So bestimmt Pierce das ikonische Zeichen als eines, das mit seinem Objekt gewisse Züge gemeinsam hat. Er reflektiert hierbei hauptsächlich über „Ähnlichkeit" und „gemeinsame Eigenschaften" zwischen Realität und Zeichen und dachte dabei etwa an Porträtbilder. Erinnern wir uns an die eingangs gemachten Ausführungen über den Unterschied zwischen Modell und Realität, so kann man sagen, daß Pierce nicht über die Bestimmung des „Bildes" als eines „Modells der Wirklichkeit" hinausgekommen ist.

Morris versucht, diesem Gedanken weiterzufolgen und genauere Bestimmungen einzuführen, die ihn dann zu Äußerungen, wie „dasjenige Zeichen ist ikonisch, das einige Eigenschaften des dargestellten Gegenstandes besitzt", veranlassen.

Daß hierbei eine ungute Vermischung von Realität und Zeichen die Folge ist, weist ihm Eco nach: Ein ikonisches Zeichen referiert über die Wirklichkeit, kann sie selbst aber niemals sein, weshalb auch kein ikonisches Zeichen „Eigenschaften des dargestellten Gegenstandes" besitzt, sondern sie nur „abbildet". Daß Eco mit dieser Auffassung bei der Bestimmung von Architektur als „ikonischem Zeichen" in Schwierigkeiten gerät, da architektonische Gebilde sowohl Realitäts- wie Zeichenfunktion besitzen können, mag hier nur am Rande erwähnt sein.

Mit diesem Ansatz gelingt Eco jedoch ein entscheidender Ausbruch aus dem Regelkreis Wirklichkeit – Zeichen – Kode – Dekodierung, der letztlich den Sprachkodes entnommen ist. Wenn er nämlich danach fragt, wie denn eigentlich die Übermittlung des referierten Wirklichkeitsanteils beim ikonischen Zeichen geschieht, kann er nur zu dem Schluß kommen, daß die ikonischen Zeichen Bedingungen der gewöhnlichen Wahrnehmung reproduzieren, nicht jedoch der Spache. Ikonische Kodes basieren also nach Eco auf Wahrnehmungskodes und nicht auf Sprachstrukturen. Nur wenn diese Wahrnehmungskodes bekannt sind, erlauben sie dem sehenden Empfänger, eine Wahrnehmungsstruktur innerhalb der ikonischen Zeichen aufzubauen und mit Sinngehalten zu füllen. Wer schon einmal einen Trecker in seinen Umrissen gesehen hat, vermag seine erworbene Erfahrung nun auf die Entschlüsselung des ikonischen Zeichens „Trecker" anzuwenden. Nicht anders ist auch unser Beispiel weiter vorne (S. 37) aufzulösen: Der Schüler, der die Erfahrung mit dem sonnenbeschienenen Staub selbst gemacht hat, kann das Bild „lesen", während Eltern ohne diese Erfahrung dies nicht können.

Ikonische Zeichen – Wahrnehmung, Erfahrung, gesellschaftliche Tradition

Aus dem Gegensatz der Definitionen lassen sich einige für das Verständnis ikonischer Zeichen wesentliche Folgerungen ziehen: Zunächst muß jedem, der sich überhaupt dazu entschließen kann, in den Vorgang der visuellen Kodierung den Wahrnehmungsprozeß des Menschen mit einzuschließen – und anders ist das wohl auch nicht vorzustellen –, erkennbar werden, daß sich die Auswahl eines Repertoires nicht an den physikalisch vorhandenen Dingen orientieren kann, sondern an dem, was der Mensch jeweils wahrnimmt.

Wahrnehmung ist aber schon ein reizestrukturierender Prozeß, denn der Mensch kann nicht physikalische Wirklichkeit erfassen, sondern baut sich in einem Prozeß der Auswahl, des Zusammenschließens und des Weglassens eine seinem Bewußtsein angehörende Vorstellung von einem Gegenstand auf. Diese ist zunächst individuell, subjektiv und privat. Niemand kann wissen, was der andere sieht. Es ist nur anzunehmen, daß die Wahrnehmungsgesetze (z. B. „Gesetz der Guten Gestalt", Metzger, Gesetze des Sehens, 1952) in der Apperzeptionsphase eine Rolle spielen; die Interpretation des Gesehenen in der Rezeptionsphase wird dadurch zwar eingeengt, aber keineswegs aufgehoben. Hier trifft die schon vorstrukturierte Wahrnehmung des einzelnen auf seinen individuellen Erfahrungsvorrat. Die Einarbeitung des Gesehenen in seinen Erfahrungshorizont kann sich erheblich von anderen unterscheiden. Damit wird deutlich, daß das Wahrnehmen von ikonischen Kodes ohne *Erfahrungen* nicht möglich ist und daß die ikonischen Zeichen immer die Tendenz zur Offenheit ihrer Interpretationsmöglichkeit haben, da ihre Aufschlüsselung notwendigerweise das bereits Erfahrene als Konnotate mit ins Spiel bringt. Hinzu kommt die gesellschaftlich tradierte Anbindung von Vorstellungen. Das Individuum ist ja nicht „für sich", sondern Teil einer Gruppe, aus der heraus die Erfahrungen und die Schlüsse gesteuert werden. Die Lesbarkeit ikonischer Zeichen ist also auch abhängig von der *gesellschaftlichen Anbindung* des einzelnen. Hierbei spielen ethnologische wie temporäre, soziale wie psychologische Daten eine Rolle.

Um Sehgewohnheiten von Afrikanern mit denen von Europäern zu vergleichen, benutzte eine Forschungsgruppe zwei Zeichnungen eines Elefanten von oben.

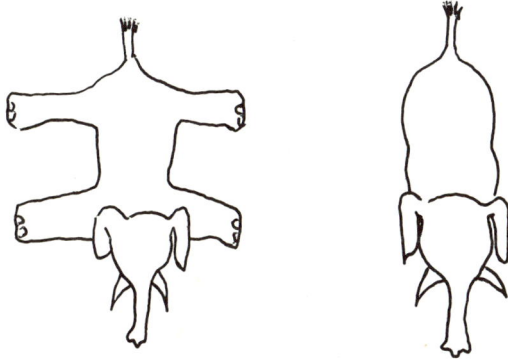

Es stellte sich heraus, daß die noch im Stammesverband lebenden Afrikaner immer das linke Bild eindeutig bestimmen konnten, während sie beim rechten große Schwierigkeiten hatten. Auch die europäischen Kinder bevorzugten das linke Bild, während erwachsene europäische Versuchspersonen auch im rechten Bild einen „vollständigen" Elefanten von oben erkennen konnten.

Auch ein anderes Versuchsergebnis mag interessant sein, da es den Aspekt „Erfahrung" als Grundlage der Vorstellungsbildung belegt: Hier wurde Schwarzen aus entlegenen Dörfern eine Reihe von Tierbildern vorgelegt. Sie wurden aufgefordert, aus einer Spielzeugkiste die entsprechende Tierplastik herauszusuchen. Sie irrten sich nur selten, solange es sich um Tiere aus dem eigenen Erfahrungsbereich handelte, während z. B. zu dem Bild „Känguruh" einfach auf gut Glück ein „passendes" Tier ausgesucht wurde (W. Schmidbauer, in: DIE ZEIT, 5. 1. 1973).

So ist vielleicht verständlicher geworden, warum es bisher keine Theorie über den ikonischen Kode gibt: Er ist nur abnehmbar von schon vorausgegangenen Kommunikationsstrukturen, die sich zudem im individuellen und gesellschaftlichen Lebensrahmen dauernd verändern. Deutlich wird dies, wenn wir bei den nebenstehenden 4 Abbildungen die ikonischen Kodes für einen Menschen aus sehr unterschiedlichen gesellschaftlich-psychologischen Erfahrungsbereichen vergleichen. Jeder der „Zeichenmacher" setzt für sein Verständnis von Mensch ein Zeichen, dessen Wirkung nur auf der Basis im voraus eingegrenzter individueller und gesellschaftlicher Erfahrungen zu lesen ist. Jeder folgt seiner Vorstellung. Der Afrikaner notiert ein Bewegungsdiagramm, das Kind einen Erlebnisbericht, der Sportler aktionsfähige Gliedmaßen, das Toilettenschild tradierte Unterschiede in der Bekleidung. In allen vier Zeichnungen ist das Bezeichnete – die Realität – der Mensch. Aber die Auswahl des Zeichenzusammenhangs setzt eben nicht bei der Realität ein, sondern bei dem, was für jeden einzelnen im Augenblick seiner individuellen und gesellschaftlichen Erfahrungen Realität bedeutet.

Daher folgert Eco auch, daß der ikonische Kode eine semantische Beziehung zwischen einer schon kodierten Wahrnehmungsbedeutung und einem grafischen Zeichenträger herstellt.

Dies bedeutet dreierlei:

☐ Erstens ist hiermit der ikonische Kode von dem linguistischen Kode deutlich abgehoben. Während der ikonische Kode nur auf Bewußtseinssplitter höchst fragwürdiger Art in bezug zur Realität zurückgreifen kann, ist der linguistische Kode auf eine endliche Anzahl von Elementen zurückzuführen und an die Sprachgewohnheiten eines Kulturkreises fester anzubinden.

☐ Zweitens bedeutet dies, daß es sich um ein Kodierungssystem handeln muß, das von Beziehungen und nicht von Elementen auszugehen hat.

☐ Drittens wird deutlich, warum diese Beziehungen bisher nicht mathematisierbar sind. Sie hängen von psychologischen und soziologischen Faktoren ab, die sich im Verlauf eines gesamtgesellschaftlichen Prozesses, in dem auch die sich verändernden Größen der Produktionsweisen und der Arbeitsstruktur eine wichtige Rolle spielen, verändern. Es lassen sich zwar hierfür Variablen denken, aber nicht konkret ausformulieren.

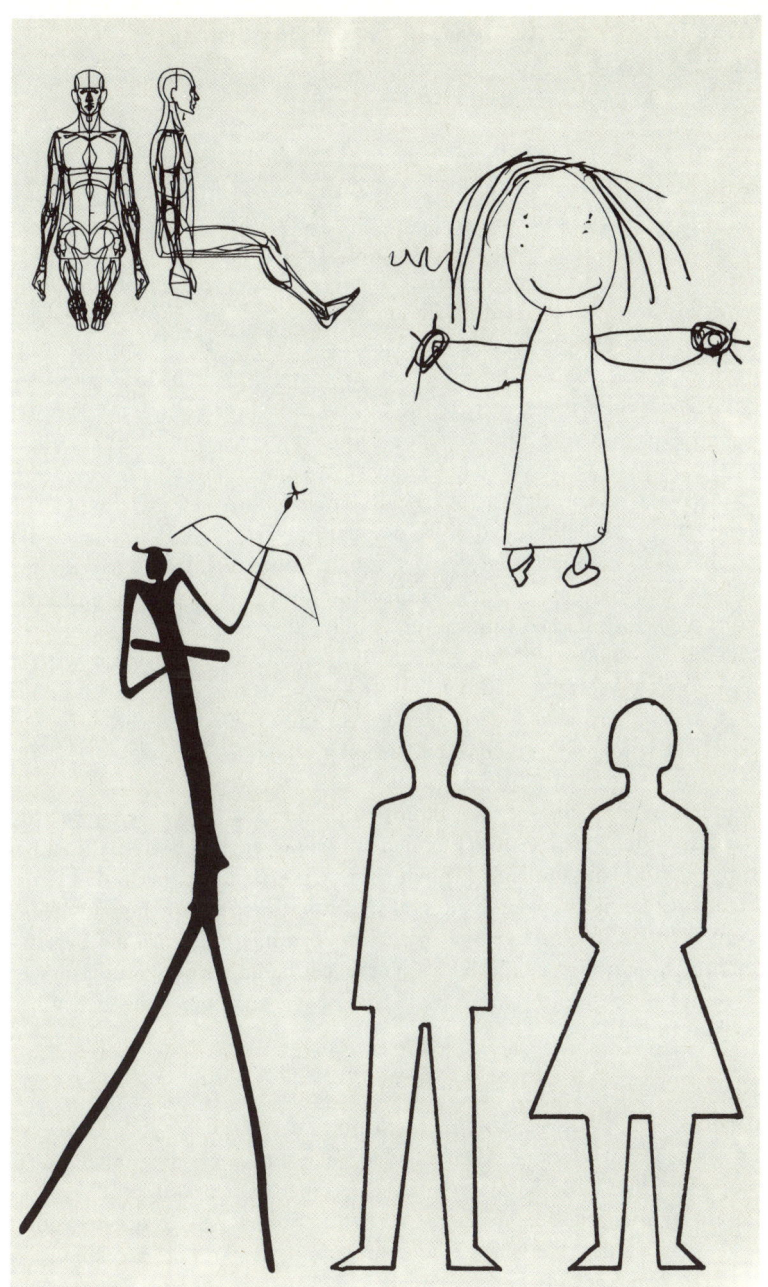

Was leistet der ikonische Kode gegenüber der Sprache?

Betrachten wir das Foto auf S. 89, so haben wir von Anbeginn an die Vorstellung „Zwei Pferde". Die sprachliche Formulierung des Tatbestandes hingegen ist ein langwieriger, zeitlich hintereinander ablaufender Prozeß, bei dem leicht der Bezug „zum Ganzen" verlorengehen könnte. Dabei wird uns bewußt, wie reichhaltig an „Mitteilung" die Abbildung ist und wie wenig es bringt, zu sagen: „Das sind zwei Pferde!" In diesem Satz wäre das, was das ikonische Zeichen als Besonderheit bieten kann, verlorengegangen. Wichtig ist ja nicht, daß da zwei Pferde sind, sondern daß es ein dunkelbraunes und ein mittelbraunes ist, daß sie den Betrachter ansehen, daß es ein Sonnentag ist, daß sie auf einem improvisierten Springturnierplatz stehen, daß sie aufgehalftert sind, ihre Lauscher hochgestellt haben und – schließlich – daß sie nur halb zu sehen sind! Und auch dies ist eine der Besonderheiten des ikonischen Kodes. Bildeten wir das Wort „Pferd" nur halb ab („Pfe"), dann wüßte zwar jeder, daß es ein solches Wort in der deutschen Sprache nicht gibt, aber es ließe sich sehr unterschiedlich ergänzen (Pfeffer, Pferch, Pfeil...). Und selbst, wenn wir das Bild zu drei Viertel zudeckten, immer sagte uns unsere Erfahrung noch: „Da ist ein Pferd abgebildet!" Und erkennen wir es nicht mehr, so ist uns, als hätten wir so etwas „Ähnliches" schon gesehen.

Wir sehen, es ist sinnlos, den ikonischen Kode auf Elemente zurückführen zu wollen, weil Punkte, Linien und Flächen nicht die bedeutungtragenden Elemente dieser Einheit sind. Wir sehen aber auch, daß es der Struktur des ikonischen Kodes nicht entspricht, anzunehmen, daß er „sprachentschlüsselnd" gelesen wird. Im Sprachbereich wird die Begriffsbildung als eine – veränderbare – Verabredung angesehen, im ikonischen Bereich handelt es sich um nicht austauschbare Analogien zwischen Wirklichkeit und Bild.

Um die Vieldeutbarkeit des ikonischen Kodes zu verringern, bedarf es daher „nur" einer genaueren Festlegung der Beziehungsmöglichkeiten zwischen Realität und Zeichen auf der einen und der Teilgestalten zueinander im „Bild" auf der anderen Seite. Erinnern wir uns unseres Versuchs, mittels geringfügiger Änderungen im syntaktischen Bereich die Bedeutung und Wirkung des ikonischen Kodes zu verändern (Anzeige Silva-Kur), so ist jetzt deutlicher als vorher, daß die Veränderung der Beziehungen der

Gepäckträgerruf

Beispiele für nicht eindeutig lesbare ikonische Zeichen
Gepäckträgerruf (?)   Gepäckausgabe (?)

ikonischen Teilgestalten untereinander andere Analogieschlüsse des Betrachters ermöglicht. Soll die Aussageweite des ikonischen Kodes reduziert werden, so kann das am besten durch die Veränderung der Beziehungen der ikonischen Teilgestalten untereinander geschehen. Je differenzierter diese ausgeführt werden, desto kleiner wird die Mitteilungsbreite. Um ein Verkehrsschild mit Mutter und Kind, das in dieser fast beziehungslosen Darstellung von Einzelzeichen alle möglichen Bedeutungen und Wirkungen erlaubt, präziser werden zu lassen, müßte ich zu Gliedern greifen, die die Beziehung einengen, indem z. B. ein bremsendes Auto oder die Umgebung, in der das Schild steht, abgebildet wird. Jetzt erhält die ikonische Aussage einen höheren Beziehungsgrad, wenn sich auch prinzipiell an den Schwierigkeiten der eindeutigen Zeichenerstellung nichts ändert.

Kontrollieren wir diesen Tatbestand an Beispielen, so müssen wir feststellen, daß ein visuelles Zeichen desto geringere Aussagemöglichkeiten hat, je elementarer das Formgut ist, d. h. je mehr Analogiebezüge sich beim Betrachter einstellen können. Umgekehrt wird nun auch deutlich, daß sich Bedeutungen durch Kontexte anderer Medienbereiche, wie z. B. der Sprache, desto leichter in einem visuellen Zeichenbestand erzwingen lassen, je weniger Aussage in ihm selbst steckt, d. h. je weniger Beziehungen der Teilzeichen untereinander vorhanden sind.

So wird besonders bei Momentfotografien, die Illustrierten und Familienalben anfüllen, deutlich, daß diese ganz schwache ikonische Kodes sind, weil ihnen fast jeder beliebige Text unterschoben werden kann, der für den nur informativ-flüchtig Wahrnehmenden Hinweisungscharakter hat.

Die Überlegenheit des ikonischen Zeichens gegenüber den Wortzeichen ist deutlich geworden. Während Wörter und Begriffe durch das Zusammenfassen vieler Erfahrungen und die Vereinheitlichung der vielfältigen Beobachtungen gewonnen werden und verabredungsgemäß etwas bezeichnen, entfernen sie sich von der Wirklichkeit und nehmen ein abstrakteres Niveau ein. Das ikonische Zeichen dagegen repräsentiert geradezu den Reichtum wirklicher Erfahrungsmöglichkeiten. Je mehr dieser Erfahrungen analog der Wirklichkeit kodiert werden können, desto mitteilsamer ist es. Es stellt nicht fest, sondern macht eine Aussage. Es entspricht nicht dem Wort/Begriff, sondern dem Satz. Und es ist zeitlich eine Auffassungseinheit, keine Auffassungsfolge.

Diese Überlegenheit des ikonischen Zeichens gegenüber dem Wortzeichen begründet aber auch seinen Nachteil für eine Theorie der visuellen Zeichen. Eine solche nicht diskret aufgebaute Einheit, die zudem von der Wahrnehmungswirklichkeit und den kontextlichen Beziehungen, die der einzelne herstellt, abhängig ist, läßt sich schwer quantifizieren, denn es gibt wohl Wörterbücher, aber keine Nachschlagewerke über alle Sätze, die man in der deutschen Sprache bilden kann...

Klassifizierung visueller Kodes

Visuelle Kodes lassen sich unterscheiden in:

☐ Systeme aus *elementaren* Zeichen. Ihre Bedeutung kann ausschließlich durch direkte Übermittlung gelernt werden (a).

☐ Systeme aus *figuralen* Zeichen. Ihre Bedeutungen basieren auf langzeitig erworbenen Wahrnehmungsmustern mit indirektem gesellschaftlichem Bezug. Ihr Bedeutungsumfang ist groß und nur durch direkte Vermittlung einzuschränken (b).

☐ Systeme aus *gestalthaften* Zeichen, die Handlungserfahrungen schematisch nachbilden. Ihre Bedeutung ist aus dem Kontext der wirklichen Situation abzuleiten und danach selbständig (c).

Welches ist die „richtige" Unterschrift zu dem Bild?

„Wieder haben Eingeborene den Reichtum des Binnenlandes zusammengetragen, um ihn mit dem Ziel Europa in Schiffe zu verladen."

„Die soeben im antarktischen Hafen B. angekommene Südpolexpedition hat ihre Expeditionsfracht gelöscht, um nun ein Winterlager an Vorräten anzulegen."

„Nachdem die Westalliierten auf der Krim gelandet sind, haben sie als Vorbereitung auf den Sturm der Festung Sewastopol umfangreiches Kriegsmaterial an Land gebracht. Hier sind Munitionslager zu sehen."

„Das in Seenot geratene Vollschiff ‚Pirna' hat in einem unbedeutenden Hafen der Westküste Afrikas festmachen können. Links der an der Bergung des Schiffes hauptsächlich beteiligte Kohlendampfer SM ‚Rique', rechts die leidgeprüfte Besatzung, im Vordergrund die Ladung."

Die tatsächliche Situation ließe folgenden Text zu (und ist unter diesem auch veröffentlicht in: Gersheim, Helmut, Die Fotografie, Verlag Fritz Molden, Wien/München/Zürich 1971, Abb. 117, S. 140):

„Roger Fenton, Hafen in Balaclava, Krim-Krieg 1855." Fenton hatte den Auftrag, eine „Bildreportage" des Kriegsgeschehens für einen amerikanischen Verleger durchzuführen.

□ Systeme aus *ikonischen* Zeichen (d). Ihre Bedeutung ist aus dem Kontext gesellschaftlich vermittelter und individuell erlangter Erfahrungen zu konstruieren. Die Sinnfälligkeit des Gefüges läßt sich durch Aufbau von Beziehungen zwischen den Ikonen und durch Differenzierung erreichen. Das Superzeichen bleibt nicht nur seiner Komplexität wegen vieldeutig, sondern vor allem auch deshalb, weil es nicht für die physikalische Realität, sondern für die Wahrnehmungswirklichkeit steht, die eine individuell erfahrene und gesellschaftlich vermittelte Realität ist.

a) elementares Zeichen

b) figurales Zeichen

c) gestalthaftes Zeichen

d) ikonisches Zeichen

Analyse ikonischer Kodes
am Beispiel von Anzeigen

Für die Analyse der Beziehungen zwischen den komplexen Ganzgestalten
eines ikonischen Zeichens schlägt Eco vor, die Kategorien der sprachlichen
Rhetorik auf das Bild zu übertragen. Sein Versuch ist bisher der einzige,
der auf den hier erreichten Befund über die Struktur ikonischer Zeichen
eingeht; daher soll er hier mit dem Ziel, Hilfen für eine Bedeutungs- und
Wirkungsanalyse ikonischer Zeichen zu geben, erklärt und später in seiner
Anwendung gezeigt werden. Wir folgen dabei dem Vorschlag Ecos, nicht
ikonische Zeichenelemente, sondern Zeichenkomplexe in ihren Beziehun-
gen zur Bestimmungsgrundlage visueller Repertoires zu machen. Während
Eco (Einführung in die Semiotik, 1972, S. 272 f.) von Ebenen visueller
Kodifizierung spricht, bietet es sich hier aus dem Vorangegangenen an, von
Beziehungen zu sprechen.

Die ikonische Beziehung

Die ikonische Beziehung umschreibt alle ikonischen Zeichenkomplexe in
ihrer Beziehung zueinander und ihrer Wirkung auf andere, ohne nach dem
Grund der bildhaften Analogie zur Realität zu fragen. Sie tritt aber dann
besonders in Erscheinung, wenn sie isoliert oder gehäuft oder sonst irgendwie auffällig dargestellt wird. Dann weckt das Ikon beim Betrachter besondere Gefühlswerte, wie etwa bei der Wiedergabe einer besonders jungen
frischen Haut oder einem besonders geformten, alten Schaukelstuhl. Ob
jemand aber eine weibliche Haut als besonders frische junge Haut ansieht
und dabei „jugendlich" dekodiert oder einen Stuhl als besonders bequem
und kuschelig und dabei „gemütlich" dekodiert, liegt nicht an dem ikonisch
wiedergegebenen Element „Haut" oder „Stuhl", sondern an dem Erlebnis-
ganzen, z. B. „junges Mädchen".
Die in der Rhetorik durchaus sinnvolle Unterscheidung beim Gebrauch
eines Sprachbildes geht hier im Wesen des visuellen Kodes auf, betont aber
dabei gestalthafte Analogiebezüge und darin enthaltene Wertigkeiten. So
ist ein derartiges Verfahren bei der Chiquita-Reklame (Bananen) angewendet worden (s. S. 90): Alles kommt darauf an, den Markennamen über
„besondere Bananen" einzuführen und einzuprägen. Also stellt der Wer-

bende eine besonders reife, wohlgeformte und fleckenlose Banane aufrecht und versieht sie mit dem Markenzeichen, während im Hintergrund einige andere, fleckige, grüne und krumme Exemplare ohne das Markenemblem liegen. Auf diese Weise wird dem Umworbenen über eine ikonische Beziehung verdeutlicht, was er von dieser Marke halten darf!

Die ikonographische Beziehung

Die ikonographische Beziehung umschreibt einen in der Kunstwissenschaft bekannten Tatbestand der besagt, daß man mit „Bildern" (Ikonen) schreiben (graphein) kann, d. h. andere als dem Ikon direkt zukommende Inhalte übermitteln kann, sofern eine gesellschaftliche Übereinkunft existiert. Dabei lassen sich konventionalisierte geschichtliche Typen, z. B. der Hund als Zeichen der Treue, der Goldkreis um den Kopf eines Mannes, der dann als Heiliger dekodiert wird, von publizitär in einer Massengesellschaft entstandenen Typen absetzen. Bei letzteren werden bestimmte Haltungen von Personen, deren Aussehen usw. auf Berufsgruppen und soziale Stellungen übertragen. Auch die Verwendung (oder Nichtverwendung) bestimmter Gebrauchsgegenstände, z. B. „Mercedes" oder „Ente", läßt auf bestimmte Wirkungen schließen, indem normative Anschauungen unterlegt werden. Im vorliegenden Beispiel wird in der Regel eine Person als „links

Ikonographische Beziehung, gesellschaftlich vermittelt

stehend" angesehen werden, wenn sie einen Bart hat – und dieser würde im gesellschaftlichen Kontext meist als „Zeichen" und nicht als „Realität" (im Urlaub konnten wir uns nicht rasieren) interpretiert werden. Hingegen würde die gleiche Person als „rechts stehend und für Ordnung und Gesetz eintretend" dekodiert, weil Schlips, Scheitel, kurzer Haarschnitt als äußere

Zeichen innerer Überzeugung angesehen werden. Erst der Umgang mit der Realität – mit dieser Person – könnte deutlich machen, daß beide Denotate wegen ihrer ikonographischen Beziehungsmöglichkeit ein falsches Realitätsverständnis übermittelt haben.

Hingegen benutzt das Signum des Städtischen Mariengymnasiums in Werl einen historisierenden ikonographischen Kode, der dem Empfänger einer solchen „Nachricht" anzeigt, daß man es hier mit dem Namen der Anstalt noch ernst meint, da Maria und das Christuskind mit allen aus dem Mittelalter stammenden Zeichen ihrer Bedeutsamkeit ausgestattet sind und Maria zudem noch einen Gestus mit den Händen ausführt, der früher nur Christus selbst inkonographisch zugestanden wurde.

Schola-Mariana-Siegel

Ikonographische Beziehung, historisch vermittelt

Aus: Katalog 700 Jahre Stadt Werl, Hrsg. Werbering der Stadt Werl

Die tropologische Beziehung

Die tropologische Beziehung leitet sich von der Bedeutung des griechischen Wortes „tropos" her, das zunächst Wende, Wendung, aber auch Art und Weise bedeutet. Es wurde in der Rhetorik für alle Arten sprachlicher Ausdrücke verwendet, in denen die im allgemeinen Sprachgebrauch üblichen Wendungen durch neue, fremde und glänzendere ersetzt werden, um Aufmerksamkeit zu erregen; z. B. Basis eines Berges = Bergfuß (Metapher); Justiz = Auge des Gesetzes (Periphrase); alle Menschen = alle Kreatur (Synekdoche). Es gibt etwa elf in der Rhetorik unterschiedene Wendungen, von denen die Metapher die bekannteste ist. In ihr wird ein Wort durch die Bedeutung eines anderen Wortes ersetzt, das mit dem ersten in einem Abbildverhältnis steht (Esso-Reklame „Tankt überall" wird verbildlicht durch einen Nektar saugenden Kolibri). Dabei wird deutlich, daß es eine von Wortbedeutungen unabhängig aufgebaute Bildmetaphorik fast nur im Bereich der Collage geben kann. Die übrigen Redewendungen lassen sich unterschiedlich gut in den visuellen Bereich übertragen. Einige sind schwer oder gar nicht zu übertragen, wie die Litotes, in der ein superlativischer Grad durch die Negation des Gegenteils umschrieben wird (nicht klein bedeutet sehr groß).

Eine Collage mit metaphorischem Aufbau der Werbeabsicht ist auf S. 91 gezeigt. Hier wird das Badezimmer mit „goldgelben" Kacheln in Beziehung gesetzt zu einem goldglänzenden Meer und dem darin möglichen Bad, von dem man träumen soll. Es handelt sich dabei um eine doppelte Metaphorik, indem Bad = Raum zum Baden und Bad = im Wasser sein zusammenfallen und goldgelbe Kacheln mit dem Goldgelb eines Sonnenuntergangs am Meer in Beziehung gebracht werden.

Auf S. 92 ist eine „metaphorische Gegenüberstellung" gezeigt, in der die Raketenabschußrampe und der Raketenstart mit der Rasiercremesprühdose und der „raketenschnellen" Rasur in eine „magische Verbindung" (Eco) gebracht werden. Dabei ist die gleiche Inhaltlichkeit konstitutiv für eine metaphorische Beziehung im engeren Sinne, da sie auf visuellen Analogieschlüssen beruht: „Schnell rasieren wie…" (Die betreffende Anzeige stammt aus dem Jahr 1969.)

Auf S. 93 wird ein tropologischer Aufbau gezeigt, der mit Hilfe einer erweiternden Wortbeziehung zustandekommt und das im Schnee durchdrehende Autorad – aus dem allein nichts „Tropologisches" zu entnehmen ist – auf alle die erweitert, die im Winter reisen. Eine so aufgebaute Wendung wird „Synekdoche" genannt. Hier erhält das Bild durch das Wort den erweiternd unterlegten Sinn in bezug auf Winter, Gefahr und Unsicherheit und hebt dabei auf den unter Zeitstreß stehenden Geschäftsmann wie den zum Vergnügen fahrenden Privatmann ab.

Auf S. 94 schließlich sind die Anteile *einer* verpflichtenden Wendung geringer geworden. Der Kronleuchter steht hier eher für den erworbenen Meinungsblock „vornehme Festlichkeit" und hat keine feste Verbindung mehr zu dem Sekt unten.

Spätestens hier wird deutlich, daß man im tropologischen Bereich nicht nur mit *einer* „Wendung" als Bestimmung auskommen wird. Die Rhetorik kennt eine ganze Reihe solcher „Wendungen", die sich auch im visuellen Bereich mischen lassen. Es ließe sich z. B. die Metonymie nennen, in der ein Begriff (Gegenstand) durch einen anderen ersetzt wird und zu dem ersetzten in einer realen Beziehung steht – z. B. Büchse mit Bohnenetikett – Gericht mit Bohnen auf einem Teller, in der sehr häufig die Synekdoche mit enthalten ist. Da wir hier aber nicht auf Vollständigkeit dringen, mag diese Andeutung genügen. In allen Wendungen besteht aber die Neigung zur Verbindung mit Sprache.

Für eine Chiquita opfern wir so manche Banane

Wir könnten es uns leichtmachen und einfach alle Bananen bis zur Ernte an der Staude lassen. Aber dann hätten wir viele Bananen und keine echten Chiquita. Denn für alle reicht die Kraft einer Staude nicht. Also schlagen wir so manche Banane ab, damit jede Chiquita schön groß und stark wird. Schließlich ist in einer Chiquita viel mehr köstliches Fruchtfleisch als in einer kleinen Banane. Warum sollten wir da klein beigeben?

Chiquita — man sieht, daß sie schmeckt

90

Wie in einem
goldenen Meer
baden

Tagträume gehen in Erfüllung.
In Bädern mit stimmungsvollen Farben
und edlen Formen.
Aus reicher Phantasie
schöpferisch gestaltet.

Verführerisch zum Träumen —
ein Bad von Villeroy & Boch

VILLEROY & BOCH
Keramische Werke Mettlach/Saar
Keramische Wand- und Bodenfliesen in vielen Formaten, Farben und Strukturen, Waschtische, Duschwannen, Sitzwaschbecken und WC's, ein- oder mehrfarbig.

6
5
4
3
2
1

**Startklar
zum Rasieren
in 6 Sekunden**

PALMOLIVE

SOFORT-
RASUR

FÜR ÜBER 100 RASUREN

Raketenschnell:
Die glatte, sanfte, hautschonende
Palmolive-Sofort-Rasur.
Jede Dose reicht für
100 raketenschnelle Rasierstarts.

FÜR ÜBER 100 RASUREN

SR 1/69

Nicht durchdrehen, Bahnfahren

93

HENKELL TROCKEN

...gibt einem schönen Abend Glanz

In über 100 Ländern der Erde Sekt von höchster Reife und Harmonie

HENKELL

95

Hier haben wir vergangenes Jahr 10 Millionen Mark im Meer verloren.

Ein paar Meilen entfernt finden wir sie vielleicht wieder.

Das Risiko ist hoch bei der Ölsuche. Trotz genauer Messungen und langer Voruntersuchungen erfahrener Geologen wird nur eine von 15 Suchbohrungen in aller Welt fündig. Aber wir suchen weiter. Überall in der Welt stehen ESSO Bohrtürme auf dem Land und im Meer. Auch vor der deutschen Küste, vor Norwegen sind wir mit dabei. Denn wir alle brauchen Öl und Erdgas. Und unsere Nordsee verbirgt noch viele Millionen Tonnen. Wir müssen nur die richtigen Stellen finden.

Insgesamt 800 Bohrungen wurden hier von allen beteiligten Gesellschaften seit 1964 vorgenommen.

Viele vergebens. Aber einige so vielversprechend, daß nach Schätzungen der Experten 1980 schon 15 bis 20% des westeuropäischen Ölbedarfs aus eigenen Quellen gedeckt werden können.

Ein bescheidener Anfang? Viel Arbeit liegt vor uns. Die Zeit drängt. Mut, Entschlossenheit und eine Menge Geld sind erforderlich, um neue Energiequellen für unsere Zukunft zu erschließen.

Mehr Informationen zu diesem Thema erhalten Sie von:
ESSO A. G. · Information 02 · 2000 Hamburg 65 · Postfach 680 120.

Es gibt viel zu tun. Packen wir's an.

Die topische Beziehung

Die topische Beziehung wird durch Verwendung von Bildstücken erreicht, die sich auf Blöcke erworbener Meinungen beim Empfänger beziehen. Sie stellen meist die Verallgemeinerung eines bestimmten Tatbestandes dar, der sich auf erworbene Kontexte des Empfängers beziehen läßt und bei ihm Reaktionen der Verallgemeinerung und daher sorglosen Identifikation hervorruft. In diesem Sinne war auch die Topik mit ihren „topoi" die Lehre von den Allgemeinplätzen in Literatur und Sprache. Heute versteht man unter der Toposforschung ein Bemühen um Denk- und Ausdrucksschemata meist tradierter Art, die natürlich stark zeitgebunden sind und daher auch Aufschluß über Denk- und Vorstellungsweisen verschiedener Zeiten geben können.

Auf S. 95 wird eine lustige Gesellschaft bürgerlicher Konvenienz gezeigt, die Sekt goutiert, der vorne links in einer Eisschale groß zu sehen ist. Es ist genau dieses die Verallgemeinerung, daß man mit Sekt lustig und guter Dinge ist, daß der Sekt „eigentlich" ein bürgerliches (und nicht elitäres) Getränk ist, daß man sich aber etwas „Besonderes" zukommen lassen kann, was früher einmal Vorrecht der Etablierten war und – sofern es sich um echten Sekt, den Champagner, handelt – in der Meinung der Bevölkerung auch noch ist. Daß es einem auch nach Sektgenuß übel ergehen kann, daß es sich kurzum auch um die Nebenwirkungen von Alkoholgenuß handelt und daß Sekt eine größere Gütestreuung im Produkt allein aus den Bedingungen seiner Herstellung erfährt – das alles gehört nicht zu dem erworbenen Meinungsblock „Sekt macht froh und leicht und ist des gehobenen Bürgers Getränk". Somit liegt dieser Botschaft eine Verallgemeinerung zugrunde, die sich auf Einstellungen und Kontexte des Empfängers bewußt bezieht und ihn sagen läßt: Stimmt doch!

Die enthymematische Beziehung

Eco führt schließlich die enthymematische Beziehung auf. Unter einem Enthymem versteht man einen Gedanken, der einen Wahrscheinlichkeitsschluß beinhaltet. Wir haben bereits festgestellt, daß die meisten visuellen Kodes keine eindeutige Wirkung hervorrufen. Aus diesem Grund fügt z. B. die Werbebranche zu ihren ikonischen Daten auch begriffliche hinzu, um zu einer Nachricht zu gelangen, die einerseits im ikonischen Teil so offen und ungewöhnlich ist, daß man vor Erstaunen verhält, und auf der anderen Seite die Vieldeutigkeit gerade so ungewöhnlicher Zusammenstellungen mit einem begrifflichen „Wahrscheinlich-in-dieser-Richtung-zu-deuten" so weit verengt, daß ein Ablehnen der Kodierung nur nach der bereits – vom Werbenden – erwünschten Gedankenverbindung (Maecker, Planvolle Werbung, 1953, S. 85 f.) überhaupt möglich ist – was der Werbeproduzent mit ruhigem Gewissen in Kauf nimmt, denn er weiß, daß das menschliche Gedächtnis ein Wunderwerk ist!

Im abgebildeten Beispiel auf S. 96 werden zwei recht unterschiedlich getönte Fotos von Meereslandschaften gezeigt. Auf dem einen ist nur Wasser und Himmel, auf dem anderen außerdem noch eine Ölbohrinsel zu sehen. Die beiden Fotos haben nichts miteinander zu tun. Der Versuch sinnvoller Verbindung hätte Dutzende von Möglichkeiten! Erst der Text läßt die wahrscheinlich richtige Interpretation erkennen, um derentwillen die Fotos so zusammengestellt wurden. Hier wird das Wort so mächtig, daß beim naiven Betrachter fast alle anderen Kombinationsmöglichkeiten verschwinden und gerade diese Verknüpfung scheinbar zwingend wird!

Genau dieses Verfahren wird angewendet, wenn kompliziertere Sachverhalte, ikonisch verschlüsselt, sowohl einsichtige Bedeutung wie kontrollierbare Wirkung zeigen sollen, wie bei der Werbeanzeige. Sehr selten wird man auf diesem Gebiet ikonischer Kodes nur *einen* Gegenstand bildhaft wiedergeben, und sei es auch derjenige, um den geworben wird. Eine solche Strategie bewirkt eine ausgesprochen diffuse Mitteilung. Die Mitteilungsbegrenzung des Ikons wird erhöht, indem der Zeichenbestand so gewählt wird, daß sich mehrere Beziehungen ergeben. Auch jetzt vermag das ikonische Superzeichen, angereichert mit figuralen und gestalthaften Subkodes, nicht, eine eindeutige Botschaft zu übermitteln. Daher gibt es praktisch keine Bildwerbung, die sich nicht des Wortes zur Einengung des Bedeutungsspielraumes bediente.

So entsteht aufgrund vorangegangener Zielanalyse die Vorstellung, die wir uns heute – zu Unrecht – von der Werbung machen: als einem zielgerichteten, aussagesicheren und daher den Empfänger der Botschaft beeinflussenden visuellen Instrument. Tatsächlich ist die Wirkung von Werbung immer noch mehr zufällig als voraussagbar.

Der Grund für das Versagen visueller Kodes ist natürlich auch in den sehr unsicheren ikonischen Beziehungen zu suchen und in der fast durchgehend konventionalisierten Zeichenstruktur der Sprache. Daß hier in einem weiten Umfang in unserer Kultur gegen die offene – und daher kreative – Gedankengänge anregenden visuellen Kodes verstoßen wird, sei hier nur angemerkt: Im Vorschulbereich hasten Eltern danach, ihren Kindern die Mehrdeutigkeit des Bildhaften möglichst schnell dadurch einzuschränken, daß die „richtigen" (konventionalisierten) begrifflichen Zeichen dafür eingesetzt werden, und behindern so die Phantasieausbildung beim Kind erheblich. Im ersten und zweiten Schuljahr wird der ikonische Kode nur dazu gebraucht, die Wortbedeutung auch als Schriftbild einzuschleifen. Eine Gegenstrategie zur Auflösung von zu fest gewordener Begrifflichkeit hat die Schule bis heute – leider – nicht entwickelt. Kein Wunder, wenn Erwachsene schließlich blind vor Bildern stehen – sich von Bildtiteln statt vom Wahrnehmbaren leiten lassen – und wenn begriffliches Wissen um eine Sache die vorbehaltlose Beobachtung einer Sache einfach verstellt.

Irgendwo dazwischen steht das Theorie-Praxis-Problem. Es ist offensichtlich möglich – und jeder von uns profitiert davon und leidet gleichzeitig tagtäglich darunter –, Mitteilungen über optische Medien zu transportieren. Aber die Theoretiker können und wollen sich nicht mit praxisnahen Zufallsergebnissen abfinden, sondern eine Struktur erforschen, die systematisch aufgearbeitet und mathematisiert erlauben würde, Inhalte zu übermitteln, ohne daß Wirkungen sich verselbständigen oder gar gegenläufig werden könnten. Von diesem Ziel ist die Wissenschaft wie die Praxis weit entfernt. Im pädagogischen Feld genügt es daher nicht, „visuelle Kommunikation" als Manipulationsmechanismus bloßzulegen, sondern es ist viel „bildsamer", auch hier in wissenschaftliche Fragestellungen und Problemfelder einzuführen. Emanzipatorische Aspekte lassen sich nicht durch Agitation, sondern nur unter Beteiligung der Aufklärung gewinnen.

Das Kunstwerk – ein visueller Kode?
Am Beispiel „Ta matete" von Gauguin

Und das Kunstwerk? Hatten wir uns nicht zu Anfang unserer Erörterungen die Frage zu beantworten vorgenommen, ob „Kunstwerke" nicht auch Zeichen sind, die in der visuellen Kommunikation behandelt werden müssen?

Um der Antwort auf diese Frage näherzukommen, sei hier ein Bild von Paul Gauguin gewählt, dem er den Titel „Ta matete" gegeben hat.

Das heißt in der Sprache der Eingeborenen soviel wie: „Wir gehen (nicht) zum Markt." Gauguin malte dieses Bild im Jahre 1892 während eines Aufenthaltes auf Tahiti. Unser Problem ist, ob es sich hier auch um einen

TA MATETE

visuellen Kode handelt, der unter kommunikativen Aspekten betrachtet werden muß. Wenn er das Ziel hat, Mitteilungen gemeinsam werden zu lassen, dann müßten Kunstwerke und Werbeanzeigen aus dieser Sichtweise mit gleichen Methoden analysiert werden können.

Wir erinnern uns der – hier erweiterten – Lasswellschen Faustregel für kommunikative Fragestellungen: „Wer sagt was mit welchem Ziel zu wem mit welchen Mitteln und welcher Wirkung?" und verweisen auf alle damit verbundenen Analyseschritte. Der erste Zweifel regt sich, wenn wir danach fragen, mit welchem Ziel der Produzent eine Mitteilung machte. Hat ein Künstler ein Ziel vor Augen, wenn er arbeitet? Da schon eingangs festgestellt wurde, daß kommunikative Prozesse immer auch geschichtlichem Wandel unterworfen sind, bleibt zunächst kein anderer methodischer Weg, als Gauguin selbst zu befragen, um seine Ziele zu erkennen.

Gauguin hat ein Ziel, wie er selbst in einem Brief an seine Frau im Entstehungsjahr des Bildes (1892) schreibt (nachdem er sich über Pissarro kritisch in der Weise geäußert hat, daß dieser sich sofort jeder neuen Richtung ergibt): „Nein, ich habe ein Ziel und arbeite stetig darauf hin, indem ich Skizze um Skizze anfertige. Es gibt zwar jedes Jahr Abwandlungen, aber sie liegen immer in derselben Richtung. Ich bin darin ganz konsequent. Daher finde ich auch sehr wenige, die lange Zeit meine Anhänger bleiben" (Tahiti, März 1892).

Aus dem Gesagten geht hervor, daß Gauguin als „Produzent" sehr genau weiß, was er will – aber mit Sicherheit malte er nicht, um zu verkaufen. In einem anderen Brief desselben Jahres erklärte er seiner Frau, warum er so und nicht „publikumswirksamer" malt (nachdem er versucht hat, seiner Frau das Bild „Sie denkt an den Geist der Toten/Le Manatu papau" näherzubringen): „Also zusammengefaßt: eine Malerei, die, da das Motiv aus der Welt der Primitiven stammt, einfach und kindlich sein muß" (Tahiti, 8. Dez. 1892). Das nun ist, wie herum man es auch wendet, kein Ziel im Sinne eines Kommunizierens, sondern ein auf den Produzenten selbst gerichtetes Ziel, sich klarer über Erkenntnisse zu werden. Damit ist das Bild verdächtig, ein ästhetisches Objekt und nicht ein visueller Kode zu sein, was man genauer, als es bisher geschehen ist, unterscheiden sollte.

Den Begriff des Ästhetischen umschreibt Eco wie folgt:
„Die Botschaft hat eine ästhetische Funktion, wenn sie sich als zweideutig strukturiert darstellt und wenn sie als sich auf sich selbst beziehend erscheint, d. h. wenn sie die Aufmerksamkeit des Empfängers vor allem auf ihre eigene Form lenken will ... Andererseits wird diese Erfahrung durch etwas ermöglicht, was auf allen seinen Ebenen Struktur haben muß, denn sonst gäbe es keine Kommunikation, sondern nur rein zufällige Stimulierung von aleatorischen Reaktionen." (S. 155)

Die Frage nach dem Ziel ist also annähernd beantwortet: Nicht um eine (vorher festgelegte) Mitteilung zu machen, malt der Maler Gauguin, sondern um selbst Erkenntnisse zu gewinnen und Erfahrungen sichtbar zu machen. Um sie aber überhaupt erfahren zu können, muß er sie ausformen, muß ihnen eine „Struktur" geben.

Bleibt die Frage *wer*? Ein Künstler, der früher in sehr großbürgerlichen Verhältnissen als leitender Bankangestellter gelebt hat, der um einer Eingebung willen diese gesicherten Verhältnisse verlassen hat und nun sich elendiglich in Tahiti am Leben erhält, um ungestört vom Kulturbetrieb in Paris dem, „was er will", näherzukommen, schreibt von sich selbst: „Das ist nicht meine Schuld, daß ich in einer Zeit geboren bin, die den Künstlern so wenig günstig ist. Denn ich bin ein Künstler, und Du hast recht... Gerade weil ich das bin, habe ich so viel Leiden erdulden müssen, um meinen Weg weiter zu gehen. Sonst müßte ich mich als Straßenräuber ansehen. Was ich ja übrigens auch in den Augen vieler Leute bin. Was macht es schließlich schon? Mich bekümmert nicht so sehr das Elend, in dem ich lebe, als die ewigen Hemmnisse in der Ausübung meiner Kunst. Ich kann nicht schaffen, wie ich es fühle und wie ich schaffen könnte, wenn mir das Elend nicht die Arme fesselte" – und an anderer Stelle: „...Schließlich weißt Du ja, daß ich nicht so leicht den Mut verliere, aber nun spucke ich Blut, ganze Schüsseln voll" (Tahiti, März 1892).
Natürlich will ein Künstler auch leben, vielleicht sogar durch den Verkauf seiner Werke – aber es sieht hier nicht so aus, wie man es oft leichtfertig geäußert hört, daß Kunst vom Künstler als Ware produziert werde...

Wenn wir also die Vokabel „Produzent" überhaupt noch aufrechterhalten wollen, dann können wir sie nach dem Vorangegangenen nur interpretieren als Produzent von Ideen, die durch Bilder einsehbar gemacht werden.

Bleibt die Frage: *Wem sollen Mitteilungen gemeinsam gemacht werden?* Aus den zitierten Stellen geht hervor, daß Gauguin entweder überhaupt kein außerhalb seiner selbst liegendes „Produktionsziel" hatte oder daß er von denen, die seine Bilder anschauten, nicht viel hielt – und das mit Recht, denn aus Berichten der Zeit wissen wir, daß Gauguins Ausstellungen in Paris eigentlich nur deshalb besucht waren, weil man es als schick ansah, sich beim Anblick solcher Absurditäten und primitiven Nuditäten köstlich zu amüsieren. Nicht einmal Vollard, der große Gönner, Förderer und Kunsthändler der Avantgarde, wollte an Gauguin heran, obwohl er sonst immer eine gute Nase bewiesen hatte, aus Kunst auch Geschäft werden zu lassen!

Nun könnte argumentiert werden, daß er ja durch Ausstellungen seine Botschaft veröffentlicht habe, wie z.B. auch fast alle Medien, der Film, das Fernsehen und die Illustrierte dies für ein diffuses Abnehmerpublikum tun. Genaugenommen stimmt schon der Ansatz nicht, da in den Produktionsstätten der Massenmedien sehr wohl genaue Überlegungen darüber angestellt werden, an wen sich das Produkt richten soll. Dies gilt sowohl für die Werbung wie für die Illustrierte und das Fernsehen. Nur der Film macht hier eine Ausnahme aus Gründen, die mit der Möglichkeit, ihn auch „für sich" zu produzieren, zusammenhängt. Aber auch sonst ist das Argument schnell entkräftet, denn:

Zu den Bedingungen eines Massenmediums gehört, daß sich das Produkt an ein disparates Publikum richtet und massenweise hergestellt wird. Dies aber konnte Gauguin zumindest noch nicht.

Bleibt zu fragen: *Was wird mit welcher Wirkung mitgeteilt?* Diese Frage bezieht sich sowohl auf eine kurzzeitige wie auf eine langzeitige Wirkung. Eine Mitteilung gemeinsam werden lassen bezieht sich zunächst auf den Augenblick. So funktionieren alle kommunikativen Systeme, vom miteinander Sprechen bis zum Ansehen einer Fernsehsendung. Auch die Werbeanzeige, der Comic, der Urlaubsprospekt sind mit dem Ziel angefertigt, eine sofortige Wirkung auszuüben, weshalb in der Planung ihres „Einsatzes" der Faktor „Zeitpunkt" und „Zeitdauer" eine erhebliche Rolle spielt.

Aus den Äußerungen Gauguins ist zu entnehmen, daß ihm im Hinblick auf sein Ziel der Zeitpunkt eines Verstehens seiner Absichten völlig egal war. Mit seiner Kunst Geld zu verdienen, war ihm so nebensächlich, daß er sich lieber zu Tode brachte, als von seiner Darstellungsweise abzugehen, was bisher keinem Produzenten einer zweckhaft geplanten und direkt verständlichen Botschaft in den Sinn gekommen ist! Kurzzeitig erhoffte sich Gauguin gar keine Wirkungen. Also hoffte er – irgendwie – auf späte Einsicht?

„Der arme Schuffenecker, er macht es mir zum Vorwurf, daß ich so eigenwillig bin. Aber, wenn ich nicht so arbeitete, wie könnte ich auch nur ein Jahr lang den verzweifelten Kampf durchhalten, den ich angefangen habe? Alles, was ich tue oder male usw. ...findet zunächst immer Widerspruch, und schließlich gibt man mir doch recht! Ich muß immer wieder von vorne anfangen. Ich glaube meine Pflicht zu tun, deshalb fühle ich mich stark und nehme keine guten Ratschläge an, lasse mir auch keine Vorwürfe machen..." (Tahiti, März 1892).

Gegenüberstellung: Kunstwerk – visueller Kode

Wie kann es nun kommen, daß ein Bild, das zum Zeitpunkt der Herstellung nicht verstanden wird – also keinen teilidentischen Kode besitzt –, dennoch nach einer gewissen Zeit Verstehensmöglichkeiten eröffnet? Ohne auf diese komplizierte Frage besonders einzugehen, ist doch deutlich, daß nicht das Bild aus sich selbst „verständlicher" wird, sondern daß das gesellschaftlich bedingte Umfeld sich offensichtlich so verändert, daß von einem neuen Stand der gesellschaftlichen Entwicklung Zugang zu diesem Bild gefunden wird. Wenn es dieser Vorgang sein sollte, auf den Gauguin in seinem Brief Bezug nimmt, so wird der Unterschied erkennbar:

☐ In dem einen Fall entsteht eine Botschaft durch die Ausnutzung augenblicksrelevanter gesellschaftlicher Anschauungsweisen für ein bereits im voraus festgelegtes Ziel.

☐ Im anderen Fall liegt die Besonderheit der Botschaft gerade darin, daß der „Produzent" einen neuen Gedanken zu formulieren versucht, um damit die Einsicht in das Allgemeine zu erweitern, weshalb die Botschaft auch nicht auf ein Vorverständnis der Empfänger im voraus zugeschnitten werden kann.

In einer Anzeige stellt der Produzent durch Bestimmen der Zeichenrelationen einen Kode her, der sich den Verstehensmöglichkeiten des Augenblicks soweit wie möglich anpassen muß, um möglichst gut „anzukommen". Versucht der Produzent hingegen, Formen für eine neue Aussage zu finden, deren Äquivalente in der Wirklichkeit erst dann „Zeichenrelationen" werden, wenn der Betrachter in ihnen Aspekte der Wirklichkeit wiedererkennt, bleibt das Kunstwerk offen gegenüber Interpretationsversuchen und gewinnt ein anderes Verhältnis zur geschichtlichen Situation seines Entstehens als das der „zeitgemäßen Anpassung".

So kann Eco über den „ästhetischen Kode" sagen (Einführung in die Semiotik, S. 165):
„Einerseits versucht der Empfänger die Aufforderung der Ambiguität (Zweideutigkeit) der Botschaft aufzunehmen und die unsichere Form mit den eigenen Codes zu füllen; andererseits wird er von den Kontextbeziehungen dazu gebracht, die Botschaft so zu sehen, wie sie gebaut ist, in einem Akt der Treue gegenüber dem Autor und der Zeit, in der die Botschaft hervorgebracht worden ist."

Die assoziative Verbindung von Gegenständen z. B. in der *Werbeanzeige*, die bewußt im Vorstellungsfeld eines jeden Empfängers liegen, findet nur auf einer einzigen Ebene, der inhaltlichen, statt. Aus eben diesem Grund ist es zwar möglich, formale Gesichtspunkte, z. B. eine „Komposition" der Werbeanzeige, zu betrachten und auch die Beziehung der Zeichen untereinander zu analysieren, jedoch wird die Formanalyse kaum der inhaltlichen entsprechen noch auch das zutage fördern, was man gemeinhin von der Analyse einer Werbeanzeige verlangen muß: das Aufdecken der Wirkungen auf die Motivationen des Empfängers!

Das *Kunstwerk* hat einen hohen Gehalt an interpretatorischen Möglichkeiten, die sich aber wegen des Formbestandes im Werk und der sich darin ausdrückenden inhaltlichen Beziehungen nicht als „willkürlich", sondern als „vielschichtig" erweisen. Daß es nun „Kunstwerke" gibt, die mit den Zeitläufen nicht mehr als solche anerkannt werden, hängt sowohl von den Verstehensschichten in einem solchen Werk wie vom gesellschaftlichen Kontextverständnis ab, aber das prinzipielle Beteiligtsein beider bedeutet dabei nicht, daß sich die Mitteilungen eines Werkes nur auf bestimmte Zustände und Verhaltensweisen beziehen lassen.

Pfeiffer, Kunst und Kommunikation, S. 185 f.:
„In der Tat, wenn Kunstbetrachtung darin bestünde, möglichst schnell und leicht ein Gebilde zu verstehen, wäre es um die Kunst traurig bestellt. Zeigt doch die Erfahrung — und auf sie müssen wir immer wieder als Korrektiv verweisen —, daß rascher Effekt eher zur Oberflächlichkeit und zum schnellen Abebben des Interesses am Kunstwerk führt. Hingegen nährt uns das in sich verschlüsselte, in einer nie ganz zu durchschauenden Ordnung lebende Werk ständig mit neuen Erfahrungen, es häutet sich fortwährend, wächst in unser Bewußtsein und Fühlen hinein und breitet sich dort beständiger und nachhaltiger aus, als es ein Kurzzeitzünder je vermöchte. Wieder zeigt sich deutlich die Betrachtungsweise der Rationalisten: Ordnung als vorgefertigte Struktur. Es fehlt die Anerkenntnis der Ordnung als Ergebnis von angebotenen Wahlmöglichkeiten, die erst im Subjekt zum Aufbau einer Ordnung führen. Und dieses Stück Wirklichkeit ist ja nicht totes Wissen, sondern ein lebendiger Organismus, der dem Betrachter gegenüber mit eigener Mächtigkeit auftritt und damit eine Unendlichkeits- und Unberechenbarkeitsdimension gewinnt: das Kennzeichen wahren Lebens."

Gauguins Ziel war nicht auf eine bestimmte Gruppe gerichtet. Es handelte sich auch nicht um eine mit einem vorher festgelegten Repertoire an Zeichen gemachte Mitteilung. Gauguin kümmerte sich daher auch nicht um die Erfüllung der kommunikativen Funktion, einen möglichst hohen Anteil an teilidentischen Kodes bei Sender und Empfänger herzustellen. Dabei wäre dies so leicht gewesen, denn er wußte ja, daß seine Frau in Paris war, daß die Pariser Kunstszene durchaus „Neues" verkraften konnte, und er wußte aus eigener Anschauung, was diese Gesellschaftsschicht sehen wollte und akzeptieren konnte!

Das Kunstwerk, so will es jetzt scheinen, hilft nicht der Kommunikation gesellschaftlicher Gruppen und Schichten, sondern dem Individuum. Hier aber übt es eine Wirkung aus, die den Zielen der visuellen Kodes in bezug auf das Gemeinsammachen von Mitteilungen fremd ist: Das Werk teilt dem Empfänger nicht etwas schon Bekanntes möglichst lesbar mit, sondern es versucht, ihm etwas überhaupt erst erfahrbar zu machen.

Hierin ist dann der Künstler nichts anderes als einer, der eine Meinung äußert, eine Frage stellt – und beide Sprachformen haben im semiotischen Sinne keine kommunikativen Funktionen. Während alle Informationsprozesse darauf hinauslaufen, Nachrichtenübermittlung zu sichern, und alle Kommunikationsmodelle darauf angelegt werden, Inhalte irrtumsfrei durch Feststellen der Bedingungen zu übermitteln, mit dem Ziel des gemeinsamen Verhaltens, läuft die Produktion von Kunstwerken darauf hinaus, etwas offenzuhalten oder offen werden zu lassen, was bisher verschlossen war. Es werden da Erfahrungen ganz persönlicher Art mitgeteilt, an denen sich zu beteiligen menschliches Wagnis bedeutet.

Das Kunstwerk stellt nicht fest, sondern es setzt in Bewegung! Es folgt keinen Bedingungen, sondern setzt sie selbst.

Hauser, Kunst und Gesellschaft (Becks Reihe, S. 20):
„Vorurteilslosigkeit und Neutralität sind dagegen nicht einmal die idealen, mit noch so geringen praktischen Aussichten verfolgten Ziele der Kunst und die prinzipiellen, wenn auch noch so selten maßgebenden Voraussetzungen des künstlerischen Gelingens. Partei zu ergreifen und voreingenommen an Dinge heranzutreten, charakterisiert am auffallendsten die Reaktion des Künstlers auf die Eindrücke und Herausforderungen, die er erfährt. Das wissenschaftlich orientierte, erkennende Subjekt muß die zufälligen, von Person zu Person wechselnden Züge des ... ins alltägliche Leben verwickelten Menschen von sich abstreifen, um zum objektiven ... Träger des ... Erkenntnisaktes zu werden. Die persönliche Einseitigkeit und das standortgebundene Vorurteil, die psychologisch und ideologisch sich verschiebende Perspektive (zeitlich und örtlich variabler Umstände) werden für den Künstler zur Quelle von immer neuen, ungeahnten Erfahrungen und einzigartigen ... Erkenntnissen – so daß die Persönlichkeit nicht erst entsubjektiviert und denaturiert zu werden braucht, um auch für andere Bedeutung zu gewinnen; sie gewinnt im Gegenteil desto größere Bedeutung, je subjektiver und einzigartiger die Züge sind, die sie trägt."

Damit ist der Vorgang des „Erlebens" von Kunstwerken dem „Auffassen von Nachrichten" entgegengesetzt: Hier soll eine fest umrissene Botschaft von möglichst hoher Eindeutigkeit jemandem mitgeteilt und dadurch verfügbar gemacht werden. Dort soll eine neue Erkenntnis, ein Einfall, eine Sicht niedergelegt werden, damit sie derjenige, der sie braucht, als Lösung seiner eigenen Probleme für sich verwenden kann, indem er sich das vor ihn Hingestellte deutend für sich passend macht.

Dieses „passend Machen" kann als Auffassen und Wirken eines „ästhetischen Kodes" aufgefaßt werden. Jeder spürt, daß zwischen den Kodes, die bisher untersucht wurden, und dem des „Kunstwerks" ein nicht zu leugnender, aber schwer zu begrenzender Zusammenhang besteht. Die Versuche, diesen Unterschied zu orten, durchziehen die gesamte semiotische Literatur, soweit sie auf visuelle Kodes eingeht.

Für Morris (Ästhetik und Zeichentheorie, 1939) existiert das Kunstwerk in strengem Sinne nur in einem Interpretationsprozeß, den er „ästhetische Wahrnehmung" nennt. Bense folgt ihm (Aesthetica, 1965) und führt aus, daß es sich nicht nur um die Wahrnehmung bloßer Realitäten handeln kann, und konstruiert schließlich als Bedingung ästhetischen Seins und ästhetischer Wahrnehmung den Modus der „Mitrealität", um diese ontologisch anmutende Erklärungsweise im zweiten Teil seines Buches beim Versuch, derartige Phänomene zu mathematisieren, sogleich wieder aufzugeben. Da es keinen Wahrnehmungspsychologen gibt, der bisher eine „ästhetische Wahrnehmung" von einer nur „realen Wahrnehmung" unterschieden hätte, muß angenommen werden, daß es sie so, wie von Bense dargestellt, gar nicht gibt.

Eco hat diese Schwierigkeit gesehen und geht davon aus, „ästhetische Kodes" zu finden — in der begreiflichen Begeisterung fast jedes Wissenschaftlers für sein Fachgebiet, daß sich auch dieses bisher unerklärliche Phänomen in die Wissenschaft der Semiotik einordnen läßt. Pfeiffer hingegen, ein Schüler und Kritiker Benses, scheidet deutlich zwischen dem Kunstwerk — in dem es keine Ordnungsstrukturen in dem von der Semiotik erhofften Sinne gibt — und dem visuellen Zeichen, das unter die Bedingungen der Semiotik zu stellen ist.

Wenn wir hier so ausführlich darauf eingehen, so nur im Hinblick auf die ganz praktische Frage, ob es sinnvoll ist, bei der Bearbeitung semiotischer Probleme im Unterricht „Kunstwerke" zu verwenden.

„Kunstwerke" und „visuelle Zeichen" sind nicht ohne Berührungspunkte miteinander, da beide Erscheinungen zur optischen Kultur unserer Gesellschaft gehören, aber in ihren Wirkungsmöglichkeiten unterscheiden sie sich aufgrund einer ganz andersgearteten Herstellungsweise und Struktur diametral voneinander.

Dies bedeutet nicht – um auch diesem Mißverständnis vorzubeugen –, daß es eine starke und sicher bestimmbare Grenze zwischen dem „Kunstwerk" und dem „Nichtkunstwerk" gäbe. Sie kann es nicht geben. Dies zu erklären ist jedoch nicht das Vorhaben dieses Buches; daher müssen hier die Ausführungen über das Kunstwerk auch fragmentarisch bleiben, schon deshalb, weil sich hier der durch die Zeiten wandelnde Begriff „Kunst" nicht näher bestimmen läßt. Wir stellen nur fest, daß schon vom Herstellungsprozeß her ein wesentlicher Unterschied besteht zwischen einem Kunstwerk und dem Verabreden von Zeichenrelationen – mit dem Ziel, eine Nachricht zu übermitteln.

Zwei Methoden der Bearbeitung optischer Bestände

Wenn einsichtig geworden ist, daß z. B. Kunstwerk und Werbeanzeige nicht in den großen Topf der „visuellen Kommunikation" geworfen und darin bis zur Unkenntlichkeit vermengt werden können, ist es legitim, auch nach Methoden beim Analysieren derartig unterschiedlicher Objekte zu fragen. Wir gehen nämlich davon aus, daß sich die Unterschiede erst recht in den anzuwendenden Methoden zu erkennen geben müßten.

☐ Aus dem bisher Gesagten geht hervor, daß die eine Methode von dem Verhältnis einer Person zu einer Sache ausgeht mit dem Ziel, der Sache unter Hintanstellung der Person möglichst gerecht zu werden. Zu diesem Zweck muß die Sache am historischen Ort der Entstehung aufgesucht und alles über die Sache bisher in Erfahrung Gebrachte zur Grundlage einer erneuten Bearbeitung in Teilanalysen gemacht werden. Erst dann wird

Hermeneutisches Verfahren

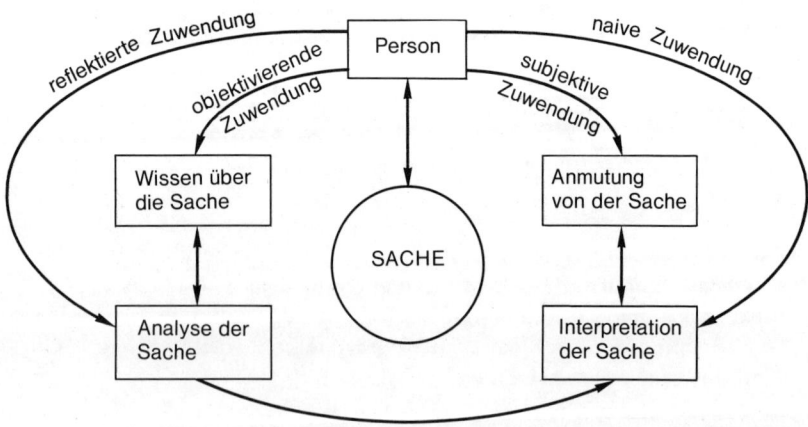

versucht, die Teilanalysen in einer Synthese zusammenzufassen und zu fragen, was das Ergebnis mir als der untersuchenden Person bedeutet. Auf diese Weise verschafft sich die Person im Hinblick auf diese und andere Sachen einen neuen Frage- und Forschungshorizont, der zum immer erneuten In-Beziehung-Setzen von Person und Sache führt. Macht man sich nun noch klar, daß in bezug auf die Sache immer nur das gefragt werden kann, was die Person schon im Vor-Entwurf weiß, so erkennen wir in dieser von den Geisteswissenschaften angewandten Methode den „hermeneutischen Zirkel" wieder (Gadamer, Wahrheit und Methode, 1960).

☐ Die andere Methode bedient sich des hier schon vorgestellten Modells eines Kommunikationsvorgangs, um unabhängig von der Beziehung Sache – untersuchende Person das Zustandekommen einer Nachricht, ihre Übermittlungsmöglichkeiten und ihre Wirkungen zu untersuchen oder vorauszusagen. Auch hier muß der historische Ort des Entstehens einer solchen Nachricht berücksichtigt werden. Gegenstände für eine kommuni-

Empirisches Verfahren

SENDER	TRANSPORT	EMPFÄNGER	
Wer übermittelt eine Botschaft?	Wer soll die Botschaft transportieren?	Wer soll die Botschaft empfangen?	Sender
Fragen nach der Quelle	Fragen nach dem Transport	Fragen nach der Senke	
Was für eine Mitteilung soll gemacht werden?	Was für Mittel werden eingesetzt, um die Botschaft übertragbar zu machen?	Was kann von der Mitteilung aufgenommen werden?	Transport
Fragen nach der Bedeutung	Fragen nach der Kodierung	Fragen nach dem Verstehen	
Warum ist die Mitteilung übermittelt?	Welcher Kanal, welche Richtung, welcher Umfang ist gewählt?	Was bewirkt die Mitteilung?	Empfänger
Fragen nach der Absicht	Fragen nach dem Ziel	Fragen nach der Wirkung	
Was ging bei der Übermittlung einer Nachricht wirklich vor? Ermitteln der Störfaktoren. Verändern der Eingangs- und Ausgangsbedingungen mit dem Ziel, eindeutigere Übermittlung zu erreichen			Untersuchende Instanz
Fragen nach der Kommunikation			

kative Analyse sind dann aber das gesellschaftliche Umfeld, das einge-
brachte Vorverständnis und der angewandte und verstandene Kode. Da
bei vollständiger Analyse jeder die Pflicht hätte, das Vorverständnis des
Senders auch wirklich zu erheben (und nicht nur zu behaupten, wie es
meist geschieht) und sich Gewißheit über das Vorverständnis der Empfänger zu verschaffen, erkennen wir in dieser Methode die „empirischen
Verfahren" der Sozialwissenschaften wieder, die als „Felduntersuchungen"
immer mehrere Gesichtspunkte (Variable) gleichzeitig berücksichtigen müssen. Da es nun nicht sonderlich weit führt, „Vorverständnisse" u. a. m. in
der Vergangenheit empirisch erheben zu wollen, ist diese Methode präde-
stiniert dazu, „gegenwärtig entstandene Kodes" zu untersuchen.

**Die erste Methode wird man immer dann besonders gut anwenden kön-
nen, wenn es darum geht, historische und subjektive Gestaltungen zu
analysieren. Hier ist die kommunikative Fragestellung eigentlich ziemlich sinnlos, weil es ja den erwünschten Effekt des „feedback" nicht geben
kann. Auch ist es für das Verstehen eines Werkes nicht zuträglich, nur
vom gegenwärtigen Standpunkt aus das zu berücksichtigen, was an Verstehensmöglichkeiten in dem vergangenen Werk noch enthalten ist. Vielmehr ist die Person der Sache insoweit verpflichtet, als es die Sache zum
Zeitpunkt ihres Entstehens aufzusuchen gilt.**

(Diese Methode ist allgemein von H. Seiffert, Einführung in die Wissen-
schaftstheorie 2, 1971, S. 43 ff. dargelegt und für das zur Diskussion stehende Fachgebiet von Kowalski, Praxis der Kunsterziehung, Bd. 2, Werk-
betrachtung, 1970, S. 68 ff. methodisch ausgelegt worden.)
Schließlich wäre noch anzumerken, daß man natürlich niemanden dazu
zwingen kann, bei der Betrachtung von Kunstwerken *nicht* kommunika-
tiv zu denken und die semiotische Methode *nicht* anzuwenden. Aber wie
in jeder Wissenschaft, so auch hier – die Wahl der Methode bestimmt
letztlich darüber, was ich für Ergebnisse erhalte. Gehe ich mit semiotischen
Methoden vor, müßte ich ja nach den Wirkungen z. B. des Gauguinschen
Bildes fragen. Dies bedeutet aber, daß ich die individuelle Ebene meines
Verstehenwollens verlasse und auf eine gesellschaftliche Ebene des Erfor-
schens der Rezeptionsgeschichte des Bildes umsteige. Nur so läßt sich
schließlich klären, wann dieses Bild eigentlich auf wen welche Wirkungen
ausgeübt hat. Es läßt sich natürlich auch klären, aus welchen gesellschaftlichen Umständen heraus es entstanden ist, und man kann dann Gauguins
Versuch, naive Naturerlebnisse auch ebenso naiv zu malen, eine „Verkodung" nennen.

110

Wir sollten nur stärker – als es bisher vielleicht geschehen ist – auseinanderhalten, daß beide Analysemethoden zu ganz anderen Ergebnissen führen. Das eine Mal werden Verstehensmöglichkeiten einer Sache für Individuen erarbeitet, das andere Mal Gründe und Bedingungen für die Wirkungen der Sache im Verlauf der gesellschaftlichen Entwicklung.

Die eine Methode schließt Sachverhalte phänomenal auf, die andere beschreibt gesellschaftliche Prozesse, in denen das Bild als „Medium" nur eine beigeordnete Rolle spielt. Zu lehren wären beide Methoden, um aufzeigen zu können, zu welchen Einsichten sie zu führen vermögen!

Für den Anfang jedenfalls ist es nicht sonderlich ratsam, Kunstwerke für den Unterricht in der visuellen Kommunikation zu verwenden, und zwar aus drei Gründen:

- Weil es sich bei der Betrachtung von Kunstwerken um das Verstehen einer Sache in bezug auf eine Person handelt und daher keine kommunikative Behandlung des Gegenstandes notwendig ist.
- Weil das Analysieren der Verstehensmöglichkeiten eines Kunstwerks eine andere Methode erfordert als das Analysieren des Übermittlungsvorganges einer Botschaft.
- Weil es leichter ist, gesellschaftliche Bedingungen in der Gegenwart als in der Vergangenheit, in der Öffentlichkeit als in der privaten Sphäre zu erheben.

Verstehen und Nichtverstehen von Botschaften

Wir haben gesehen, daß ein konstitutiver Bestandteil kommunikativer Praxis ist, einander verständlich machen zu können, um sich verstehen zu lernen. Wenn es bisher darum ging, nach den Gründen für das Verstehen einer visuellen Botschaft zu fragen, lautete die Antwort im allgemeinen, daß das Verstehen visueller Zeichen auf dem Grad ihrer Bekanntheit beruht und daß aufgrund gesellschaftlicher Tradition teilidentische Kodes beim Aussenden und Empfangen visueller Botschaften erwartet werden können.

Dies kann im Bereich des Alltagssehens nur dann funktionieren, wenn eine Überzahl bekannter, bereits eingeordneter Zeichen verwendet wird und nur eine geringe Zahl von Zeichen unverstanden bleibt, die aber aus dem verständlichen Kontext erschlossen werden können und daher das informative Verstehen des Ganzen nicht beeinträchtigen. Was geschieht aber, wenn die Überzahl der verwendeten visuellen Zeichen unbekannt oder ungewohnt ist? Im Alltag lassen sich zwei Verhaltensweisen beobachten:

Der Aufnehmende lehnt entweder den Gesamtzusammenhang ab, da er ihn seinen bisherigen Erfahrungen nicht zuordnen kann, oder er verfälscht den Bestand so weit, daß die neue Möglichkeit einer Interpretation sich seinen bisherigen Erfahrungen zuordnen läßt.

Vergleichen wir die auf S. 92 wiedergegebene Anzeige (Rasiercreme) mit dem Bild von Gauguin, „Ta matete" (S. 100), so mag es uns im Augenblick wundern, daß niemand an der sehr ungewöhnlichen Konstellation der riesigen Flasche Rasiercreme im Zusammenhang mit dem Abschuß einer Weltraumrakete Anstoß nimmt, während sich bei dem Bild von Gauguin Geschrei und Gelächter erhob, obwohl, so will es heute scheinen, der ganz normale Zusammenhang „Fünf Mädchen sitzen auf einer Bank" wiedergegeben ist. Die Antwort ist einfach: Das Bild entsprach nicht den damaligen Sehgewohnheiten und den Erwartungen der Gesellschaft, die ein „Bild von etwas" zu erfüllen hatte, während die Anzeige offenbar für heutige Sehgewohnheiten und gesellschaftliche Erwartungen nichts Ungewöhnliches mehr beibringt. Der Künstler stellt häufig Produkte her, vor denen die Aufnehmenden ratlos sind; die Werbefachleute hingegen müssen sich primär auf ein „Verstehenkönnen" als Kodierungsanweisung festlegen.

Wichtig ist nun zunächst die Beantwortung der Frage, wie viele der verwendeten Zeichen „verstehbar" sein müssen und wie viele nicht, damit eine visuelle Botschaft „informativ" bleibt.

Der Informationsgehalt einer Botschaft

Hier nun überkreuzen sich zwei sprachliche Systeme, die uns den Einblick in eines der zentralen Probleme der Informations- und Kommunikationstheorie verstellen. Bisher haben wir das Wort „Information" und auch das Wort „Nachricht" immer im Sinne des Alltagsgebrauchs dieser Wörter verwendet und gemeint, Information bedeutet, eine Neuigkeit zu erfahren. Informiert sein heißt ja denn auch in gewissen Kreisen nichts anderes, als alle Neuigkeiten aufgeschnappt zu haben. Der Informationstheoretiker versteht in seiner – wissenschaftlichen – Sprache hierunter etwas anderes.

„Information" ist für den Wissenschaftler die Größe der Wahrscheinlichkeit, mit der ein Ereignis eintreffen wird. Eine Botschaft hat für ihn einen hohen Informationsgehalt, wenn die Wahrscheinlichkeit, daß eine Nachricht so oder auch anders aufgefaßt werden kann, gleich verteilt ist, d. h., wenn der Sendende geradezu darauf gespannt sein muß, für welche der angebotenen, gleich wahrscheinlichen Wahlen sich der Empfänger entscheidet.

Hieraus wird ersichtlich, daß Botschaften mit hohem „Informationsgehalt" zur Übermittlung einer vorher bestimmten Botschaft immer unbrauchbarer werden, weil jeder Empfänger letztlich die Freiheit besitzt, sie so, anders oder auch gar nicht zu verstehen. Um also überhaupt eine Wahl als wahrscheinlich vorhersagen zu können, müssen die Wahlmöglichkeiten *eingeschränkt* sein. Es müssen in jeder Botschaft Glieder eingebaut sein, die z. B. aufgrund gesellschaftlicher Tradition so und nicht anders gelesen werden. Am besten funktioniert das, wenn alle Entscheidungsmöglichkeiten – außer einer – ausgeschlossen sind. Militärische Geheimkodes sind so aufgebaut, weshalb die Übermittlung von Botschaften mittels Geheimkodes auch eine ziemlich todsichere Sache ist. Sonst wären derartige Kodes zur Übermittlung von Nachrichten auch nicht zu gebrauchen.

Das Bild von Gauguin scheint sich dem entgegengesetzt zu verhalten. Wenn die größte Zahl der Empfänger seiner Nachricht diese nicht verstanden, dann hatte das Werk an sich einen hohen Informationsgehalt, und es gab so gut wie kaum einen bekannten Anhaltspunkt, von dem aus die Botschaft Gauguins sich hätte innerhalb eines bestimmten gesellschaftlichen Kodes erschließen lassen. Hingegen sind die Anteile an „Bekanntem" in der erwähnten Werbeanzeige ziemlich hoch – zumindest alle dort abgebildeten Gegenstände sind jedem bekannt. Auch verschiedene Konnexe sind bekannt. Nur der eine nicht, daß die Rasiercreme vielleicht in der Wüste dicht vor der Abschußrampe steht und aus einer Perspektive zu sehen ist, die die tatsächlichen Größenverhältnisse umdreht. Eigentlich besteht also die Botschaft der Werbeanzeige aus fast nur überflüssigen – da bekannten – Mitteilungen und nur sehr wenig neuen Mitteilungen, die etwa noch nicht Erkanntes oder Gewußtes vermitteln. Beim Bild Gauguins ist das umgekehrt: Es vermittelte offensichtlich sehr viel Neues und bezog sich kaum auf Bekanntes, d. h. das Ungewöhnliche seiner Aussage ließ sich den Erfahrungen der Pariser Gesellschaft von 1890 nicht einordnen.

Redundanz – Überfluß oder Überflüssiges?

Überflüssiges kann man auch mit einem Fremdwort belegen, das heißt „Redundanz". Leute, die sich heute modern ausdrücken wollen, glauben daher auch, sich sehr informiert auszudrücken, wenn sie z. B. sagen: „Rede nicht so redundantes Zeug daher". Leider vergessen diejenigen, die das Wort in dieser Weise alltagssprachlich ohne Notwendigkeit gebrauchen, daß es noch eine andere Bedeutung hat und auch „Überfluß" heißt. Nun ist zwischen „Überfluß" und „Überflüssigem" sicher kein weiter Weg. Aber es ist doch ein tiefer Graben zwischen beidem, denn Überfluß kann man als einen angenehmen Umstand bezeichnen (ich habe Überfluß an Nahrungsmitteln), während das andere einen bedrohlichen Charakter annimmt (ich habe überflüssige, d. h. nicht brauchbare Nahrungsmittel). So ist nicht geklärt, ob in dem obigen Beispiel „Überflüssiges" oder „im Überfluß" geredet wurde. Überflüssige Nachrichten sind unnötige Nachrichten, z. B., weil sie keinen Informationsgehalt haben, weil sie schon längst bekannt sind und daher unendlich langweilen.

Der Überfluß an Informationsgehalt ist aber genau das, was der Mensch bei der Übermittlung von Nachrichten braucht, nämlich bekannte Anhaltspunkte, an denen er sich orientieren kann, wenn er das Neue in seinen vorhandenen Erfahrungsgrund einordnen, d. h. rezipieren will.

Das Bild von Gauguin war den Betrachtern offensichtlich nicht langweilig – aber es hielt auch keine optischen Teile im Überfluß bereit, die Brücken von Bekanntem zum Verständnis des Neuen hätten schlagen können. In der Werbeanzeige ist dies offensichtlich der Fall. In sie kann jeder leicht „einsteigen", und ehe man sich besinnt, hat man „das Neue" schon aufgenommen. Die Methode der kleinen Schritte in der Lerntheorie beruht auf dem gleichen Prinzip, auch die Kunst der interessanten Rede und das Herstellen gut verkäuflicher Werke – denn an ihnen ist genau bemessen, wieviel an Neuem derjenige vertragen kann, an den sich der Produzent wenden möchte. Es ist der Zustand „künstlerischer" angepaßter Produktion, wo Ware als „Kunst" ausgegeben wird. Nichts dergleichen hat Gauguin getan: Er war dabei, Neues zu entdecken, und er hat daran eisern festgehalten. Er hat keine Zugeständnisse gemacht, d. h., er hat nicht auf die Pariser Gesellschaft geschielt (für *wen* mache ich eine Mitteilung?) und hat die Eingeborenenmädchen nicht „akademischer" gemalt (*was* sagt man?) – obwohl er es hätte leicht tun können –, sondern er hat sich als Künstler verstanden aus der Tradition des 19. Jahrhunderts heraus, als ein Mensch, der „aus sich heraus" Neues hervorbringt und in das Blickfeld der Gesellschaft zu rücken hat (*wer* sagt etwas?).

□ Die Offenheit und Vielschichtigkeit eines *Kunstwerks* bedeutet für den Informationstheoretiker, daß es einen *hohen Informationsgehalt* besitzt, weil für die Festlegung eines eindeutigen Sinns viele Ja-Nein-Entscheidungen notwendig sind und sich so viele interpretatorische Angebote ergeben könnten, daß ein Festlegen eines bestimmten Gehalts nicht gelingt. Ist die Zahl der möglichen Alternativentscheidungen (ja oder nein = ein „bit") hoch, so hat die Botschaft für den Informationstheoretiker einen hohen Informationsgehalt und eine äußerst *geringe Redundanz,* da der Betrachter beim Suchen nach dem „Was", bei Annäherung an eine Bedeutung, plötz-

114

lich auch anderen Wahlmöglichkeiten gegenübersteht. Dieser Schwebezu-
stand bleibt in ihm so lange erhalten (oder wird bei Wiederbegegnung
durch eine neue situative Verknüpfung erneuert), bis er durch das Bilden
eines Verhältnisses zwischen Ich und dem Werk eine selektive Festlegung
hergestellt hat.

☐ Bei der *Anzeigenwerbung* ist dies genau umgekehrt. Die Wahlmöglich-
keiten sind bis auf eine zu kürzen, ohne daß ein Verlust an geplanten
Übermittlungen eintritt. Die eine einzige Entscheidung, das Produkt zu
kaufen/in Erinnerung zu behalten oder nicht, ist schon von vornherein
gefallen – ehe überhaupt mit dem Studium der Anzeige begonnen wird.
Der *Informationsgehalt* einer solchen Anzeige ist also *sehr gering,* die
Redundanz der Mitteilung *sehr hoch.* Das „Was" ist dem Betrachter von
Anbeginn deutlich, und es bleibt für ihn nur noch die Frage nach dem
„Wie"! Aus eben diesem Grund versuchen ja die Werbemacher, immer
neue assoziative Verbindungen zu finden, um die Aufmerksamkeit durch
das „Wie" auch dem „Was" – das schon jeder kennt – zu erhalten.
Deutlicher als zuvor ist aber nun auch, daß eine Botschaft, der jeglicher
Anteil an Redundanz (Überfluß = Bekanntem) fehlt, nicht verständlich
sein kann, da jeglicher Anhaltspunkt zur Einordnung fehlt.

Redundanz als Ordnungsfaktor

Die Unmöglichkeit der Zuordnung einer Botschaft – z. B. eines abstrakten,
tachistischen Kunstwerks – zu einem System, z. B. dem der alltäglichen
Erfahrungen eines Mitteleuropäers, könnte nun aber auch daran liegen,
daß die Botschaft gar keine systematisierbaren Anteile enthält, die sich in
dem System von Erfahrungen wiederfinden lassen. Die häufig zu beob-
achtende Reaktion: „Was soll das?" oder auch: „Da ist nichts dargestellt",
zeigt allzu deutlich diesen Standort des Betrachters an. Immer dort aber,
wo für die Zeichenanordnung eine *feste Ordnung* vorgegeben ist, scheint
es auch möglich, ihr nachgehend fehlende Teile leicht und meist fehlerlos
zu ersetzen. Verstümmelt man einen Satz wie „Ich gehe morgen wieder
in die Schule" etwa in dieser Art: Ixh gefe morten wixder im diy Söhule,
dann läßt er sich fast fehlerlos ergänzen, da Buchstabenform, Satzbau und
Sinn eine allen bekannte fest umrissene Ordnung aufweisen.
Nicht so beim Kunstwerk. Schon die Vernichtung eines Drittels vom Bilde
Gauguins ließe uns zögern, anzugeben, wie es eindeutig weitergehen muß
– und die vielen Ergänzungsfehler im Bereich der Archäologie (berühm-
testes Beispiel: der rechte, erhobene Arm des Laokoon in der gleichnamigen
Gruppe, 1. Jh. v. Chr., Vatikanische Museen, Rom) weisen den Weg:

Das Kunstwerk besitzt keine vorgegebenen Ordnungsstrukturen, sondern schafft erst welche.

Auf diese vorgegebenen Ordnungsstrukturen von Zeichensystemen nimmt Pfeiffer Bezug in der oben zitierten Stelle (Seite 105). Er weist mit Recht darauf hin, daß „Kunst" sehr geringe Redundanz hat, also kaum vorhersehbare Ordnungsfaktoren besitzt, was nicht heißt, daß z. B. ein Bild keine subjektiven Ordnungen (Komposition) aufzuweisen hätte. Hingegen besitzt die Anzeigenwerbung eine sehr hohe Redundanz, da die Verkodung des einen einzigen Neuen, das vermittelt wird, mehrfach auch durch die Wahl unterschiedlicher Übermittlungssysteme abgesichert ist.

Die Frage nach dem *Ordnungsfaktor* ist für die informationstheoretische Forschung höchst bedeutsam, weil erst nach dem Erkennen einer Ordnungsstruktur eine Mathematisierung möglich ist, die wiederum erst Erkenntnisse über die vorhersagbare Wirkung von Kodes erbringen kann. Nicht anders versuchen Geheimdienstler Kodes zu „knacken". Um derartiges auch für ästhetische Gegenstände zu erreichen, wurde z. B. von Birkhoff eine Formel aufgestellt. Sie zu verstehen machte es notwendig, den Begriff der „Entropie" und die verschiedenen Theorien dazu in unsere Untersuchung einzuführen. Da aber weder mit Schülern eine Mathematisierung angestrebt werden kann noch das Aufsuchen einer wissenschaftstheoretischen Ebene in der Intention dieser Abhandlung liegt, soll hier darauf nicht weiter eingegangen werden.

Diese die Theorie beherrschenden Fragen nach der Redundanz einer Nachricht können ganz praktisch erprobt werden. Es lassen sich durchaus von Schülern Zeichensprachen für bestimmte Inhalte erfinden, die niemand sonst in der Klasse, Schule und Umwelt versteht. Nur der Produzent allein weiß, was er da gemeint hat. Es wäre nun zu diskutieren, wie man eine solche Nachricht a) überhaupt lesbar macht und b) wie man sie nur für bestimmte Gruppen lesbar machen kann, z. B. für alle Schüler, aber nicht die Lehrer, nur für unsere Klasse, aber nicht die anderen.
Bei derartigen Versuchen müßte dann mitprotokolliert werden, welche Maßnahmen jeweils ergriffen werden, um die Redundanz einer Nachricht zu erhöhen, damit sie gelesen werden kann, und es müßten Sektoren des teilidentischen Kodes bestimmt werden. Hier ließe sich dann zeigen, wie sehr das Verstehen einer Nachricht von redundanten Zeichentypen abhängt. Es ist die Frage, ob Schüler anderes als „überflüssig" erklären als Lehrer und ob sich dieser Unterschied – der ja besteht – nicht nur feststellen, sondern auch irgendwie visualisieren läßt.

Beispiele für die Anwendung visueller Kodes bei Superzeichen

Unter dem Begriff Superzeichen verstehen wir (S. 36), daß einzelne Zeichen oder Zeichengruppen zu einem größeren Ganzen mit einer einheitlichen Verbindung zusammengefaßt werden. Es ist dabei deutlich geworden, daß der Zeichentheoretiker hier von keinen bestimmten Quantitäten oder Qualitäten ausgeht, sondern genau den Zeichenzusammenhang, den er betrachten will, als Superzeichen versteht und Untergliederungen der Situation entsprechend operational vornehmen kann.

Im folgenden werden einige Möglichkeiten der Superzeichenorganisation besprochen, die sich für die Schule als besonders geeignet erwiesen haben. Durch diese Auswahl soll aber die Fülle von Möglichkeiten nicht eingeschränkt werden, sondern sie soll vielmehr zu neuen Einfällen anregen.

Um das Organisationsfeld der Zeichenkonstruktion dem Schüler einsehbar zu machen, sollte man zunächst den Vorgang des Austausches sprachlicher mit visuellen Zeichen üben und das Verfahren der Realisation einer visuellen Botschaft an der Leitlinie etwa einer erzählten Geschichte erfahrbar machen. Der dann folgende Schritt könnte sein, einige Superzeichen zu analysieren, um zu erkennen, wie es andere Professionals mit der Realisation gehalten haben. Sodann mag die Wirkung von Einzelzeichen in einem schon gegebenen Zeichenzusammenhang von ganz besonderer Wirkung für das Verstehen von Kodierungen sein, wobei hier die so beliebt gewordenen Antikombinationen von Zeichen ihren Platz haben. Eine Antianzeige soll hier besprochen werden. So schärft sich der Sinn für ständig um uns vorhandene Superzeichen, von denen dann eines der am besten für die Schule erreichbaren, die Werbeanzeige, ausführlich besprochen werden soll.

Eine Anti-Anzeige

Eine Anti-Reklame wird hergestellt – weniger, weil sich der Lehrer hier gesellschaftliche Rückwirkungen auf das Verhalten einzelner im Hinblick auf Werbung verspricht, die nach meiner Meinung damit auch nicht zu erreichen sind, sondern vielmehr deshalb, weil durch die Umdisposition eines schon vorhandenen Zeichenbestandes in sein Gegenteil am ehesten gelernt werden kann, was es heißt, Zeichen zueinander in Beziehung zu bringen, ein Repertoire von Möglichkeiten also auszuwählen, die der Absicht einer bestimmten Mitteilung entsprechen.

Mit der Vorgabe einer durchorganisierten Werbeanzeige (hier von Chiquita-Bananen) konnte zunächst einmal sichergestellt werden, daß der vorgegebene Bestand auf Bedeutungen, Wirkung und Absicht hin untersucht werden muß, bevor das Zeichen in Richtung auf eine entgegengesetzte Wirkung verändert werden kann. Es handelt sich um eine *„ikonische Beziehung"* der Zeichen, indem die eine Banane ganz besonders prächtig dargestellt wird, mit dem Anschein von Frische und gerade in dem Augenblick des Hineinbeißenwollens – durch die halb abgeschälte Schale. Und o Wunder, das Markenzeichen ist *in* der Frucht, in *dieser* Frucht! Den Rest sagt der Text.

Was also müßte an diesem Zeichenbestand verändert werden? Wieviel müßte verändert werden, um die ikonische Wirkung des Gegenstandes in Großaufnahme in sein Gegenteil zu verkehren? Es gibt viele Lösungen, aber die hier gewählte (s. S. 137) ist hoch interessant: Zu dem Markenzeichen im Inneren gesellen sich zwei entzückende Würmer! Eigentlich wäre die Umkehrung schon gelaufen. Die knappste Zeichenbeziehung mit nur einer neuen Information (Markenzeichen auf dem Fruchtkörper, nicht auf der Schale) wäre mit einer weiteren mit ihren eigenen Mitteln geschlagen: Der Kode hat jetzt eine mehr topische Beziehung: „Wurm = verdorbene Ware". Sie wird gegen die ikonische Beziehung gesetzt – und gewinnt im flüchtigen Gewahren. Die Neuigkeit versinkt in der Wirkung, die der Zeichenzusammenhang „geschälte Banane mit Würmern" dekodieren läßt: Verdorben!

Typisch für den Schüler ist nun, daß er es dabei nicht bewenden lassen kann, sondern mit für das Ziel der Mitteilung unnötigen Teilzeichen zu arbeiten beginnt: Schon die Biene mildert den oben geschilderten Topos. Auch das kleine fressende Männchen ist eine auf das Ziel hin überflüssige Mitteilung, weil es gänzlich gleichgültig ist, durch wen die Schalen aufgerissen wurden – falls das gemeint ist –, oder falls nicht, wird das Männchen ein Relikt von „Gestaltung", das überhaupt keinen Anteil von Realität repräsentiert.

Die Wirkung wird – zugegeben – dadurch gesteigert, daß die in der Originalwerbung enthaltene psychologische Aufforderung: „Beiß doch hinein – aber kauf dir vorher Chiquita!" hier entpsychologisiert wird und statt dessen der Vorgang zeichenhaft visualisiert ist. Dabei befindet sich der Schüler offensichtlich wieder in dem schwankenden Raum zwischen vorausbestimmter Absicht mit darauf eingerichtetem Repertoire und der Mög-

lichkeit, einen Einfall, einen Witz, eine Idee gestalten zu können. Hätte er den psychologisierenden Anteil der Motivwerbung wirklich verstanden, so hätte der große Mund ausgereicht, um diese Wirkung von der Zeichenseite her in ihr Gegenteil zu verkehren: Iß doch – wie wird Dir *das* schmecken! Nun aber bemüht er Draculas Frau, und etwas Merkwürdiges passiert mit dem Zeichenarrangement: Es wird offenbar! Das Superzeichen wird seines zielsicher ausgewählten Repertoires enthoben, da Bananen von Chiquita immer noch Dracula und seinen Genossinnen schmecken! Im ersten Verfremdungsschritt wechselt die Zeichenstruktur von der ikonischen in die topische Ebene – die Wirkung entsteht durch Visualisieren eines erworbenen Meinungsblocks. Durch den Zusatz des Mundes mit Draculazähnen wird das Ganze einer gegensätzlichen Interpretationsmöglichkeit geöffnet: Die Mundpartie überträgt sich und wird vertauscht mit „wurmiger Banane". Das Ziel, die Werbewirkung in ihr Gegenteil zu verkehren (schmeckt – schmeckt nicht), wurde durch die zu reichliche Anwendung von Zeichenmaterial in eine andere, aber nicht entgegengesetzte Zielrichtung gewendet (schmeckt – schmeckt nicht – schmeckt Dracula!).
Ein Beispiel, wie man mit den geringsten Mitteln die größten Veränderungen erreichen kann, wurde schon vorgeführt (s. S. 51 und 52). Hier wurde nichts anderes getan, als Schrifttypen ausgewechselt. Statt einer fetten Grotesk wurde das Extrem, eine magere Current kursiv gewählt, die zudem noch spielerisch mit Auszierungen versehen ist. Das reicht aus, um – real gesprochen – die Erwartungen auf den Geschmack der Flüssigkeit, die in der Flasche ist, zu verändern.

Eine Unterrichtseinheit „Schrift als Zeichensprache" gehört zu den interessantesten Aufgaben, unbewußte Beeinflussungsmöglichkeiten visueller Kodes aufzudecken.

Gesamtanalyse eines Superzeichens „Anzeige"

In diesem Zusammenhang kann es dann sehr nützlich sein, sich auf das Feld der Gesamtanalyse von Zeichensystemen anhand einer Superzeichenanordnung zu wagen, um die Methode zu lernen. Hierbei muß allerdings zum wiederholten Male darauf aufmerksam gemacht werden, daß der Gegenstand unserer Untersuchung nicht die „Werbung", sondern visuelle Kommunikation mit der „Zeichentheorie" ist. Daher fallen hier alle Inhalte und Bemerkungen weg, die sich mit Motivwerbung, wirtschaftlichen Hintergründen und Manipulation beschäftigen.

Wir wählen eine Anzeige der Firma G. Vetter in Wunsiedel, die im Stern Nr. 24/1973 und im Spiegel Nr. 28 und 32/1973 veröffentlicht wurde. Hier geht es nun darum, zu zeigen, wie ein vom Produzenten hergestelltes Produkt mittels Zeichenkombinationen wirkungsmäßig bestimmt werden kann. Unser Interesse bezieht sich immer auf den Vorgang des Setzens von Zeichen für eine Wirklichkeit. Auf S. 138 wird die Werbeanzeige verkleinert wiedergegeben. Um die Analyse nicht ausufern zu lassen, wurde auf die „semiotische" Bearbeitung von Coupon und Schriftform verzichtet.

1. Der Produzent

Die Firma Sechsämtertropfen G. Vetter in Wunsiedel stellt aus der tropischen Maracuja-Frucht einen naturtrüben Fruchtsaftlikör mit 25 % Alkoholgehalt her. Der Saft hat die Farbe Gelb.

Das Vorhaben des Produzenten ist etwa wie folgt anzunehmen: Die Firma möchte das Produkt bekannter machen und den Umsatz steigern. Es kommt dabei darauf an, das Produkt von anderen, ähnlichen abzusetzen und auf das Besondere dieses Produktes hinzuweisen. Über ein spezifisches „Vorverständnis" konnte nichts ermittelt werden.

Es handelt sich bei der Anzeige um die Team-Produktion einer Werbeabteilung.

2. Bedingungen der Produktion

2.1. An die zu übermittelnde Botschaft werden folgende Anforderungen gestellt:

– Das Getränk muß in seiner Eigenart erkennbar sein.
– Das Tropische seiner Herkunft muß deutlich gemacht sein.
– Das fertige Produkt muß in seinem Aussehen gezeigt werden.
– Der Empfänger der Botschaft muß gereizt werden, das Produkt kennenlernen zu wollen.
– Aus Gründen der Marktforschung ist eine Rückmeldung einzubauen.

Als Medium, das die Botschaft übermitteln soll, wird die Anzeige gewählt. Da sie in verschiedenen Zeitschriften unterschiedlichen Formats auftauchen soll, sind sowohl Randverschnitt wie Größenveränderung des Gesamtzeichens mit einzukalkulieren.

2.2. Semantische Reduktion der Mitteilung

Für die Vorstellung des Getränks wird ein Pokalglas moderner Form gewählt. Das durchsichtige Glas, in dem sich die Sonne spiegelt, läßt die Farbe des Getränks erkennen. Das getränkeartig Flüssige wird durch eine leichte Schrägstellung des Glases erkennbar gemacht.

Als Zeichen für das Tropische wird ein Eingeborenenmädchen gewählt, das – bis fast zur Taille sichtbar – unbekleidet vor Andeutungen üppig grüner Vegetation steht, mit gepflegtem Gesicht, lächelndem Mund, tiefbraunen Augen, schwarzem, vollem Haar, in das zwei rosa Blüten gesteckt sind.

Das fertige Produkt (Verpackung) wird rechts unten in perspektivischer Aufsicht so gezeigt, daß Etikettierung und Aufmachung sichtbar sind. In dem nichtbildhaften Teil der Anzeige werden alle im Bild auftauchenden Farben wieder aufgenommen. Nur der Markenname wird aus Dunkelgrün = tropische Vegetation und Gelb = Farbe des Saftes gemischt. Auch alle anderen nicht gegenständlich gebundenen Farbgebungen entsprechen bildhaften Inhalten, wie z. B. das Rot der Flaschenkappe dem Rot des Mundes usw.

Unter semantischem Aspekt hält das Mädchen den Pokal mit dem Getränk dem Betrachter zugewendet vor sich hin, so daß eine „gastfreundliche" Aufforderung möglich wird.

Die Rolle der Rückmeldemöglichkeit erfüllt der Coupon.

2.3. Semantische Zeichenverknüpfung als Bedingung der Kodierung

Die Verknüpfungen der einzelnen Bedeutungen ergeben keinen außerhalb einer normalen visuellen Erfahrung liegenden Zusammenhang. Die Verknüpfung der semantischen Zeichen erscheint „real" möglich. Hierzu trägt auch die Farbgebung bei, die sich vornehmlich im Bereich der Gegenstandsfarben aufhält. Von Bedeutungen losgelöste Farben fehlen im Bildteil ganz. Die Farbwahl ist im ganzen anheimelnd-warm. Einzelne auffallende Farbkombinationen bedeuten, nach psychologischen Wirkungen aufgeschlüsselt: Schwarz/Rosa: verspielt; anmutig; Gelb/Braun: häuslich wirkend; Grün/Braun: harmonisierendes Verbinden zweier (Farb-)Gegensätze; im ganzen die Tendenz der Zurückhaltung, bei Betonung des Bedeutungsträgers; Gelb: wach, leicht, heiter, strahlend (nach Frieling: Gesetz der Farbe, 1968).

Der „realbildhafte" Eindruck wird nur durch die Schrift und die Produktabbildung gestört. Durch beides wird die Bedeutung des Superzeichens als „Anzeige" und nicht als „Bild" festgelegt.

Zwischen dem Bedeutungszusammenhang „Fruchtsaftangebot tropischer Herkunft" und dem Bedeutungsträger „Anzeige" besteht ein scheinbar sachlicher Zusammenhang, indem „das Tropische" mit semantischem Material ausgedrückt wird, das den tropischen Lebenskreis dokumentiert. Das nur scheinbar „Reale" der Verknüpfung wird deutlich, wenn man die Wahl der Zeichen betrachtet. Statt zu einem Mädchen z. B. auch Baum,

Frucht und Verarbeitung der Frucht zum Saft zu zeigen, wird der Betrachter plötzlich mit dem Produkt konfrontiert, dessen Herkunft nicht gezeigt ist. Die semantischen Bedeutungen sind daher nicht real, sondern durch Auswahl aus der Realität als optische Zeichen repräsentiert. Sie haben daher ikonische Struktur.

2.4. Syntaktische Reduktion der Mitteilung

Linien fehlen als bewußt eingesetztes Mittel; zufällig z.B. Haarsträhne, Glasrand.

Flächen geometrisch begrenzt bei Saft, Reflex und Schrift; sonst unregelmäßig begrenzt; Flächengrößen von kleinst bis mittel.

Farbtöne: gelb, hellbraun, dunkelbraun, braunschwarz, blauschwarz, rosa, rot, hell- bis dunkelgrün; Blau fehlt. Größte / geringste Sättigung: gelb / hellbraun; größte / geringste Helligkeit: weiß / blauschwarz.

Oberfläche strukturiert: Grün der Vegetation, Haar, Blumen, Glaswandung; unstrukturiert: Saft, Schrift, Coupon, Etikett des Produkts: Grenzfälle sind: Haut, Hände, Gesicht des Mädchens, Produktoberfläche und kleine Schrift.

2.5. Syntaktische Verknüpfungen als Bedingungen der Kodierung

Voraussetzung: Alle Elemente sind mit der Formatfläche verknüpft.

Ausdehnung/Lage: Eine Verknüpfung ist insofern vorhanden, als Flächengrößen nach oben und in die Mitte abnehmen. Der Eindruck von Differenziertheit nimmt daher nach oben und zur Mitte zu.

Form/Lage/Oberfläche: Eine Verknüpfung besteht insofern, als alle geometrisch begrenzten Teile auch unstrukturiert sind. Die Gelbfläche ist zudem umgeben von mehr oder weniger strukturierten Flächenteilen, so daß sie durch Kontrastierung, Mittellage und Einmaligkeit in der Oberflächenbehandlung und Begrenzungsform hervorgehoben ist.

Lage/Farbe – im Bereich Farbton: Gelb taucht zweimal auf, in der geometrischen Mitte und rechts unten. Grün taucht zweimal auf, oben links und rechts vom Kopf sich verlängernd an den Oberarmen des Mädchens. Alle Abstufungen von Braun nehmen das Mittelfeld ein. Über der Gelbfläche ein weißer Kreis und die braune Gesichtsfläche, von Schwarz umhüllt; alle Teile in axialer, senkrechter Anordnung zueinander; Rosa stört die Symmetrie punktuell. Im Bereich Sättigung: Alle hohen Sättigungsgrade befinden sich in der oberen Hälfte um Glas/Saft/Gesicht gruppiert. Im Bereich Helligkeit: Größter Helligkeitskontrast im Glas oberhalb der Saftfläche zwischen Weiß und Blauschwarz. Durch die Lage und Art der Farbfläche erhält das Gelb eine ausgezeichnete Wirkung.

122

Ausdehnung/Lage/Farbe: Eine Verknüpfung besteht andeutungsweise dadurch, daß die kleineren Flächenteile intensivere Farben haben. Daher entsteht der Eindruck größerer Differenziertheit und Intensität im mittleren und oberen Teil der Formatfläche.

Lage/Form/Farbe/Oberfläche: Die unstrukturierte regelmäßig begrenzte, intensiv und in der Mitte stehende Farbe Gelb wird eingebettet in Abstufungen von Strukturiertheit, Helligkeit und Sättigung, die zum Rand abnehmen. Sie wird gesteigert durch Kontrastwirkungen von strukturiert / unstrukturiert, regelmäßig / unregelmäßig, dunkelst / hellst. So erhält die Gelbfläche eine ausgezeichnete Lage, Form, Farbe und Strukturiertheit. Sie wird Fixpunkt aller Beziehungen und Verknüpfungen im bildhaften Teil. Die Verknüpfung der Zeichen untereinander ist absichtsvoll, da die Zeichen in einem speziell geordneten Zusammenhang stehen. Das Superzeichen erscheint als ein abgeschlossenes Ganzes.

2.6. Untersuchung der sich aus dem semantischen und syntaktischen Repertoire ergebenden Wirkung (pragmatischer Aspekt) im Hinblick auf die Absichten des Kommunikators (Kode des Senders)

Es handelt sich um die Darstellung eines Inhalts, der durch geschickte Wahl von Kodes sinnvoll erscheint und sich scheinbar überprüfen läßt. Dabei stehen grüne Vegetationsausschnitte für Frische, Fruchtbarkeit und Fülle; das braune Mädchen für naturhafte, tropische Herkunft; die Blume für den Duft des Getränks; das Glas für die moderne, neue Art des Getränks; das Gelb des Getränks für die Reife; die Reflexe für das Vorhandensein von Sonne, während die Naturtrübe durch das Glitzern des Glases hervorgehoben wird. Durch das Gesicht (Lächeln, Blickrichtung, etwas geöffneter Mund) wird ein Aufmerksamkeitsbezug zum Betrachter gesucht, der sich im sinnlichen Ausdruck der Haut fortsetzt und durch formale Anordnungen auf den trübgelben Saft richtet. Er wird von dem Mädchen angeboten und motiviert zu Kaufhandlungen, da das kaum überdeckte Glas vom Betrachter unmittelbar „empfangen" werden kann. In der Wahl der Wirkungen werden alle Zeichen in einer bestimmbaren Besonderheit dargestellt, die eine dem Gegenstand nicht unmittelbar zugehörige Empfindung im Empfänger auslösen kann (auffälliges Gelb des Saftes = Reife; Glänzend-Gleißendes eines modernen Glases = Aufgewecktheit, Modernität; üppig fruchtbare Vegetationsformen = Fülle; sinnlich-verführerisches Mädchen = Blickfang, Empfänglichkeit, Affinität zu erotischer Begierde usw.). Jedoch werden alle Wirkungen auf ein Mittelmaß reduziert, z.B.: nicht extravaganter, sondern normaler, in Boutiquen erhältlicher Pokal; nicht Sinnlichkeit durch aufreizende Stellung eines nackten Körpers, sondern Verbergen von Geschlechtsmerkmalen durch Armhaltung und Begrenzung des Bildausschnitts. Es kann angenommen werden, daß eine Zielgruppe angesprochen werden soll, die bürgerlichen Schichten entstammt, die in ihrem Verhalten stark gesellschaftlichen Konventionen unterworfen und klischeehaftem Denken verhaftet sind. Alle Bedeutungen des Bildzusammenhangs werden in der Schrift noch einmal entsprechend eingesetzt und stimmen farblich mit den entsprechenden Bildteilen überein. Die imperativen Textteile weisen stark assoziative Gehalte auf.

3. Transport der Nachricht

Als Medium ist der Vierfarben-Offsetdruck gewählt worden. Als Zeichenträger fungiert glattes Rotationsdruckpapier und relativ lichtbeständige Farbe. Die möglichen Farbvarianten bei der Herstellung fallen nicht ins Gewicht. Die Anzeige wird zusammen mit der entsprechenden Zeitschriftennummer ausgeliefert und ist in der Zeitschrift fest eingeheftet. Störungen durch Lichteinwirkung und dadurch bedingte Farbveränderungen scheiden daher aus. Die Haltbarkeit ist ausreichend für den Gebrauch einer Woche, wenn auch das Papier leicht vergilbt und dadurch die farbige Zusammensetzung der Anzeige verändert.
Der Kanal ist der des Zeitschriftenvertriebs in den Richtungen Abonnentenverkauf und freies Angebot. In beiden Richtungen ist die Verteilung diffus, aber von hoher Quantität, bezogen auf den deutschen Sprachraum. Da die Aufmerksamkeit des Empfängers durch zwei Informationssysteme in Anspruch genommen wird (Zeitschrift/Anzeige), ist auch die Intensität der Übermittlung geteilt. Die Anzeige ist eine rechtsseitige Abbildung in den Illustrierten; sie kann daher gut gefunden, darf aber nicht schnell überblättert werden, soll die Übermittlung der Botschaft gelingen.

4. Rezeption / Rezipient

Die Rezeption der vom Produzenten ausgehenden Nachricht über das Saftprodukt „Jambosala" wird dem Rezipienten dadurch erschwert,
– daß viele ähnliche Produkte auf dem Markt sind,
– daß er das Besondere dieses Getränkes nur durch eine Kostprobe erfahren kann,
– daß die Bildteile vieldeutig und assoziativ subjektiven Schwankungen beim Verstehen unterworfen sind.
Die Nachricht zu verstehen ist dem Rezipienten daher auf verschiedene Weise möglich.

4.1. Diskussion der Ebenen, in welchen die Dekodierung möglich ist:

Ikonische Ebene: Das Besondere des Saftes wird durch die Besonderheit des Mädchens repräsentiert. Alle Teile des Mädchens sind so aufgenommen, daß grenzenlose Übergänge von Hell nach Dunkel das Besondere der braunen Haut bis in sinnliche Begierde steigern – als Ersatz für nicht sichtbare primäre und sekundäre Geschlechtsmerkmale, die bei Vorhandensein als direkte Bedürfnisbefriedigung des suchenden Blicks anzusehen wären. Durch das Verbergen wird die Begierde auf den Saft gelenkt. Es werden triebhaft angelegte Motivationen angesprochen und vertauscht.

Tropologische Ebene: Der reale Ausdruck „Fruchtsaftlikör" wird durch den irrealen von Mädchen, Vegetation und Eingeborene ersetzt. Hierbei ist das Superzeichen „Anzeige" ähnlich einer Metapher gebaut. Das Eingeborenenmädchen steht für Naturfrische, das Gelb des Saftes für Sonne, die Blüten für Duftigkeit und Leichtigkeit. Dabei werden tradierte Erfahrungen angesprochen, die diesen Aufbau lesbar machen.

Topische Ebene: Hier genügt es, Blöcke von erworbenen Meinungen zu kennen, auf die hin die Anzeige konzipiert wurde: „Ein unbekleidetes, geschmücktes Eingeborenenmädchen hält ein modernes Pokalglas in beiden Händen, das mit Saft gefüllt ist – es lächelt mir zu und reicht den Saft." Der erworbene Meinungsblock: „Wenn Eingeborene unbekleidet herumlaufen, leben sie natürlich und essen Naturprodukte; sie sind exotisch, also schön; gastfreundlich wie Naturkinder und dienstwillig, weil kulturell unterlegen. Es ist unhöflich, sich dem Gasttrunk zu entziehen, der, naturrein, von exotischem Geschmack und duftender Würze, jeden Gast erfreuen wird – darum greife zu!"

Einen Hinweis für die Richtigkeit dieser Auslegung des Kodes kann der Name des Getränks geben. „Jambo – sana" ist im Suaheli eine auf bestimmte Personen gerichtete Grußformel, deren altmodische, vor dem 1. Weltkrieg zum Teil gebräuchliche Form auch „Jambosala" war (Wörterbuch Suaheli/Deutsch, hrsg. von H. Höftmann, VEB, 1963). Daß es dem Produzenten nur auf den Meinungsblock ankommt, wird nun auch dadurch deutlich, daß zwar ein Mädchen aus der Südsee abgebildet ist, aber afrikanische Sprachformen verwendet werden, woraus die tatsächliche Herkunft der Frucht zu erschließen unmöglich wird.

Es werden also in allem voraus erworbene Vorurteile und anerzogene Handlungsschemata der bürgerlichen Schicht angesprochen.

4.2. Informationserschließung

Die Erschließungsmöglichkeit des Empfängers gründet sich auf seine Erfahrung, daß es Anzeigen gibt, die Produkte vorstellen, die man erwerben kann. Außerdem ist ihm die gewohnheitsmäßige Deutung von Bildzeichen geläufig (informatives Sehen), sofern ihr Sinn der Wirklichkeitserfahrung entspricht und sie damit ohne Schwierigkeiten lesbar scheinen. Der Empfänger wird semantische Aspekte (Lesbarkeit der Zeichenbedeutungen) leichter entschlüsseln als syntaktische. Der mitgeführten, sein Verhalten beeinflussenden Wirkungen der Zeichen wird er sich selten bewußt werden.

Wie die Analyse der Kodifizierungsebenen ergeben hat, ist eine eindeutige Wirkungsebene nicht zu bestimmen. Bei Erschließung der ikonischen Ebene ist ungewiß, ob der Empfänger tatsächlich die direkten Triebbedürfnisse mit den indirekten vertauschen wird. Es besteht die Möglichkeit, entweder in die (ästhetische) Fremdverwendung des oberen Teils der Anzeige (Bild meines Schwarms) oder in die direkte Triebbefriedigung entsprechend den Konventionen auszuweichen. Hieraus können sich Mißverständnisse ergeben, die dem Zweck der Anzeige entgegenstehen.

Zur tropologischen Ebene wird dem Kommunikanden der Zugang schwerfallen. Zwar sind unsere kommunikativen Systeme voll von Metaphern, aber sie werden den meisten Kommunikanden nicht bewußt. Um die ästhetische Komponente (kunstvoller Bau von Entsprechungen) zu entschlüsseln, sind sowohl Kenntnisse wie reflektive Distanz notwendig. Auch hier bleibt ungewiß, ob sich der distanzierte Genuß einer Bildmetapher nicht verselbständigt, anstatt zum Motiv für Kaufhandlung zu werden. Dies wird besonders dann geschehen, wenn nur ein optisches Auffassen stattfindet.

Am ehesten sind die Bedingungen eines Verstehens im Sinne der Zielvorstellung des Kommunikators in der topischen Ebene gewährleistet. Jeder hat in bezug auf die Darstellung gewisse Vorurteile. (Eingeborene sind nackt; Eingeborene sind – daher – naturverbunden; Eingeborene leben – deswegen –, wo es üppige Vegetation gibt; Eingeborene brauchen – deswegen – nicht zu arbeiten; Eingeborene sind – deswegen – glücklich; Eingeborene sind – deswegen – gastfreundlich; Eingeborene dienen lieber, als daß sie bestimmen.) Die angesprochenen Handlungsschemata entsprechen der Konvention bürgerlicher Erziehung, bei Beginn eines Festes einen Umtrunk gemeinsam zu nehmen, von dem sich auszuschließen in den meisten Fällen als ungewöhnlich bis beleidigend angesehen wird. Zum Verstehen ist keine Reflexion und Distanz notwendig. Das Superzeichen kann über einen unbewußt vorhandenen Meinungsblock = Vor-Urteil unmittelbar verstanden werden. Der Gefahr, Vorurteile gegenüber Eingeborenen (dreckig, dumm, schlechter Geschmack, naiv) zu hegen, die den Intentionen des Produzenten widersprechen könnten, ist durch die ästhetisch einwandfreie, „reine" Aufmachung des Eingeborenenmannequins und durch die angenehme Farbe des Getränks entgegengewirkt.

5. Kontrolle der Leistungsfähigkeit des Kodes

Es muß angenommen werden, daß sich ein teilidentischer Kode voraussetzen läßt, der vor allem an den Bedeutungsträgern der Kategorie Ikon
festzustellen ist. Aus Bildern wird zwar der gesamte Umfang der Information und der Kommunikationsmöglichkeit nicht erfaßt werden können,
jedoch sind alle wesentlichen Absichten des Senders in der topischen Be-
zeichnungsebene auch für den Empfänger dann erkennbar, wenn er zum
mitteleuropäischen Kulturkreis gehört und ikonische Kodes nur informativ
entschlüsselt. Wesentliche Veränderungen im Verständnis des Superzeichens ergeben sich erst, wenn – wie in den Tropen – solche Menschen nicht
„Eingeborene", sondern „Bewohner" sind oder wenn ein anderes soziales
Verhältnis zwischen den verschiedenen Menschenrassen besteht, wie z. B.
in den USA.

Aus der Analyse der Kodifizierungsebenen und der Entschlüsselungsmög-
lichkeiten durch den Empfänger geht hervor, daß der Empfänger auf ikonische Bedeutungsträger in seinem Verstehen-Können angewiesen bleibt,
obwohl in der Analyse des Superzeichens nachgewiesen wurde, daß es
Beziehungen zwischen ikonischen Bedeutungsträgern, speziell geordneten
Zeichenbeziehungen sowie aufzufassenden Wirkungen gibt. Der Unsicherheit im Bereich identisch aufzufassender optischer Kodes begegnet der Hersteller mit der Verankerung von Bedeutungen im geschriebenen Wort. Hier
werden alle optisch auffaßbaren Wirkungen reduziert auf eine einzige
Ebene, die, wenn auch unbestimmt, dennoch die Richtung des Verstehens
der mehrdeutigen optischen Zeichen angibt.

*Wen es nun nach der Analyse eines eindeutigen Superzeichens mittels der
semiotischen Methode reizt, die Schüler zu Überlegungen zu führen, die
das Gelernte relativieren können, der braucht anschließend nur zu einem
Poster zu greifen. Ihm ist auf den ersten Blick nicht anzusehen, was es ist:
einerseits „wie ein Plakat", also verdächtig, ein Superzeichen zu sein,
andererseits wegen der fehlenden Schrift „wie ein Bild", also verdächtig,
ein „Kunstwerk" zu sein.*

Analysiert man mit Schülern Poster, so kann bald zu der Erkenntnis geführt werden – die für ihre Lebenseinstellung zu Fragen der Kommunikation wichtig ist –, daß jeder selbst entscheiden kann, wie er Poster sehen
will: als eine mit einem vorausbestimmten Ziel geplante Mitteilung, die
– mit ikonischen Zeichen vermittelt – wegen des Fehlens der enthymemati-
schen Beziehung nicht irrtumsfrei gelesen werden kann, oder als Bild von
etwas phänomenal Gegebenem und im Bild Vorhandenem, das einer subjektiven Deutung im Sinne des Erfahrungenmachens anheimfällt.

Erst eine Analyse der gesellschaftlichen Traditionen wird dann verdeutlichen können, daß allein der Aspekt „Produzieren, um zu verkaufen" ausreichte, um nur solche Gegenstände auf Postern zuzulassen, die den modischen Trends innerhalb der gegenwärtigen Gesellschaft entsprechen. Ist man soweit, sollte man nicht aufgeben. Denn gerade jetzt vermag der Schüler etwas sehr Wichtiges zu lernen: Er entdeckt – wenn ich diese Entdeckung nur zulasse –, daß *jeder* Gegenstand dieser Welt, ob als Zeichen geplant oder nicht, unter einem ästhetischen Gesichtspunkt, also im Hinblick auf seine Gestaltung, aufgefaßt werden kann. Wenn ich ein Verkehrszeichen „schön" finde, so wird es für mich einen hervorragenden Wandschmuck abgeben; wenn ich einen geschriebenen Brief „schön" finde, kann ich auch ihn – ganz unabhängig von der Botschaft, die er mir vermitteln wollte – als ästhetisches Objekt zu Zwecken des Zimmerschmucks verwenden! Der Schüler sollte lernen, daß er in *dieser* Wahl immer frei ist – gleich welche „gesellschaftlichen Bedingungen" herrschen.

Der Schritt zum „Kunstwerk" als einem ganz andersgearteten Bestand wäre jetzt logisch. Hier sollte man den Schüler durch „trial and error" erfahren lassen, daß er mit der semiotischen Methode nicht zu einem individuellen Verstehen der Sache kommen kann und anders vorgehen muß, um das „ganz andere" entsprechend methodisch aufschließen zu können. Dies aber ist nicht mehr Inhalt dieser Abhandlung und muß daher hier auch in Andeutungen unterbleiben.

Beispiele für die Anwendung visueller Kodes bei Zeichenketten

Unter einer Zeichenkette oder Adjunktion soll hier die Zuordnung von Einzel- oder Superzeichen zu einem linearen System verstanden werden. Hierunter fallen Gebilde wie z. B. Bildsprachen, Comics, einige Arten von Prospekten, Fotogeschichten, vielleicht auch der Film.

Die folgenden Anmerkungen sollen Anregungen sein, sich in dieses vielverzweigte Gebiet zu wagen, um die Offenheit, die die nicht abgeschlossene wissenschaftliche Diskussion bietet, kreativ zu nutzen. Die Beispiele erheben daher auch nicht den Anspruch auf Lösungen, wenn auch hin und wieder die Sachverhalte etwas klarer in den Blick kommen mögen, als dies bisher der Fall war. Auch hier muß noch einmal ausdrücklich betont werden, daß die Inhalte nur unter einer kommunikativ-semiotischen Fragestellung behandelt werden, was bedeutet, daß weite Teile der erwähnten Inhalte vollkommen – und zwar mit gutem Gewissen – unberücksichtigt bleiben.

Bildsprachen

Schon in der Grundschule kann die Funktion einer Zeichenkette verdeutlicht werden. Schüler einer Klasse überlegen z. B., welche der im Schulalltag notwendigen Mitteilungen häufig wiederholt werden müssen. Es wird festgestellt, daß es sich um sehr viele verbale Mitteilungen handelt, wie z. B. „Geht in die Klasse", „Türe zu", „Hinsetzen", „Ruhe", „Fenster schließen", „Aufpassen", „Hersehen", „Nicht schwatzen", „Hausaufgaben", „Geht in die Pause". Die Klasse wird nun in Gruppen aufgeteilt. Jede Gruppe bekommt den Auftrag, die verbalen Botschaften in visuelle umzusetzen.

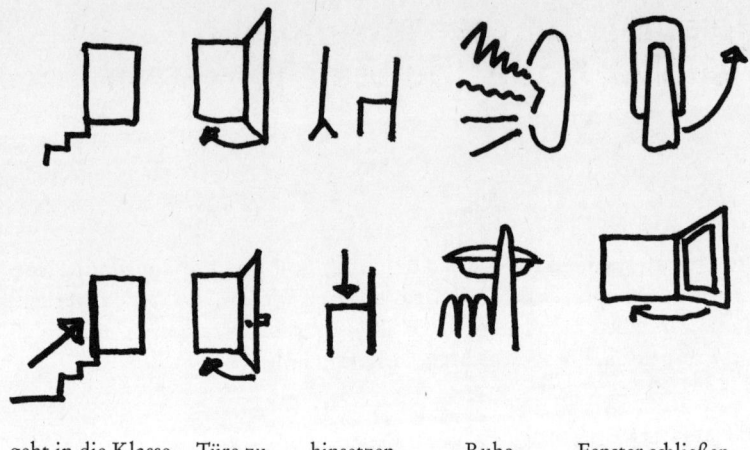

geht in die Klasse Türe zu hinsetzen Ruhe Fenster schließen

Oben: Zeichenentwürfe mit der Tendenz zum Einzelzeichen
Unten: Zeichenentwürfe mit der Tendenz zur „Zeichenkette"

Die Schüler werden verhältnismäßig sicher zu ikonischen Kodes greifen. Jedoch wird die bildhafte Kodierung in dem Augenblick Schwierigkeiten bereiten, da erkannt wird, daß es sich bei den oben angeführten „Einzelaufforderungen" praktisch auch um die Beschreibung des Ablaufs einer Stunde handeln kann. Es wird nun eine Frage der „Sprachart" oder des „Sprachstils", ob für jeden der Sachverhalte und für jede Aufforderung ein Einzelzeichen verwendet wird oder ob es möglich wird, sich im Repertoire zu beschränken und die Zeichen aufeinander zu beziehen. So ließe sich z.B. eine Verbindung zwischen dem Zeichen „In die Klasse gehen" und dem Zeichen „In die Pause gehen" vielleicht schlicht dadurch erreichen, daß das Zeichen einmal von links nach rechts zeigt, das andere Mal aber von rechts nach links weist. Ebenso wäre zu überlegen, ob nicht in der Aufforderung „Ruhe" und der Ermahnung „Nicht schwatzen" ein fast gleicher Anteil an Bedeutung und damit auch Wirkung vorhanden ist, der es rechtfertigte, einen entweder fast oder ganz gleichen syntaktischen Bestand zu entwickeln. Plötzlich geschieht, was allen Bildersprachen wie dem Altchinesischen, dem Altägyptischen eigen ist: Der Bedeutungsumfang eines Zeichens bezieht sich auf Vorstellungs- oder Handlungskomplexe, nicht auf scharf trennbare Sachverhalte – ein Umstand, der die Meditationsfreude der Weisen anregte, über die zutreffende Bedeutung und den Sinnumfang nachzudenken.

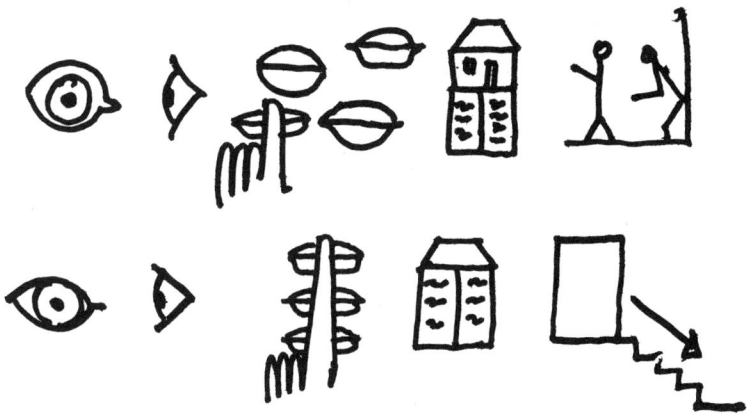

| aufpassen | hersehen | nicht schwatzen | Hausaufgaben | geht in die Pause |

Ägyptische Bilderschrift

Berg + Berg = Gebirge 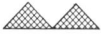   Sonne

Fließen/Bewegung/Verlauf   Ende einer Bewegung ≋

Kreis und Kreisfläche
als Begrenzung eines
Ganzen oder Form des
Ganzen = Erd- oder Weltganzes,
aber auch Schalenrand, Schalenform

Schale aus der Negade-Zeit, Altägypten

Bedeutung, aus den Bildzeichen lesbar:
Aus dem Urmeer, das die Welt umgibt, steigt die Sonne am Osthorizont empor und sinkt, nachdem sie über das von Randgebirgen umschlossene Ägypten hinweggezogen ist, im Westhorizont wieder in das Urmeer zurück.
Die Zeichen für Wasser/Bewegung und die Berge der Randgebirge gehen in leicht abgewandelter Form mit diesen Bedeutungen in die Hieroglyphenschrift ein. Die Sonne wird später entweder strahlenlos oder nur mit nach unten weisenden Strahlen in das Schriftzeichen für Sonne aufgenommen. (W. Westendorf, Die Anfänge der altägyptischen Hieroglyphen, 1974)

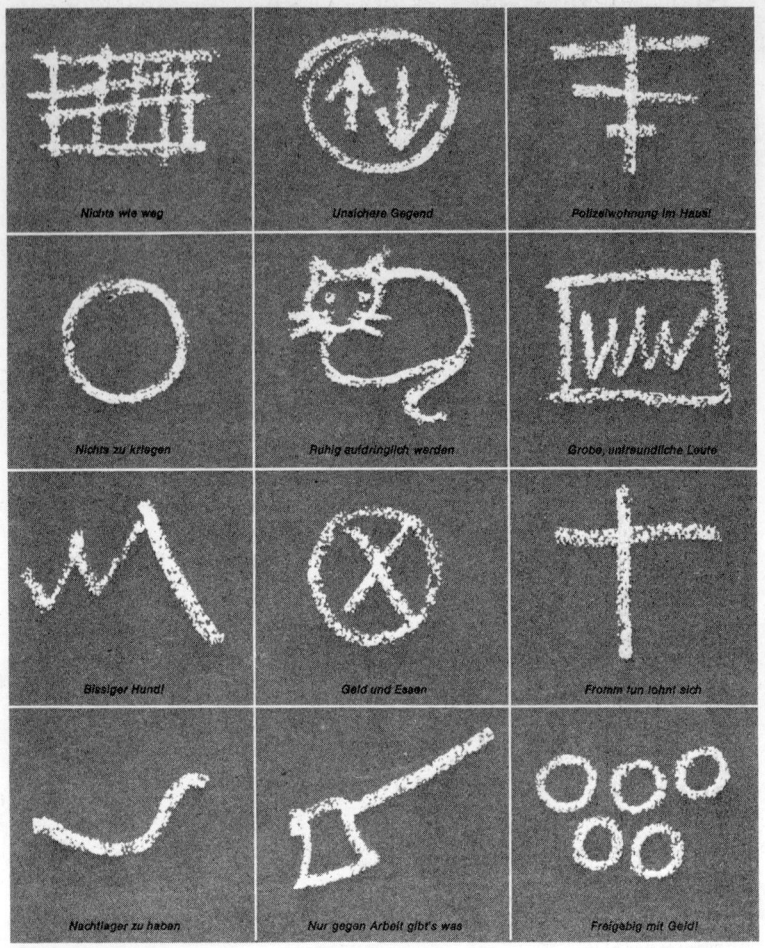

Hier ist in Ausschnitten ein visuelles Verständigungssystem der Zigeuner früherer Zeiten aufgestellt. Es ist sehr lehrreich, derartige Zeichen auf ihre Struktur hin zu untersuchen.

Zunächst könnten einzelne Zeichen an die Tafel gezeichnet werden mit der Frage: „Was soll das heißen?" Alle Äußerungen werden an der Tafel mitgeschrieben. Die richtigen werden zum Schluß genannt. Die Kinder werden aufgefordert, aufgrund der richtig zugeordneten Bedeutungen herauszufinden, wer sich für wen diese Nachrichten ausgedacht hat. Man kann dann herauskürzen, welche Zeichen mehr allgemeines und welche mehr spezielles Verstehen einer Gruppe im Sinne von Geheimzeichen voraussetzen.

132

Fragt man nach den Gründen, so ließen sich jetzt Einzelanalysen der Kodes dieser Zeichen durchführen: Aufgrund welcher Konvention wird das Kreuz im Sinne von „Fromm tun lohnt sich" verwendet? Warum ist es durchaus sinnvoll, einem Kreis die Bedeutung „nichts zu kriegen" zuzuordnen? In einem zweiten Schritt könnte nun die Frage der Adjunktion bearbeitet werden, d. h. inwieweit es sich hier nur um Einzelheiten handelt oder um eine Zeichenkette im Sinne einer visualisierten Sprache. Hat die Auseinandersetzung mit diesem Problem in ähnlicher Weise wie oben beschrieben begonnen, dann ist es jetzt leicht, Aspekte des „Zeichenstils" zu finden und die Vereinheitlichung von Aussagen in einer syntaktischen Grundform als mangelhaft zu erkennen. Der Grund hierfür liegt sicher darin, daß es sich nicht um konventionalisierte Zeichen handelt, sondern um solche, die sich immer noch auf die gemeinte Realität, die das Zeichen vertritt, unmittelbar rückbeziehen lassen. Bei manchen Zeichen, z. B. bei dem Zeichen „Fromm tun lohnt sich", ist das schon komplizierter.

Interessant könnte dann die Problemstellung werden, wenn das Zeichen „Unsichere Gegend" mit dem Verkehrszeichen gleicher Form diskutiert wird. Dabei wird deutlich, daß es ganz wenige Zeichen gibt, die aus sich selbst einen Bedeutungssektor bestimmen lassen (emotionale Zeichen), und daß die meisten von Verabredungen abhängig sind. Um ein Zeichen zu verstehen, muß man die gesellschaftlichen Traditionen kennen, aus denen heraus es entstanden ist. Nur diese Kenntnis erbringt Distanziertheit und vermag vor Schaden (individuellem wie gesellschaftlichem) zu bewahren.

Diese Einsicht in Verfahren der Adjunktion optischer Zeichen birgt nun eine Fülle von Bearbeitungsmöglichkeiten in sich. Ein Weg, derartige Zeichenketten zu untersuchen, wäre, von der Bilderschrift zur Schrifttype zu kommen, um die zugrundeliegenden syntaktischen Beziehungen der Formen untereinander an verschiedenen Schrifttypen zu untersuchen, und so auf Bedeutungs- und Wirkungszusammenhänge zu kommen. Derartige Zusammenhänge sind für viele Bereiche von großer Wichtigkeit. Sie betreffen die Wirkung eines Buchtextes, produzieren aber auch schon Vorurteile beim Setzen einer Anzeigenwerbung in dieser oder jener Schrifttype oder beeinflussen die Aussagefähigkeit einer Comicsprechblase oder einer Zeitungsüberschrift ganz erheblich.

Stets, zu allen Zeiten und in allen Erd-
teilen, haben die Menschen sich irgend

Aufregend, unregel-
mäßig, schnell, gehetzt,
auffällig (Reporter)

Stets, zu allen Zeiten und in allen
Erdteilen, haben die Menschen sich

Umständlich, vor-
nehm, verschnörkelt,
altertümelnd, konser-
vativ, selbstbewußt
(Lithographia)

Stets, zu allen Zeiten und in allen Erdteilen

Klar, gesetzt, ruhig
zurückhaltend,
bestimmt
(breite Grotesk)

Stets, zu allen Zeiten und in allen Erd-
teilen, haben die Menschen sich irgend-

Einfühlsam, klingend,
rhythmisch bewegt,
zierlich (Chick-Kursiv)

Stets, zu allen Zeiten und in
allen Erdteilen, haben sich die

Eigenartig, traditio-
nell, verbindlich
(halbfette Schul-
fraktur)

Stets, zu allen Zeiten und in allen Erdteilen

Unübersehbar,
bestimmend, durch-
dringend, unverrück-
bar (fette Block)

Lehrstuhl für Chemie

GYMNASTIK

Oben zwei Beispiele für die Wahl von Schrifttypen, bei denen der Erwartungshorizont des Empfängers den Wirkungen, die das Schriftbild transportiert, nicht entspricht. Ein naturwissenschaftlicher Lehrstuhl wird im allgemeinen nicht als beschwingt, heiter, Gymnastik nicht als gemessen, steif und feierlich aufgefaßt.

Unten zwei Beispiele für die Wahl von Schrifttypen, die mit dem Erwartungshorizont des Empfängers, bezogen auf die Inhalte, die mit der Schrift transportiert werden, übereinstimmen (vgl. auch Schriftwirkung in Werbung, S. 119).

Führung durch Münster

MODERN

Die Schüler können hier durch praktische Arbeit, die im Sammeln von Material und im Herstellen von Collagen besteht, eigene Erfahrungen sammeln, mit welchen Mitteln im optischen Bereich Botschaften transportiert werden können, ohne daß ein einziges Wort verloren, die Einstellung des Empfängers aber entscheidend beeinflußt wird. Bei allen diesen Tätigkeiten bietet sich die Gruppenarbeit mit selbstgewählten Aufträgen und Zielen schon allein deshalb an, weil das zusammengestellte Material bei der Großgruppe im Hinblick auf die erwartete und erzielte Wirkung der Zeichenkette (teilidentischer Kode durch feedback) getestet werden kann.

Ein anderer Weg führt in die Problematik der Bildsprachen selbst. Ausgehend von dem eingangs beschriebenen Beispiel (S. 130) kann nun versucht werden, Geschichten zu verkoden. Hierbei kann es sich um alltägliche Abläufe wie im Beispiel handeln – und die Großgruppe müßte dann kontrollieren, ob eine derartige Zeichenkette auch lesbar ist – oder auch um die Verkodung von Märchen, z.B. Hans im Glück. Kleingruppen sollten ihre

135

Vorschläge ausarbeiten und der Großgruppe zur Beurteilung vorlegen. Es ist dabei möglich, entweder zu ikonischen Kodes – also einer schon comicähnlichen Behandlung des Stoffes – zu gelangen oder aber die Intentionen auf einen möglichst hohen Abstraktionsgrad zu richten, um diese Geschichte mit möglichst wenigen elementaren Zeichen zu verkoden (Beispiel s. unten). Eine Diskussion beider Systeme könnte zu den Erkenntnissen führen, die im Abschnitt „Die Eigenart visueller Kodes" erörtert und im Abschnitt „Klassifizierung visueller Kodes" zusammengefaßt wurden.

Zeichenelemente zur Geschichte „Hans im Glück" und einige Kombinationsversuche zur zeichenhaften Darstellung des Ablaufs

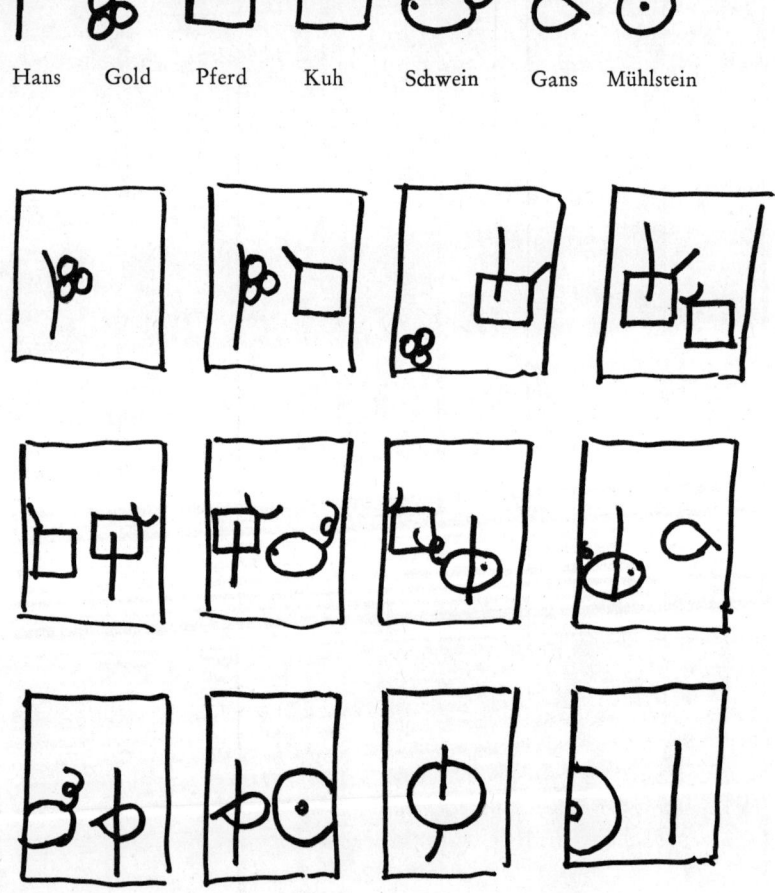

| Hans | Gold | Pferd | Kuh | Schwein | Gans | Mühlstein |

Eigentlich gehört das Chiquita-Prüfsiegel an diese Stelle

Ja, direkt auf das makellose, köstliche Fruchtfleisch. Denn darauf kommt es uns an, wenn wir die Chiquita prüfen, messen und wieder prüfen. Insgesamt 37mal.

Aber Sie finden unser blaues Prüfsiegel natürlich nur auf der Schale. (Sie ist schließlich die beste Verpackung einer Banane.) Und Sie sehen dann auf den ersten Blick, was hinter der Schale steckt.

Chiquita — man sieht, daß sie schmeckt

137

138

Asterix bei den Olympischen Spielen, Bd. XII, EHAPA Verlag, Stuttgart 1975
letztes Bild S. 7 (Abb. 1)

(Abb. 2 siehe nächste Seite)

S. 7 (Abb. 3)   Ende der Sequenz Beginn der Sequenz „Waldlauf"
            „Zeltlager"

S. 9 (Abb. 4)   Ende der Sequenz „Waldlauf"

S. 8 (Abb. 2)

140

Analyse von Comics

Die immer wieder hervorgehobene Eigenart des Comic – die zum Teil unauflösbare Verbindung von Wort und Bild im Bild – ist eine der eigenartigsten Neuschöpfungen zwischen der Mitte des vorigen und dem Beginn unseres Jahrhunderts. Mit dieser Eigenart haben sich viele unter historischer Fragestellung beschäftigt (z. B. G. Metken, Comics, 1970), jedoch kann die Herleitung aus der antiken Bildergeschichte (z. B. Trajanssäule) oder den Buchillustrationen (Wiener Genesis) nicht befriedigen. Hier wird vielmehr der Standpunkt vertreten, daß eine ganz neue Art der Verbindung von Schrift und Wort sich bei Töpffers Bild-Text-Geschichte „Dr. Faustus" (1832) anbahnt und mit „The Yellow Kid" (1896) abgeschlossen ist. Der Comic kann als eine Art „integrierender Lösungsversuch" des klassischen Ästhetikstreites angesehen werden, den Lessing in seiner Abhandlung „Laokoon oder Über die Grenzen der Malerei und Poesie" (1766) zusammenfassend auf die Formel brachte: Die Bildkunst habe Figuren als Körper im Raum darzustellen, die Poesie aber Handlungen, die sich über einen Zeitraum erstrecken.

Der Comic hat dieses Gegenüber aufgehoben in doppelter Hinsicht: Einmal hat er den tiefen Graben zu überbrücken versucht und Bilder von Figuren im Raum auch auf Handlungsabläufe übertragen, zum anderen aber ist der Ästhetikstreit in seinem Kern im Comic immer noch aufbewahrt. Freilich nicht so, wie z. B. Marie Luise Doetsch behauptet: „Der Text der Geschichte (Tarzans) besteht aus einem auch ohne Bilder völlig verständlichen, in sich abgeschlossenen Bericht ... die Bilder sind somit (!) Illustrationsreihen geworden, die das ins Wort Gefaßte noch einmal aussagen" (Doetsch, Comics und ihre jugendlichen Leser, 1958, S. 38), sondern in einer ganz neuen Form in den Bildern selbst, die in der gesamten Literatur über Comics bisher stiefmütterlich behandelt wurde.

Dies läßt sich leicht an jedem Comic nachvollziehen. Einerseits handelt es sich ja um vollgültige „Superzeichen", in denen der Zeichenzusammenhang, wie eine Analyse noch zeigen wird, auf die Superisation gerichtet ist, endliche syntaktische Zusammenhänge auch semantisch und pragmatisch auslegbar macht und somit in die Zeichenklasse der ikonischen Kodes fällt. Andererseits sind es aber gerade die syntaktischen und semantischen Verknüpfungen im Einzelbild *und* in der Bildfolge, die die Wirkung einer fortlaufenden Handlung durch die Zeichenkette von beliebig vielen Superzeichen erst ermöglichen. Bezug nehmend auf Lessings Formel könnte man also sagen: Das Superzeichen im Comic stellt im Sinne Lessings Körper im Raum handelnd dar, ohne einen Handlungsablauf direkt darstellen zu können, während die Zeichenkette vieler Bildelemente auch bildlich den Handlungsablauf zeichenhaft wiedergeben kann. Wie kommt das, und welche Elemente sind an diesem Sachverhalt beteiligt?

Wir wählen für unsere Analyse die Seite 8 aus „Asterix bei den Olympischen Spielen" (Band XII der Asterix-Reihe), und zwar nur aus dem einen Grund, weil wir annehmen, daß dieses Heft ohne Schwierigkeiten jedem zugänglich ist. Die Betrachtung muß dann allerdings nach und nach auch auf andere Comics erweitert werden. Die Seite 8 stellt die Mitte einer Handlungsabfolge dar, in der der Favorit der Römer, Claudius Muskulus, im gallischen Wald trainiert und dabei die auf Wildschweinjagd befindlichen Gallier Asterix und Obelix trifft. Die Gallier laufen dem Römer arglos und mehr aus Neugierde nach, überholen ihn und veranlassen dadurch einen Wettstreit, aus dem Muskulus mit zerstörtem Selbstvertrauen hervorgeht.

Beginnen wir die Analyse mit dem *Einzelbild.* Man kann jedes beliebige Einzelbild wählen; wir nehmen das letzte Bild der Seite 7 (s. Abb. 1, S. 139). Muskulus spurtet an den erstaunten Galliern vorbei durch den Wald. Die Sprechblasenfüllungen wurden abgedeckt, um die Konzentration ganz auf die Wirkungen des Bildes zu lenken. Der beschriebene Inhalt wird nun auf eine den Comics eigene Art verkodet. Boden, Bäume, ein Felsbrocken und blauer Himmel sind so angeordnet, wie es die Analogiebeziehung ikonischer Zeichen zur Realität verlangt – allerdings mit der Einschränkung, daß die Anordnung der Zeichen so gewählt ist, daß Muskulus vor ungegliedertem Hintergrund auffälliger ist als die beiden Gallier vor stark gegliedertem und ihnen farbig ähnlichem Hintergrund. Fragen wir nach der Beziehung, die die Kodeteile als Bedeutungsträger untereinander haben (semantische Dimension), so handelt es sich wohl am ehesten um eine topische Beziehung, die sich sowohl auf die erworbene Meinung des Ausdrucksschemas „Wald" (dicke, alte Bäume, Gras/Moos und Felsblöcke) bezieht wie auf Muskulus, der alle Indizien eines Meinungsblocks „Sportler" mit sich trägt (Muskelpakete, Lederarmbänder, „Haltung", undifferenzierte Physiognomie). Die Gallier sind in diesem Zusammenhang sicher auch als Topoi anzusprechen – jedenfalls für den Empfänger, der schon mehrere Hefte dieser Reihe gelesen und aus den darin enthaltenen Handlungsweisen, Kräften und Verhalten der beiden einen erworbenen Meinungsblock ableiten kann, den aufzugliedern für eine Klasse sehr interessant sein könnte, hier aber nicht notwendig ist. Für den Fremdleser muß dieses Zeichen ikonographische Tendenzen haben, was ja auch das bei allen Büchern vorgeheftete Erklärungsblatt der für die Handlung wichtigen Figuren als „ikonographisches Lexikon" zeigt.

Bei der Klassifizierung der verwendeten Zeichenarten innerhalb der visuellen Zeichen stoßen wir nun neben den ikonischen Zeichen, die vordergründig mittels Analogiebeziehung die Relation zur Realität herstellen, auf weitere Zeichenarten, die nur bedingt (Wölkchen) oder gar nicht (Streifen, Tropfen, Gebogene) ikonischer Natur sind. Jeder erfahrene Comicleser kennt ihre Bedeutung: Die Schnelligkeit des Laufens wird durch die waagerechten Wischstriche verdeutlicht, die großschrittig ablaufende Bahn des Muskulus durch Bewegungslinien des einen Hackens, der dort, wo er hin und wieder den Boden berührt, durch den Aufprall ein Staub(?)-wölkchen hinterläßt. Der strahlenförmig angeordnete Tropfenkranz um die Häupter von Asterix und Obelix bedeutet Erstaunen, Ankurbelung der Hirnarbeit; die Gebogenen jeweils auf der rechten Seite der Köpfe bedeuten heftiges Umwenden. Die Verwunderung hat weniger der Tatsache zu gelten, daß die visuellen Zeichen so gedeutet werden, sondern eher der Frage, aus welcher Relation zur Realität diese Deutungen ihre allgemeine Verbindlichkeit bei Comics – und übrigens ja auch bei Karikaturen – erlangt haben. Parallel geführte Waagerechte, Gebogene, kreisförmig angeordnete Tropfenformen – verweist das nicht auf die Klasse visueller Elementarzeichen? (Vgl. S. 70 und 82)

Um sicherzugehen, lassen wir aus verschiedenen Comics Zeichen für Bewegung sammeln. Es ist anzuraten, daß zunächst die Einzelbilder ausgeschnitten und auf Karteikarten aufgeklebt werden und erst dann eine Austragung und damit Auslösung des Einzelzeichens aus seinem Zusammenhang durch Umzeichnen vorgenommen wird, wie hier auf den Seiten 144 und 145 aus diesem Asterixheft und einem Donald-Duck-Comic geschehen.

I Zeichen für Bewegungen
Darstellung durch zusätzlich zum Bildgegenstand verwendete Zeichen

Zeichen	Form	Bedeutung
C / ‹	gebogene gerade ──── kurze Striche eckige	Grundelemente für Bewegung (allgemeiner Art)
⌇⌇	gewellte oder leicht gezackte Spur	zittrige Bewegung
|	durchgezogene Linie oder Strich	Fortbewegung (Richtungsangabe, Andeutung von Zeitabläufen) Speed Lines Action Lines
- - - - -	unterbrochene, gewellte Linie	langsame Fortbewegung
═ C‹‹ ‹‹‹ ///	Vervielfachung der Spuren	Verstärkung
≋	gebogener oder gerader Streifen: weiß, farbig oder gestrichelt	Verstärkung der Geschwindigkeit

II Darstellung der Bewegung durch Veränderungen am Bildgegenstand

Zeichen	Form	Bedeutung
	Vervielfachung der Konturen	Verstärkung der Bewegung: Geschwindigkeit
	Auflösung der Beine in kreis- oder spiral-förmige Bewegungsspuren (Wagenräder)	Verstärkung der Bewegung: rasende Geschwindigkeit

III Zeichen für Äußerungsformen

	er spricht	VORWÄRTS JUNGS!	er ruft aus
	er denkt		er hört eine Stimme durchs Telefon/Radio/TV
	er flüstert	HALT!	er spricht mit zittriger, ängst-licher Stimme
	er schreit, ist wütend		er ist erstaunt, wundert sich

145

Hilfe
HILFE
Hilfe
HILFE!!
HILFE
HILFE
HILFE
H^IL^F_E!
H^IL^F_E
WAM!
Hilfe!
Hilfe

HILFE!
HILFE
"HILFE"
"Hilfe",
HILFE

HHHILFE!
Hiiilfe!
Hilfeee!
Hilfeh!
Hielfe!
Hilfä!
Hiiilfä!!!

V Zeichen für verschiedene Arten von Gemütsbewegungen

	er ist benommen, bewußtlos
	er begreift, ihm „geht ein Licht auf"
	er ist niedergeschlagen, wütend, ärgert sich
	da soll doch der Blitz einschlagen!
	ich zerreiße alles
	ich zerschlage alles
	ich erschieße jeden
	Potz Sternhagel
	ich schäume vor Wut
	ich schlage alles zusammen

	mir schwirrt der Kopf
	ihm ist schwindelig
	er verspürt starken Schmerz
	er schwitzt, ist ängstlich oder wütend
	er ist entsetzt
	er rennt, läuft
	er schnarcht
	er niest
	er pfeift, singt, hört Musik
	ich sprenge alles in die Luft

Bei nüchterner Betrachtung des Ergebnisses der Untersuchung muß das bereits Vermutete jetzt festgestellt werden: Es handelt sich zwar um elementare Zeichen, ihre Bedeutung ist aus ihnen selbst nicht mehr zu entnehmen, da sie keine analogische Relation zur Wirklichkeit besitzen vgl. S. 70 f.).

Kehren wir zu unserem Einzelbildzeichen wieder zurück, so ist erkennbar, daß die als elementare Zeichen ausgetragenen Striche im Zeichenzusammenhang sehr wohl bedeutungsträchtig sind und recht eindeutig gelesen werden können! Es handelt sich demnach also um mehr oder weniger gestalthafte Zeichen, die eine Handlungserfahrung schematisch nachbilden (z.B. die Bewegungsspur des Fußes, den Luftstrom des Körpers). Ihre Bedeutung, so haben wir bereits festgestellt (S. 71 f.), ist aus dem Kontext der wirklichen Situation abzuleiten und danach selbständig. Dies erklärt die „Informiertheit" aller Comicleser, da alle diese Zeichen aus eigenen Handlungserfahrungen unbewußt verstanden werden, das Zeichenangebot sich aber gerade deswegen leicht verselbständigt und nicht nur vom Produzenten als „Vokabel" eingesetzt, sondern auch vom Empfänger in dieser Weise dekodiert wird. Fehlten z.B. die Wischstreifen hinter dem laufenden Muskulus, so bedeutete dies eher einen Hochsprung, und die etwas gekrümmte Gesamthaltung im ikonischen Zeichen „Muskulus" wäre dann als „Wille, den Ast eines Baumes zu erreichen", interpretierbar.

Die Behauptung, alle sichtbaren Zeichen des Einzelbildes – außer den ikonischen – wären gestalthafte Zeichen, stimmt natürlich nicht. Die „Wölkchen" lassen sich nicht mehr in die Gruppe der Zeichen einordnen, die auf Handlungserfahrungen beruhen. Sie sind eher einfache ikonische Zeichen. Schließlich ist auch die kreisförmig angeordnete Tropfen„gloriole" als Zeichen für „Denken" kein gestalthaftes, sondern ein figurales Zeichen, welches je nach Einsatz sehr in seiner Bedeutung schwanken kann, aber immer von einem Zentrum ausstrahlend sich vergrößert und damit zu den psychisch festgelegten Grunderfahrungen des Menschen zu rechnen ist.

Da gerade dieses letzte Zeichen nicht zur Bewegungsdarstellung benutzt wird, ergibt es sich, derartige Reihenuntersuchungen auch auf andere Bedeutungen auszudehnen oder z.B. auch die syntaktische Veränderung der Zeichenkette „Schrift" zu untersuchen. Bei allen Unternehmungen sollte der Grundsatz gelten, erst möglichst viele Zeichen zu sammeln, in einem zweiten Schritt eine Rangordnung herzustellen und in einem dritten Schritt ihre Wirkung durch falsches Einsetzen in einen bestehenden Comic zu überprüfen oder mit dem bereitgestellten Repertoire an Zeichen selbst an das Entwerfen eines Comic zu gehen. Die Zusammenstellungen auf den Seiten 145 bis 148 sind teils schon in eine Rangfolge der Intensität gebracht, teils nur gesammelt und nicht geordnet.

Von einer isolierten Bearbeitung zeichentheoretischer Fragestellungen, wie sie bisher hier und meistens nur bis hier in der Schule durchgeführt wird, muß allerdings eindringlich gewarnt werden. Eine kommunikative Fragestellung versucht eine Antwort auf das Was und das Wie; ihr geht es um die Beziehung von Erwartung und Wirkung, um die Analyse des teilidentischen Kodes. Nur auf dieser Grundlage ist ein verändertes Verhalten gegenüber einem der bilderträchtigen Massenmedien zu erreichen, indem danach gefragt wird, was *wirklich* mitgeteilt und wie darauf *wirklich* reagiert wird. Ehe wir auf diese Fragen eingehen können, muß aber erst noch die Bildung von Zeichenketten durch Aufreihen von visuellen Superzeichen untersucht werden.

Bis jetzt haben wir festgestellt, daß ein Superzeichen wie in Abb. 1 durchaus für sich Zeichenbeziehungen und -bedeutungen aufweist, die in Relation zu einer (Schein-)Realität stehen und Wirkungen auf den Betrachter ausüben können. Dies haben auch moderne Künstler, wie z. B. Roy Lichtenstein, zum Anlaß genommen, Einzelbilder der Comicserien als „Bild" zu veröffentlichen. Gerade diese bildhafte Wirkung ist es aber auch, die Comicforscher oft zu der irrtümlichen Annahme verleitet, die Bilder wären „Illustrationen". Auf den Sachverhalt „Illustration" kann hier nicht näher eingegangen werden, aber doch soviel: Illustration hat mit „illuminare" zu tun, d. h. aufleuchten lassen eines bereits (z. B. durch Sprache) Dargestellten. Daher wird auch ein guter Illustrator niemals die literarischen Höhepunkte einer Geschichte illustrieren – dies aber trifft für den Comiczeichner gerade nicht zu. Seine Bilder umgehen die „literarischen" Höhepunkte nicht, sondern lassen sie überhaupt erst in Erscheinung treten.

Um dem Comic nun eigentlich gerecht zu werden, muß man nach dem Vorgang der *Adjunktion – der Kettenbildung der Bilder –* fragen. Wie geschieht nun die Kettenbildung?

Ein erstes Mittel ist die das Einzelbild übergreifende Anordnung der Figuren, bezogen auf Bewegungsrichtung und Handlungsablauf. Dieses schon seit der Antike angewandte Mittel, um einen Handlungsablauf bildlich darzustellen, ist in Abb. 2 (s. S. 140) der S. 8 unseres Comics, ganz deutlich nachzuverfolgen. Im ersten Bild links oben sehen die Gallier den Römer herannahen, ohne daß er schon im Bild sichtbar wäre. Sie sehen beide nach rechts. Im folgenden Bild versucht Obelix, der schon nicht mehr zu sehen ist, den Römer zu erreichen, während Asterix noch verdutzt an derselben Stelle steht, was durch die Hintergrundsbäume eindeutig ausgesagt wird. Er sieht aber jetzt nach links, dem Römer nach. Es ist also – ohne daß der Römer auf dieser Seite schon auf einem der Bilder erschienen wäre – zu vermuten, daß er von rechts nach links läuft, was sich dann im dritten Bild der obersten Reihe und danach in allen anderen

Bildern bestätigt. Auch beim Speerwerfen ist dies seine bevorzugte Richtung – sie wird über viele Bilder beibehalten; dies vermittelt den Eindruck eines taktartig erfaßten durchgehenden Bewegungszusammenhangs.

Die Bewegungsrichtung dieses Handlungsablaufs muß sich aus dem Beginn des Handlungsverlaufs erklären lassen: Er ist auf Seite 7 des Comic zu finden (s. Abb. 3, S. 139). Musculus hatte bei seinem Vorgesetzten ein reichhaltiges Frühstück zur Kräftigung eingenommen und spurtet nun durch den Zelteingang von rechts nach links, um zu trainieren. Im folgenden Bild sieht man ihn bereits durch den Wald spurten – von rechts nach links – wie auch auf den beiden folgenden Seiten. Die Art des Zusammenkoppelns ist nun sicher einsehbar – wenn sie hier auch nicht sonderlich gut durchgeführt ist und einen syntaktischen Fehler aufweist, der hinderlich für die Wirkung des Ablaufs wird: Denn unverständlich ist, warum der Zeichner der Bilder die Bewegungs- und damit die Handlungsrichtung von rechts nach links ablaufen läßt – also entgegen der Leserichtung! Diesen Mangel frühmittelalterlicher Bilddarstellungen, bei denen die Handlungsrichtung und die Leserichtung durchaus unentschieden oder wechselnd waren (man vergleiche die Bildstreifen der Wiener Genesis miteinander), wußte schon Dürer in seiner „Kleinen Holzschnittpassion" von 1506 zu beseitigen: Er erzählt in den Bildfeldern streifenartig das Leben Christi von links nach rechts und nimmt in der Entwicklung der Handlungsrichtung weitgehend auf die Leserichtung Rücksicht! In unserem Asterix-Beispiel ist der Leser der Bildfolge gezwungen, bei jedem an sich syntaktisch verbundenen Zusammenhang sich stets erneut zu orientieren und „gegen den Strich" zu dekodieren. Dadurch wird die Verknüpfung der Einzelzeichen zu einer Zeichenkette erschwert, aber natürlich nicht verhindert.

Dies ist nicht die einzige Art, Bildzeichen zu einer Bildabfolge zu verbinden. Ein ebenso wesentlicher, wenn nicht gar der leitende Faktor der Verbindung ist der durch die Wörter, Ausrufe und Sätze festgelegte Gang der Handlung innerhalb einer abgeschlossenen – aber doch beliebig zu erweiternden – Geschichte. Die literarischen Aspekte des Szenenaufbaus (zum Teil Einzelbild, zum Teil mehrere Bilder), der Interaktion der Figuren, die darin verstrichene Zeit und der Ort der Handlung bestimmen natürlich die Wahl der Bildinhalte mit. Wechselt der Ort der Handlung, wie hier vom römischen Lager in den gallischen Wald und wieder zurück in das römische Lager, so deutet sich dieser Wechsel durch Veränderung der Szenerie, der Farbgebung und durch den Wechsel der Figuren an. Aber immer geht ein Grundthema, in diesem Fall der Römer Musculus, durch den Ortswechsel gewissermaßen als bindendes Glied, als thematischer Faden der Handlung, hindurch, während sowohl der Zenturio Redeflus als auch die Gallier Obelix und Asterix in den jeweiligen „Szenen" zusätzlich auftreten. Und in der Tat, auch in der Anordnung der Bilder lassen sich diejenigen Abschnitte deutlich erkennen, die vom Dramatiker Szenen genannt werden und im Bühnenstück die kleinsten Einheiten der Handlung sind. Diese Handlungseinheiten könnte man auch mit dem Begriff *Sequenz* belegen, der hier vielleicht eher zutrifft. Sie wird – ähnlich den Szenen eines Bühnenstücks – für den Film etwa wie folgt beschrieben:

Die Sequenz ist als eine Folge von „Bildern" (Einstellungen) mit ununterbrochenem, einheitlichem Handlungs- und Geschehensablauf definiert. Sie stellt ein formales Ganzes dar. Ihr wichtigstes Merkmal ist das der Abgeschlossenheit, welches sich auf die Einheit der Handlung, des Ortes oder der Personen beziehen kann.

Betrachtet man daraufhin den Ablauf eines Comic, so wird man feststellen, daß in den allermeisten Fällen Bild- und Textabfolgen in dieser Weise in Abschnitte gegliedert sind. Da die Einheit des Ortes, der Zeit oder der Personen sehr leicht einsehbar ist, bleibt dieser Umstand eines der wichtigsten syntaktischen Mittel, um die Zeichenkette als Abfolge zu motivieren.

Und ein weiteres Moment verhilft dem Comic zu einer Verknüpfung der Bildzeichen (Adjunktion). Bei der Definition einer Sequenz wurde das Wort „Einstellung" erwähnt. Es stammt – wie die Sequenz – aus dem Bereich des Films, während es „Einstellungen" im eigentlichen Sinne auf dem Theater nicht gibt. Was ist nun das Besondere an einer Einstellung? Die *Einstellung* wird für den Film etwa wie folgt beschrieben:

Die Einstellung ist die fotografisch festlegbare Abgrenzung des Bildfeldes. Sie wird bestimmt durch die Größe des Sucherfeldes im Verhältnis zur Position der Kamera und/oder die Brennweite des Objektivs.

Zunächst wird nun deutlich, warum es das im Theater nicht geben kann: Die Begrenzung des Bildfeldes ist der Bühnenrahmen, und die Position des Zuschauers, der hier identisch mit der Kamera ist, bleibt durch seinen Sitzplatz festgelegt. Und ob er – selektiv – nur einen bestimmten Ausschnitt fixiert oder – diffus – über den gesamten Bühnenausschnitt zu sehen beliebt, ist in die Entscheidung des Zuschauers gestellt.

Die Begrenzung des Bildfeldes im Comic geschieht durch den Rahmen, der ein quadratisches oder ein hochrechteckiges oder querrechteckiges Format ausschneidet. Dies ist meist für den Comic nicht entscheidend. Entscheidend ist, welche Einstellung zu dem zu zeichnenden Objekt der Produzent wählt – ob er also seine Objekte ausschnitthaft nah heranholt, wie beim ersten Bild der nächsten Sequenz (Abb. 4) (Waaas? Ein Versager?!?), oder – wie fast durchgehend durch die Sequenz „Im gallischen Wald" – eine möglichst distanzierte Gesamtansicht des Geschehensablaufes geben will.

Die „Einstellung" zu dem Geschehen, die ja der Zeichner durch die Wahl eines nahen oder fernen Beobachtungsortes dem Empfänger gewissermaßen unausweichlich aufnötigt, ist gerade deshalb keine inhaltlich beliebige oder technische oder rein formale Angelegenheit, sondern ein zentraler Aspekt syntaktisch-semantisch-pragmatischer Zeichenfunktion. Dies wird deutlich, wenn man die verhältnismäßig gleichbleibende Distanz der Beobachtung eines Geschehens so recht in sich aufnimmt, die der Zeichner dem Leser der Sequenz „Waldlauf" zuweist, und sie mit dem letzten Bild dieser Sequenz vergleicht (Abb. 4, Mitte): Hier wird dem Leser durch eine Einstellung der Blickrichtung von schräg oben auf das Ende des Zweikampfes suggeriert, er wäre an all dem Geschehen direkt beteiligt, säße jetzt gerade auf einem benachbarten Baum und hätte fast zum Greifen nahe vor sich den angeschlagenen Muskulus, während sich die Gallier „weiter unten" frohgemut entfernen.

Wir erkennen nun, daß die „Einstellung" keine dem Bildzeichen allein zukommende Größe etwa nach dem Schema „Form und Inhalt" ist, sondern ein Zusammenhang zwischen besonderen Beziehungen der Zeichen untereinander, den sich daraus ergebenden Bedeutungen für einen Betrachter und den unausweichlichen Wirkungen beim Lesen im Erlebnisbereich. Auch dies wäre nichts Besonderes, wenn nicht die Festlegung durch das verwendete Medium beim Leser unausweichlich wäre!

Der Psychologe versteht unter einer Einstellung die Art und Weise, wie neue Eindrücke oder Situationen „gesehen" und aufgenommen werden – besonders aufgrund der Nachwirkung früherer Erlebnisse. Wichtig hierbei ist, daß sich der Erlebende gegenüber den sich ihm bietenden Eindrücken im landläufigen (also nicht im tiefenpsychologischen) Sinne „frei" für eine bestimmte Art der Verarbeitung entscheiden kann.

Und hier setzt die manipulative Beeinflussung bei den Comics ein: Durch die Vorauswahl der Einstellung im Sinne einer filmischen „Einstellung" durch den Produzenten wird dem Empfänger der Botschaft die Entscheidungsfreiheit, sich hierzu eine Einstellung erst zu bilden, weitgehend genommen – ihm wird eine Einstellung, d.h. seine Stellung zu den Geschehnissen durch das Bild vorgeschrieben!

Fassen wir zusammen:

Der Comic als eine Kette von Superzeichen, die auch für sich aussagekräftig genug wären, erhält seine *zwingende Wirksamkeit* aus drei miteinander korrespondierenden Größen, die sich in der Hauptsache im Bild und zu einem Teil im Text widerspiegeln:

☐ Die Verbindung der Teile geschieht durch eine Handlungsrichtung, die mit der Leserichtung fortschreitend korrespondiert; das Lesen wird bei Gleichgerichtetheit beschleunigt – bei entgegengesetzter Richtung verlangsamt.

☐ Die Verbindung der Teile geschieht durch den literarisch gegebenen Handlungsablauf, der mit einer Gliederung der Bildfolge in Sequenzen korrespondiert und im Text wie im Bildverlauf Handlungseinheiten bildet. Die zeitliche Folge wird mittels der Einheit von Personen über den Wechsel von Ort und Zeit vom Empfänger als „durchgehender Zusammenhang" aufgefaßt.

☐ Die Teile innerhalb jeder Sequenz sind in Wahl des Ausschnittes mehr oder weniger bezogen auf den Handlungsablauf der Geschichte. Sie suggerieren dem Empfänger ein je unterschiedliches Beteiligtsein an der Handlung als Betrachter oder unmittelbar Teilnehmender. Der sich hieraus ergebende Erlebnisfluß ist ein vom Betrachter mitverursachter Aspekt der Verkettung der Zeichen zu einer Geschehens- und Erlebnisabfolge.

Mit dieser Erkenntnis ist nicht nur die Wirkungsweise des Comic zeichentheoretisch festgelegt, sondern auch der kommunikative Aspekt kann deutlicher als bisher in den Vordergrund der Untersuchung treten: Was wird mit welchen Wirkungen an Botschaften gemeinsam gemacht?

Die *Suggestivkraft* der Comics, die durch sie bewirkte *unmittelbare Verhaltensänderung* nach Lesen der Botschaft ist viel beschrieben worden und bei Kindern unmittelbar erfahrbar. Sie beruht auf den oben angegebenen Merkmalen der Zeichenstruktur einerseits, ist aber andererseits – die Kette als Zeichenganzes gesehen – ein Zeichen für Erlebniswirklichkeit. Erleben in der unmanipulierten Wirklichkeit läuft ja tatsächlich mit genau den Elementen ab, die oben beschrieben wurden: Auch das Erfahren von Wirklichkeit außerhalb jedes Zeichenaspektes betrifft Handlungsabläufe, Sequenzen und darin erworbene Einstellungen. Aber im Unterschied zur realen Situation handelt es sich beim Comic um eine scheinreale, d.h. durch Zeichen repräsentierte Situation mit genau den gleichen psychologischen Strukturen, wie sie die Wirklichkeit selbst enthält. Was Wunder, wenn der naive Betrachter den winzigen Schritt zwischen Zeichenzusammenhang und Wirklichkeitsangebot tatsächlich tut, obwohl ein tiefer (aber im Bewußtsein des naiven Jugendlichen eben nicht breiter) Graben zwischen beiden zu ziehen ist! Trotz einer sehr umfangreichen *Informationsreduk-*

tion – deren negatives Spiegelbild die teils irreale Welt des Comic und die teils einfache lineare Entwicklung von Handlungsschemata ist – findet aus den oben dargelegten psychologischen Gründen eine *Identifizierung* fast immer statt. Sie ist desto gefährlicher, je mehr das manipulative Element „Einstellungen" im Vordergrund steht und zu ideomotorischen Reaktionen verführt. Diese drücken sich etwa darin aus, daß ein Jugendlicher, der Asterix und Obelix gelesen hat, durch unmittelbare Identifikation der Meinung ist – und auch danach zu handeln versucht –, ähnliche „wundersame" Kräfte wie die beiden Identifikationsobjekte zu besitzen. Er wird dann irgendwo zur Lösung eines Konfliktes oder zum Angeben „dreinschlagen", in der Hoffnung, daß der Gegner ebenso aus den Schuhen gehoben wird, wie dies durch den Comic-Helden Obelix vorgespielt wird. In Wirklichkeit wird also keine „Geschichte" mitgeteilt, von der man sich beliebig distanzieren kann, wie beim Lesen eines Romans, der einem (von Ausnahmen wie „Werthers Leiden" oder dem „Zauberberg" einmal abgesehen) offensichtlich die Möglichkeit der Wahl einer eigenen Einstellung läßt.

Dem – meist traurigen, weil fast nur mit Gewalt verbundenen – Freund-Feind-Schema in Comics läßt sich nun nicht durch das Anzweifeln der Qualität oder durch Verbot im Sinne des Jugendschrifttumsgesetzes beikommen, sondern nur durch emanzipatorisch ausgerichtete Aufklärung über die wahren Sachverhalte. Da der Comic nicht als Entartung oder Addition zweier Kunstdisziplinen angesehen werden kann, sondern eine junge und durchaus eigenständige Gattung ist, wird eine Behandlung im Unterricht aus diesem Grund sowie wegen seiner Verbreitung und eigenartigen Wirkung legitimiert. Es geht dabei aber nicht um ein Mindern und Herabwürdigen, sondern um ein Entdecken der psychologischen Wirkungen, die sorgfältig und schrittweise in mehreren Anläufen in verschiedenen Klassenstufen der Sekundarstufe behandelt werden müssen. Das Wissen um die Mechanismen verhindert den Gebrauch nicht, lenkt aber die Verarbeitung des Aufgefaßten bewußt oder unbewußt in akzeptable, d. h. die Handlungen und Folgerungen des einzelnen verändernde Reaktionen.

Daß es – wie überall – auch im Comic qualitative Unterschiede im Angebot gibt, mag an zwei Beispielen aus der Serie Donald Duck (S. 156) angedeutet sein. Der obere Cartoon bedurfte eigentlich nur eines einzigen Bildes, während alles andere schon durch Worte gesagt ist! Zudem ließe sich – bei verändertem Text in den Sprechblasen – das erste Bild auch als letztes verwenden, ohne daß sich der Sinn des Ganzen wesentlich verän-

Zeichensystem „Comic", oben redundante (überflüssige), unten informative Ver-
kodung
Micky Maus Magazin, Nr. 776, 1971, S. 10, EHAPA Verlag Stuttgart
© WALT DISNEY PRODUCTIONS

derte. Die Einstellungen sind der Handlungsfolge nicht adäquat, d. h. dort, wo z. B. das zweite Bild eigentlich ausdrucksschwach ist, wird (nur der besseren Deutlichkeit wegen, die aber zu visualisieren ganz unnötig ist) die Einstellung „nah" verwandt, hingegen dort, wo es spannend ist, die mehr distanzierende Einstellung „Halbtotale".

Der unten wiedergegebene Cartoon ist auf den ersten Blick langweiliger – was nicht am Comic, sondern an der zugrundeliegenden Idee liegt, die nun unglücklicherweise auch fast ganz aus der Distanz erzählt wird. Aber es ist nicht möglich, die Bildfolge zu verändern, ohne die Handlungsabfolge zu zerstören. Auch wird die Geschichte keineswegs durch den Text vorweggenommen, nur – eine übergreifende Handlungsrichtung wird nicht erreicht. Hier lohnte es sich, das gleiche Thema mit genauerem Einsatz aller dramaturgischen Mittel besser zu erzählen!

Der Film – eine Zeichenkette?

Schon beim Comic lassen sich Zweifel daran äußern, ob unter zeichentheoretischen Aspekten eine Verknüpfung von Bildzeichen (Adjunktion) vorliegt. Es bleibt erst recht eine offene Frage, ob der Film als thematisch abgeschlossenes Ganzes, ähnlich einem Roman, konzipiert wird und damit zum Superzeichen tendiert. Die Akteinteilungen des Bühnenstücks, die im Roman etwa den Kapiteln entsprechen können, finden sich auch im Film. Sie werden *Komplexe* genannt und etwa wie folgt beschrieben:

Der Komplex ist eine Folge von handlungsmäßig zusammengehörigen Sequenzen, die in sich abgeschlossen scheinen und eine höhere Gliederungseinheit des Films sind. Der Komplex wird meist mit einer Aufblende begonnen und einer Abblende beendet. Dadurch ergeben sich auch für den Betrachter gliedernde Einschnitte im Handlungsablauf. (Hilmar Mehnert, Film – Licht – Farbe, VEB, 1963)

Im Comic ließen sich etwa die „Hefte" als solche Komplexe beschreiben, sofern es sich um Fortsetzungen wie bei „Tarzan" handelt. Sie treten dem Empfänger aber kaum als Gliederungsgesichtspunkt vor Augen.

Da sich beim Film ähnliche zeichentheoretische Überlegungen mit kommunikativen Auswirkungen ergeben wie beim Comic, erscheint es didaktisch logisch, den Film nach der Bearbeitung von Comics zu analysieren. Im folgenden werden hier nur Sachverhalte erörtert, die auf die Zeichenfunktion der „filmischen Mittel" Bezug nehmen.

Worin unterscheidet sich – abgesehen von der Frage Verknüpfung von Bildzeichen/Superzeichen – der Film unter kommunikativer Fragestellung vom Comic? Beiden Medien ist gleich, daß es in ihnen Einstellungen und Sequenzen gibt. Wie sehr diese zu Mitteln einer Wirkungsmanipulation werden können, wurde schon am Comic gezeigt. Neu im Film sind *syntaktische Verknüpfungen von Zeichenteilen* (Bildern), die im statischen Aufbau des Comic nicht herstellbar sind und sich also auf den der Zeit unterworfenen Ablaufprozeß des Zeichenrepertoires beziehen. Die wichtigste und einsichtigste Neuerung ist die *Überblendung* – ein syntaktisches Mittel spezifisch prozeßhafter Zeichenverknüpfung, das es so anderswo nicht gibt und das auch im Fernsehen nur über einen Film herstellbar ist. Zwei Einstellungen werden durch allmähliches Undeutlich-Werden der einen und Deutlich-Werden der zweiten optisch so übereinander gebracht, daß das Auge einen langsamen Wechsel von einer in eine andere Sichtweise, Handlungsabfolge oder Örtlichkeit wahrnimmt. Das Undeutlicher-Werden kann durch Heller- oder Dunkler-Werden, durch Unschärfe, durch Formatveränderung oder Wischen erreicht werden.

Diese syntaktische Veränderung läßt im Betrachter den Eindruck des langsamen Hinübergleitens in einen anderen Inhalts- oder Vorstellungsbereich entstehen, der von suggestiver Wirkung ist und häufig vom naiven Betrachter überhaupt nicht wahrgenommen wird, weil er gefühlhaft diesem Angebot folgt.

In der Folge des Überblendens wird eine auch dem Comic eigene, aber nicht auffällige Verknüpfungsart psychologisch wirksam und als syntaktisches Repertoire im Film einsetzbar: *der Schnitt*. Er fehlt im Comic nicht. Erinnern wir uns des Szenenwechsels zwischen der Sequenz „Zeltlager" und der folgenden Sequenz „Waldlauf", so wird diese Verknüpfung nur durch einen „Schnitt" im Bildstreifen erreicht. Hier der Fuß des aus dem Zelt sprintenden Muskulus, dort der durch den Wald preschende Muskulus. Da aber alle Bilder des Bildstreifens nur durch den „Schnitt" zu verknüpfen sind und eben die dem Film eigene *Darstellung der Zeitabfolge* beim Comic nur in der Vorstellung von Produzenten und Rezipienten vorhanden ist, fällt ein derartiges „statisches" Verknüpfungsmittel nicht ins Gewicht. (Beim Comic gibt es z. B. keine Angabe darüber, wie lange eigentlich Muskulus durch den gallischen Wald läuft, ehe er auf die Gallier trifft.) Anders beim Film: In ihm ist die *Einheit von Handlung und Zeitabfolge* – wie beim Theater – zunächst gewährleistet. Ihr gibt sich der Empfänger auch ganz hin. Tritt ein Wechsel durch Unterbrechung des „Zeit"streifens auf, ist dies für den Betrachter eine einschneidende Veränderung seines Erlebnisraumes. Er muß folgen und lernt, die durch den Schnitt getroffene Markierung als Orts-, Zeit- oder Handlungswechsel zu interpretieren.

Die Verknüpfung „Schnitt" kann nun auf sehr verschiedene Weise Bedeutung erlangen, die sich syntaktisch in einer „weichen" oder „harten" Auf-
einanderfolge zweier Einstellungen/Inhalte/Handlungen zeigt. Der Orts-
sprung „Er macht die Tür auf" (Außeneinstellung) – „Er macht die Tür
von innen zu" (Innenraumeinstellung) ruft Wirkungen im Betrachter hervor, die er als „logisch" empfindet (= weicher Schnitt). Springt der Schnitt
von einem Innenraum in einen Landschaftsraum (= harter Schnitt), so
folgt der Betrachter auch hier – er ist in der Lage, den Bedeutungsgehalt
dieser Anordnung zu lesen, aber erstens war dies nicht immer so, das
mußte also gelernt werden (und bei Kindern, die erstmals einen Film
sehen, ist die ungeschulte Reaktion noch deutlich zu vermerken), und
zweitens ist dies ja nicht die Wirkung dieses Zeichenzusammenhangs. Auch
hier wird der Betrachter, viel mehr, als ihm selbst bewußt wird, in seinem
Handeln und Erleben eingeschränkt, indem er quasi gezwungen wird, dem
Willen des Regisseurs zu folgen – oder er kommt erlebnismäßig nicht auf
seine Kosten und sagt später: Das war ein schlechter Film!
Aus der syntaktischen Verknüpfung „Schnitt" sind leicht abzuleiten die
Zeitlupe und der *Zeitraffer*, denn sie sind nichts anderes als auf die Abfolge der Einzelbilder bezogene unterschiedliche Verknüpfungen auf der
syntaktischen Basis „Schnitt". Ihre Wirkung ist wiederum hochgradig
suggestiv, weshalb sich gerade über diese Verknüpfungen viele Beeinflussungsmöglichkeiten der realen Erlebnisbasis des Empfängers anbieten.
Eine weitere Kategorie – die *Kamerabewegung* – ist vom Comic ebenfalls
nicht zu fassen. Mit ihr wird dem Betrachter ein bestimmtes im voraus
einplanbares „Mit-der-Handlung-Mitgehen" aufgenötigt, das noch viel
suggestiver die Distanz des Empfängers zum Inhalt zu verkürzen vermag,
als dies mit Hilfe der Einstellungen möglich ist. So hat ein *Horizontal-
schwenk* immer etwas von der Erfahrung des einzelnen in sich, wenn er
auf einer Anhöhe steht und die Aussicht im Rundblick genießen will; der
Vertikalschwenk hat dann mehr „Suchfunktion", weil man sich selbst beim
Suchen ähnlicher Verschiebungen der Sehachse bedient, also weniger in die
Ferne rundum guckt, sondern vielmehr von einer Ferne in die Nähe des
eigenen Standortes absuchende Bewegungen vollzieht. Die *Parallelfahrt*
vermittelt dem Empfänger ein distanziertes Mitgehen mit dem Handlungsablauf, suggeriert ihm, er sei dabei, aber als engagierter Zuschauer, der es
genau wissen will und daher dem Ganzen folgt.
(Auf den folgenden 2 Seiten sehen Sie acht von elf üblichen Einstellungs-
angaben. Sie dienen der Verständigungshilfe zwischen Drehbuchautor,
Regisseur und Kameramann. Sie stellen keine Norm auf, sondern sind
veränderbar.)

Weit (Fern)

„Weit" zeigt uns einen großen Ausschnitt aus einer Landschaft, in der der Mensch als Bewohner, als ein Element von ihr auftritt. „Weit" wirkt meist als Stimmungsmoment – durch den spezifischen Charakter einer geographischen Umwelt soll eine auf den Menschen bezogene Aussage gemacht werden.

Totale

Die „Totale" zeigt ebenfalls einen größeren Ausschnitt aus der Umgebung der Handlung, meist spielen hier aber schon handelnde Personen und Dinge in die Aussage hinein.

Halbtotale

In der „Halbtotale" wird in der Regel eine handelnde Gruppe aus der landschaftlichen oder architektonischen Umgebung herausgelöst, oder wir sehen in diesem Raum, der noch verhältnismäßig viel Bewegungsfreiheit zuläßt, die Handlung eines einzelnen.

Halbnah

Ort der Handlung ist auf die nächste Umgebung der agierenden Personen beschränkt, hat aber noch wesentliche Bedeutung. Die menschliche Figur nimmt in „Halbnah" etwa die Bildhöhe ein.

Nah

Die Nahaufnahme konzentriert sich auf das Spiel des Schauspielers. Schon wird ein Teil der Figur, die Beine, als unwesentliches Detail vom Bildrand angeschnitten.

Ganz nah

Hier zeigt das Bild von der menschlichen Figur nur mehr Oberkörper, Kopf und Arme. „Ganz nah" ist eine Einstellung, die man oft bei Dialogszenen verwendet, wo das Bild der Gesprächspartner häufig wechselt.

Groß

Hier tritt das Mienenspiel deutlich in Erscheinung, ja beherrscht das Bild. Meist verwendet man „Groß", um durch die mimische Reaktion oder auch nur durch eine bestimmte Physiognomie einen inneren, geistigen oder seelischen Vorgang zu erklären.

Detail

Die Detailaufnahme wendet sich den kleinen und kleinsten Dingen zu, denen sehr oft eine bedeutsame erklärende, sinnbildliche oder dramaturgische Bedeutung zukommt.

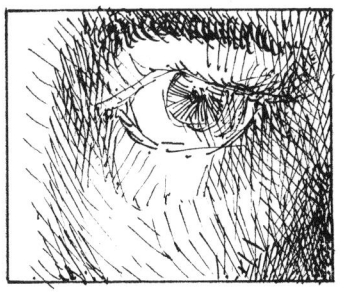

Noch stärker wird die suggestive Wirkung im Hinblick auf eine aufgenötigte Teilhabe am Handlungsgeschehen dann, wenn es sich um Kamerafahrten handelt, die entweder in die Handlung hinein- oder aus ihr herausführen. Hier wird die Kamerabewegung zum bestimmenden Moment, und der Empfänger ist fast nur noch Objekt in diesem Vorgang, da er sich diesem ja nicht entziehen kann. Wir sollten uns dabei ruhig des Theaters noch einmal erinnern: Es hat natürlich hohe suggestive Kräfte – oder es ist ein schlechtes Theater –, aber es besitzt nicht die Möglichkeiten der Subjekt-Objekt-Vertauschung durch syntaktische Verknüpfungen. Aus diesem Grund ist es letztlich noch in die Entscheidungsfreiheit des Empfängers gestellt, sich zu distanzieren, beobachtend, kritisch dem Geschehen auf der Bühne zu folgen, das ja durch reale Menschen dargestellt wird – und daher Anteile der Realbegegnung nie verliert –, oder sich dem Handlungsablauf hinzugeben.

Die Entscheidung, *wie* ich das *Was* der Mitteilung aufnehmen möchte, wird mir im Film so weitgehend aus der Hand genommen, daß außer einer nachträglichen reflektiven Bearbeitung der suggestiven Wirkungen kaum noch etwas bleibt, um mich vor der Kinoleinwand selbstbestimmt zu verhalten.

Wenn Filmerziehung einen Sinn haben soll, dann muß die Technik der Reflexion mit allen ihren Aspekten, die natürlich ein profundes Sachwissen über die Filmtechnik und Filmgestaltung einschließen, das Ziel eines solchen „Medienunterrichts" sein. Dies wird ohne das Erlernen der Methoden, wie man optische Bestände angeht (S. 108), nicht möglich sein.

Mit der Beschreibung von Wirkungen, die der Film auf den einzelnen ausüben kann, ist natürlich die Frage, ob ein Film ein „Zeichensystem zur Übermittlung von vorher festgelegten Botschaften" ist oder eine „Äußerung von Meinungen und Gedanken, die einerseits auf das Werk selbst, andererseits aber auf das Mitdenken des Betrachters" zielt, nicht beantwortet. Werbefilme und Pornofilme werden unter der Voraussetzung „Transport einer Botschaft, die schon vorher bekannt ist" hergestellt. Sie sind in diesem Sinne unzweideutig. Hingegen sind Filme wie „Les enfants terribles" (Cocteau), „Blow up" (Antonioni) oder „Roma" (Fellini) und viele andere unzweifelhaft Kunstwerke, da sie entsprechend auslegbar sind und semiotische Zeichen verwenden, wie der Maler Farbe und Pinsel. Auch hier müssen wir es uns versagen, auf dieses Problem weiter einzugehen, bis auf die Feststellung, daß die Übergänge zwischen Kunstwerk und Machwerk natürlich keine eindeutige Grenzziehung zulassen.

Kommunikative Prozesse im Massenmedium Fernsehen

Als Medium bezeichnet man eine Person, die Mittler zwischen der dies-
seitigen und einer jenseitigen Welt ist. Dieser ursprüngliche Sinngehalt des
Wortes wurde in der Informationstheorie erweitert und verändert. Man
bezeichnet heute als Medium jedes Mittel der Publizistik und Kommunikation, das geeignet ist, Botschaften zwischen Sender und Empfänger zu
transportieren. So sind Bleistiftzeichnung, Fotografie und gesprochenes
Wort Medien, die dem Transport einer Botschaft dienen. In der Medien-
pädagogik hat sich diese Betrachtungsweise auch auf die hierzu benutzten
Apparaturen erweitert. Man beschäftigt sich mit den Wirkungen, die ein
Dia im Diaprojektor, ein Bild an der Wand oder im Episkop auf den
Betrachter ausüben, und mit den Nebenwirkungen, um von hier aus den
gezielten Einsatz der „Medien" im Unterricht zu planen.

Was ist Massenkommunikation?

Das Interesse vor allem politisch und soziologisch Orientierter hat sich auf
eine ganz andersgeartete Gruppe von „Medien" konzentriert, auf die
sogenannten „Massenmedien". Ihre Bestimmung hat Maletzke (Psychologie der Massenkommunikation, 1963) so vorgenommen:

**Als Massenkommunikation sind solche Arten von Kommunikationspro-
zessen anzusprechen, bei denen Aussagen öffentlich durch technische
Verbreitungsmittel indirekt und einseitig an ein disperses Publikum vermittelt werden.**

Überprüfen wir diese Definition an den bisher bearbeiteten Gegenständen,
so müssen wir nachträglich feststellen, daß Werbeanzeigen, Comics, Filme
und Fernsehen – wie auch Zeitungen, Illustrierte, Bücher, Urlaubspro-
spekte u. a. m. – Massenmedien sein können, hingegen eine Schülerarbeit
aus dem Unterricht, ein Fotobericht über die Schule und die Zeichnung
eines Künstlers als solche noch nicht. Letzteren fehlt der Aspekt der „technischen Verbreitungsmittel", sie sind nur bedingt öffentlich und wenden

163

sich nicht an ein disperses, d. h. zerstreutes und möglichst gleichverteiltes Publikum. Der Aspekt einseitiger Kommunikation bleibt zunächst durchaus gewahrt.

Wer sich mit den Kommunikationsprozessen, die Massenmedien auslösen, beschäftigt, stößt auf die drei konstitutiven Begriffe *technische Verbreitung, Öffentlichkeit* und *Publikum*. Sie müssen im folgenden in Beziehung zum „Erstellen einer Nachricht" und zur „Wirkung einer Nachricht" gebracht werden, wenn Aussagen über die Art und Wirkung massenmedialer Kommunikation gemacht werden sollen.

Wenden wir uns zunächst der *technischen Verbreitung* zu. Sie wird erst möglich, wenn bestimmte Verfahren wie Autotypie, Offset oder Magnetaufzeichnung an die Stelle des einmaligen Originals, wie z. B. des Originalfotos, des Schreibmaschinentextes eines Autors oder des Fußballspiels, treten. Schon hier wird erkennbar, daß die medialen Vermittler zwar „näher" und „unmittelbarer" an das Publikum heranzubringen sind und wegen ihrer unendlichen Reproduzierbarkeit auch die „Aura des Originals" hinter sich lassen und – wie Benjamin (Der Film im Zeitalter der technischen Reproduzierbarkeit, 1936) meint – dadurch „demokratischer" werden, aber der technischen Manipulation ist Tür und Tor geöffnet: Ein Foto läßt sich vor dem Anfertigen einer Autotypie retuschieren, ein Textoriginal verändern, ein Teil des Fußballspiels einfach wegschneiden oder im Ablauf umstellen. Nicht der „Echtheitsanspruch" wird demokratisiert, sondern zwischen „echt" und „unecht" kann nicht mehr unterschieden werden! Damit ist die Wirkung einer Nachricht in das Belieben des Herstellers einer Nachricht gelegt. Sie ist von ihm technisch manipulierbar.

Dies kann in den Augen des Herstellers eine durchaus sinnvolle Tätigkeit sein, insofern sich der Hersteller darum bemüht, die Nachricht „allen" möglichst verständlich werden zu lassen. So gesehen ist das disperse Publikum nicht nur die Angelegenheit eines guten Verteilerapparates, sondern auch – und hauptsächlich – eine Frage des Verständnisses, das ein Hersteller von dem dispersen Publikum – der öffentlichen Meinungsbildung – hat. Bemüht sich der Hersteller um ein allseitiges Verstehen der Nachricht, so läßt sich daraus unschwer das Vorverständnis eines Produzenten über die Zielgruppe *Öffentlichkeit* erkennen. Soll eine Nachricht in der Öffentlichkeit „ankommen", muß der Produzent im voraus wissen, was ankommen kann und was nicht. Das aber hängt – unbewußt oder bewußt – von den Interessen des Produzenten ab. Ob also ein Buch gedruckt, eine Nachricht weitergegeben, eine aufgezeichnete Fernsehsendung übertragen wird oder nicht, bestimmt der Produzent aus der kommunikativen Perspektive erwünschter oder unerwünschter Wirkungen. Er bezieht sich auf Vor-Urteile, so daß letztlich *das Publikum* diesem Vorurteil angepaßt werden kann.

Das Urteil des Produzenten bezieht sich aber z. B. auf das Prinzip der Kommerzialisierung und eben nicht auf den autonomen Inhalt oder das je Eigene einer Sache oder Idee. Das ursprüngliche Verhältnis von Person zu Sache wird dadurch zerstört. Die Sache wird Medium, d. h. ein Mittel der Interessenvertretung des Herstellers. Massenmedien lassen sich dann als Instrumentarium eines politischen Willens auffassen, bei dem es z. B. nicht mehr um die Unterhaltung nach Feierabend geht, sondern um eine entpolitisierende Zerstreuung des Abnehmers, für die jedes „ankommende" Mittel recht ist. Da aber der ganze Vorgang kein linear gerichteter, sondern ein komplexer wechselseitiger ist, wird die Auswahl dessen, was kommerziell nutzbar ist, nicht nur vom Kalkül des Produzenten, sondern z. B. auch von der Abschaltquote des Konsumenten bestimmt. Nach ihm und seinem Verhalten richtet sich dann die Produktion: Sender und Empfänger werden austauschbar! Die so hoffnungsvoll rational und human klingende Definition des Kommunikationsvorgangs zu Anfang dieses Buches pervertiert zusehends zur Irrationalität gegenseitiger Anpassungsprozesse. Sie könnten in der Tat nur durch einen klar vertretenen politischen Willen durchbrochen werden, der sich in einem fortwährenden pädagogischen Bemühen um die Bildungsziele der Massen manifestieren müßte – und es ist durchaus eine offene Frage, wie weit „Pluralismus" in den Medien der BRD politischer Wille ist.

Manipulieren und Verändern

Die Reaktionsweisen öffentlicher Meinung sind also weitgehend in das Belieben der Produzenten von Büchern und Nachrichten, kurz, aller Massenmedien gestellt. Dieser gesellschaftlich hoch bedeutsame Vorgang hat denn auch dazu geführt, z. B. das Medium Fernsehen als ein scheindemokratisches Manipulationsinstrument der Herrschenden zu klassifizieren und zu einer emanzipatorischen Agitation gegen die dem herrschenden System dienende Auswahl von Nachrichten aufzurufen. Im Zusammenhang mit der massenmedialen Beeinflussung der Öffentlichkeit im Sinne der Herrschenden stößt man dann unweigerlich auf den Vorwurf der „Manipulation". Was aber kann man unter Manipulation verstehen?
Das Wort kommt aus dem Lateinischen: manipulus = eine Handvoll, ein Bund, ein Bündel – man könnte ergänzen: von Maßnahmen. Hieraus ist dann „kunstgerechter Handgriff", „Handhabung" und „Geschäftskniff" geworden. Bei der Auslegung dieses Bedeutungsumfanges hat es dann – leider – Divergenzen gegeben, die mit der moralischen Wertigkeit des

Sinngehalts zu tun haben. Die einen stützen sich bei der Anwendung dieses Wortes auf die Bedeutung „Hand- und Kunstgriff" und sprechen von Manipulation schon, wenn ein Stein z. B. durch den Bildhauer verändert, d. h. durch Handgriffe „manipuliert" wird. In diesem Sinne ist fast jede menschliche Tätigkeit „Manipulation".

Andere verwenden diesen Begriff nur dann, wenn es sich um einen „Geschäftskniff" im Sinne von Machenschaft handelt, und messen diesem Begriff also einen negativen ethischen Wert bei. Dann bedeutet Manipulation im engeren Sinne eine Steuerung fremden Verhaltens, der sich die betroffene Person kaum oder gar nicht bewußt wird – was zu erreichen aber im Interesse des Steuernden liegt. In dieser Bedeutung soll der Begriff hier verwendet werden. Wir alle wissen heute, daß die Motivwerbung Manipulation mit dem Aspekt unbewußter Beeinflussung im Interesse der sie Betreibenden ist. Trifft dies auch für das Fernsehen zu?

Es gibt eine Möglichkeit, „Manipulation" wertfrei zu definieren: Sie ist Überlagerung eines schwachen Empfänger-Kodes durch einen starken Sender-Kode. Im allgemeinen wird man beim Fernsehen davon ausgehen können, denn das, was ausgestrahlt wird, ist nach Umfang, Inhalt und Kommentierung im voraus festgelegt worden und trifft in der Regel auf einen „offenen", d. h. wenig vorbereiteten Empfänger. So wird der Sender-Kode den Empfänger-Kode in den meisten Fällen überlagern oder gänzlich auslöschen – jedenfalls aber verändern.

Die so verstandene Manipulation kann *positiv* oder *negativ* sein, d. h. sie kann *gewünschtes* oder *ungewünschtes* Verhalten bewirken. In einer Gesellschaft, die demokratische Formen erstrebt, ist eine Manipulation, die Denk- und Anschauungsweisen einer Diktatur unterschieben will, negativ besetzt; in einer Gesellschaft, die diktatorische Formen anstrebt, wird dieselbe Manipulation positiv bewertet werden – und umgekehrt. Vermittelt ein Lehrer Schülern umfassende Kenntnisse, die allen Tatbeständen „unseres heutigen Lebens" (ganz gleich, was man darunter versteht) gerecht werden, so wirkt er ohne Zweifel verändernd auf die Schüler ein. Daß dieses veränderte Verhalten nur aufgrund eines normativ bestimmten, gesellschaftlich verankerten Selbstverständnisses positiv bewertet wird, muß sich der Lehrer stets vor Augen halten. In der Auswahl von normativ gesetzten und reflektiert formulierten Lernzielen – in voller Kenntnis seiner Bindung an ein gesellschaftliches System, das er bejahen und verbessern oder negieren und „verändern" kann – liegt seine ungeheure pädagogische Verantwortung. Auf ein wertfreies Territorium zurückziehen kann er sich nicht. Aber er kann sich auf die normativen Grundlagen seines Entscheidens und Handelns berufen und betriebe dann keine Manipulation im engeren Sinne.

Unter „Normen" lassen sich Regeln verstehen, die – aus welchen Gründen auch immer – Gültigkeit besitzen und auf deren Grundlage Entscheidungen gefällt werden. So auch im Fernsehen: Ein Vergleich der Sendeprogramme in der Bundesrepublik mit denen in der DDR trägt zur Frage der Meinungs-„Manipulation" zunächst kaum etwas bei: Er deckt lediglich die unterschiedlichen normativen Standpunkte auf, auf die sich die politischen Systeme beziehen, ohne die sie handlungsunfähig wären. In ähnlicher Weise kann sich der Produzent einer Nachricht auf sein normatives Verständnis berufen und muß dies sogar, wenn er sein Handeln bestimmen will.

Eine Behandlung der kommunikativen Prozesse des Massenmediums müßte sich also einerseits mit Fragen der Herstellung, der Öffentlichkeit und der Manipulation beschäftigen, andererseits aber die Frage des Normativen in bezug auf Sender- und Empfängerverhalten diskutieren.

Dabei ist davon auszugehen, daß Produzent und Rezipient im Spannungsfeld gesellschaftlicher Auseinandersetzungen stehen. Als Individuen sind beide Seiten Produkte von Sozialisationsprozessen. Diese Sozialisationsprozesse bestimmen ihr gesellschaftliches Vorverständnis. Trotzdem empfindet der Fernsehzuschauer, also der Empfänger, den Sender, also das Fernsehen, nicht als eine Summe von Individuen, sondern als homogenen Komplex, dem leichtfertig eine homogene Meinung und Organisation – die Strategie – unterstellt wird. Sieht man beides – die Bedingungen des Senders und die Bedingungen des Empfängers – zusammen, so läßt sich eine Arbeitshypothese etwa wie folgt aufstellen:

Die scheinbare Homogenität des Fernsehsenders ist unter anderem Ausfluß einer manipulatorischen Tätigkeit bestimmter gesellschaftlicher Gruppen. D.h. die dominierenden Kräfte der Gesellschaft haben die Möglichkeit, sich des Fernsehens als Instrument der Meinungsbildung bevorrechtigt und unerkannt bedienen zu können.

Den Grund dafür haben wir in der organisatorischen Struktur des Fernsehens zu suchen. Wir wollen folgendes Modell zugrunde legen:

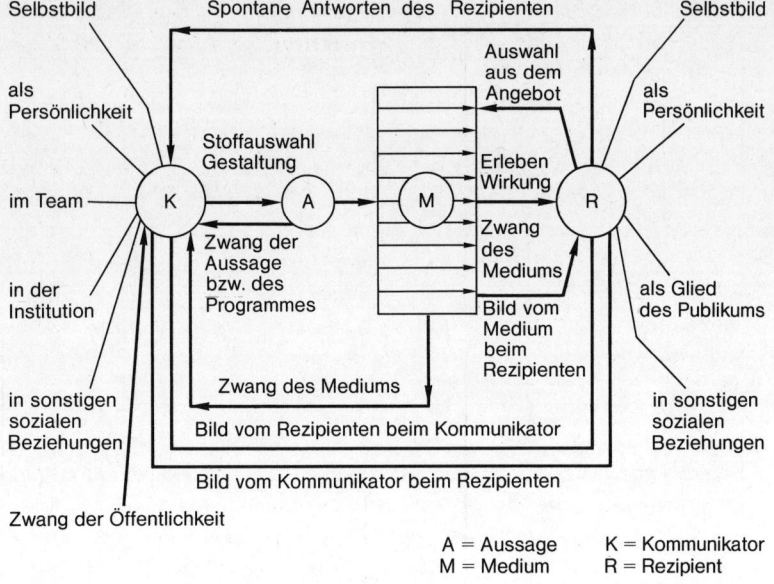

Feldschema der Massenkommunikation nach G. Maletzke (Psychologie der Massenkommunikation, Hamburg 1963, S. 41)

In Gruppenarbeit wären nun die Behauptungen mit Materialien zu füllen. Die Aktivitäten können sich natürlich auf den organisatorischen und inhaltlichen Aufbau des Senders, auf die einwirkenden gesellschaftlichen Kräfte – z. B. Parteienproporz u. a. m. – beziehen.

Da hier nur semiotische Aspekte der visuellen Kommunikation behandelt werden sollen und nicht der Unterrichtsstoff Fernsehen insgesamt, beschränken wir uns im folgenden auf die Auswahl, Gestaltung und Auswirkung von Fernsehbildfolgen.

Visuelle Zeichenketten im Fernsehen

Die Herstellung von visuellen Zeichenketten im Fernsehen unterliegt genau den gleichen syntaktischen Bedingungen wie beim Film. Alle Erkenntnisse, die bei der Analyse des Comic und des Films gewonnen wurden, sind also auch hier gültig, schon aus dem Grunde, weil ja Filme sich auch im Fernsehen wiedergeben lassen. Es treten darüber hinaus aber Besonder-

168

heiten des Fernsehbildes auf, die es zu berücksichtigen gilt. Sie betreffen alle Sendungen, die life – d. h. vom Ort des Geschehens selbst – gesendet werden. Auf normalen Fernsehschirmen ist es nicht sonderlich informativ, *Ferneinstellungen* des Films wie die „Totale" und die „Halbtotale" zu übernehmen. Die Auflösungsfähigkeit der Fernsehzeilen ist so gering, daß kleine Gestalten in der Ferne kaum als solche identifiziert werden können. Der 35-mm-Film löst z. B. ca. 3 500 000 einzelne Bildpunkte auf. Das entspräche etwa 3000 Zeilen mit je 1800 Bildpunkten im Fernsehen – gegenüber tatsächlich 625 Zeilen zu je 300 Bildpunkten (Appeldorn, Die optische Revolution, 1972, S. 38). Ferneinstellungen werden also schon aus technischen Gründen sehr wenig informativ sein. Bei frei gestalteten Unterhaltungssendungen mag dies wenig ins Gewicht fallen – jedoch sind die Auswirkungen beim Herstellen einer sogenannten Dokumentarsendung, die ja das ganze Geschehen aus den verschiedenen Blickpunkten zeigen sollte, erheblich. Es fehlt die der menschlichen Wahrnehmung eigene Total-Information, die dem selektiven Sehen meist vorangeschaltet ist und der Auswahl von Interessantem dient. Objektiv ist der Informationswert dann vielleicht noch hoch, der subjektive wird desto geringer, je kleiner die Bildfläche ist.

Eine weitere Besonderheit des Fernsehens ist, daß bei Verknüpfung ikonischer Zeichen des magnetischen Zeichenträgers *Einblendungen* sofort möglich sind. Auch die *Wahl der Einstellung* braucht nicht vor der Aufnahme zu erfolgen, sondern kann erst beim Senden stattfinden. Dies ist für „Manipulationen" ein wichtiger Gesichtspunkt: Während beim Film die Einstellungen vorher festgelegt werden und nach der Entwicklung des Filmstreifens immer so bestehenbleiben, ist es bei der Life-Produktion einer Fernsehsendung möglich, aus vielen Kameraeinstellungen und Blickrichtungen erst während der Sendung eine auszuwählen. Der Bildregisseur verfügt über Monitore, die je ein Kontrollbild jeder aufnehmenden Kamera in einen Studioraum senden. Der Bildregisseur kann nach Ziel und Interesse für die Empfänger Einstellungen zusammenmischen oder – falls die Aufnahme nicht gleich gesendet werden soll – auf einem Band oder mehreren Bändern sehr unterschiedlich verteilen. Daß hierbei je nach Wahl der Einstellung der semantische Gehalt stark verändert, ja in seinem Sinn geradezu verkehrt werden kann, beschreibt Kurt Wessel, Leiter der Sendung „Unter uns gesagt" im ersten Programm:
„Ein Foto, aus der Froschperspektive auf die Nasenlöcher hin aufgenommen, kann unter Umständen aus einem honetten Menschen eine Karikatur, einen Gegenstand des öffentlichen Gelächters, sogar der Verachtung, machen. Und nun gar das bewegte, das lebende Bild auf dem Fernsehschirm! . . .

Es könnte (in einer Diskussionsrunde) eine Aufnahme ausgestrahlt werden von jemand, der sich nicht im Bild glaubt und vielleicht gerade nicht sonderlich geistvoll aussieht ... Selbst irgendein Zitat, an sich korrekt wiedergegeben, aber von einem ironischen Lächeln (des Ansagers) begleitet, was nur im Fernsehen geht, ist auch schon eine Manipulation." (Kurt Wessel: Lassen sich Fernseh-Informationen manipulieren?, in: Vierzehn Mutmaßungen über das Fernsehen, hrsg. von Anne Rose Katz, München 1963, S. 75 ff.)

Und ein Letztes sei angemerkt. Erinnern wir uns der Frage (auf S. 35), wie die Fotos des Schülerberichts an die Empfänger weitergegeben werden sollen: einzeln und lose oder in einer fest angelegten Reihenfolge? Damals haben wir von einem Superzeichen „Fotobericht" gesprochen; hier beim Fernsehen könnte man eher von einer Adjunktion sprechen, wenn man davon ausgeht, daß die Zusammenstellung einzelner Einstellungs- und Programmstücke ganz beliebig und bis in die Unendlichkeit ohne Wiederholung fortzusetzen wäre! Aber dem ist ja nicht so – und es zeigt sich, wie sehr dieses Medium an gesellschaftlich vermittelte Gewohnheiten der einzelnen gebunden ist. Statistisch ist erwiesen, daß es für bestimmte Sendezeiten günstige und ungünstige Empfängerbeteiligungen gibt. Nimmt also die „Programmgestaltung" darauf Rücksicht – und das tut sie sicher –, unterliegt die Adjunktion von Programmstücken Einflüssen, die mit gesellschaftlich gebundenen Gewohnheiten zusammenhängen.

Ab 18 Uhr arbeitet ein Großteil der Bevölkerung nicht mehr, sondern möchte sich entspannen oder die Freizeit genießen. Wer aber entscheidet nun, welcher Inhalt zu dieser Zeit gesendet werden soll: ein amüsantes Unterhaltungsstück zum Zerstreuen, ein Krimi zur totalen Ablenkung, Kommentare aus dem Alltagsgeschehen, Nachrichten, ernste Musik? Politische Diskussion? Ob man will oder nicht, bezogen auf die Gewohnheiten des Empfängers wird jede adjunktive Verbindung von Programmteilen – und sei sie angeblich noch so wertfrei gestreut – ihre statistisch belegbaren Wirkungen haben. Es ist nun leicht, dem Programmgestalter „Manipulation" oder „politische Entmündigung des Empfängers" vorzuwerfen, wenn er ab 18 Uhr Unterhaltung sendet und erst ab 22 Uhr politische Kommentare und gesellschaftliche Kritik! Zunächst handelt es sich hierbei aber um nichts anderes als ein – vielleicht in langen Diskussionen ausgehandeltes – gemeinschaftliches Vorverständnis des Senders. Und wie auch immer hier entschieden wird, es handelt sich um eine einseitige Festlegung auf ein bestimmbares Interesse, das von den gesellschaftlichen Verhältnissen abhängig bleibt – wie ein Vergleich mit der Programmgestaltung des DDR-Fernsehens leicht ergeben kann. Es ist einfach zu kurz gedacht, wenn den westdeutschen Programmen unter Hinweis auf das ostdeutsche Programm einseitige Manipulation vorgeworfen wird, denn kein Programm entspricht je der Vielzahl von möglichen Vorstellungen zu diesem Punkt. Die Entscheidung fällt aus sehr unterschiedlichen gesellschaftlichen Positionen, aber in beiden Fällen „normativ", d. h. als Setzung und nicht von vornherein als Manipulation im engeren Sinne!

Bernward Wember hat in seiner Abhandlung „Objektiver Dokumentarfilm?" (Colloquium Verlag) diesen Aspekt so wiedergegeben:
Er stellt einen scheinbar objektiven Dokumentarfilm über Elendsgebiete in Bolivien vor und weist verschiedene manipulatorische Entstellungen der Wirklichkeit nach. Es scheint, als hätten die Autoren bewußt die Zuschauer in eine bestimmte Richtung der Interpretation und des Verständnisses der geschilderten Zustände zwingen wollen. Aus persönlicher Bekanntschaft Wembers mit den Autoren und aus zusätzlichen Recherchen ergibt sich aber, daß die Autoren des Films völlig davon überzeugt waren, objektiv berichtet zu haben. In einer überzeugenden psychologischen Beweisführung zeigt Wember auf, wie und in welcher Form die Autoren unbewußt sozialisationsspezifischen Beeinflussungen und historischen Denk- und Vorstellungsklischees unterlagen und daß sie, indem sie das Elend in Bolivien der Natur und bestimmten unabänderlichen Gegebenheiten zuschrieben, einem gesellschaftlichen Verdrängungskomplex unterlagen, der aus dem Unrechtsgefühl der Weißen gegenüber den Eingeborenen beider Amerika seit den Tagen der Entdeckung herrührt.

Die gesellschaftliche Abhängigkeit und Prägung des Individuums ist unbewußter Anlaß für viele Veränderungen von Tatsachen, die den Autoren solcher Informationen nicht bewußt und die daher nicht abstellbar sind.

Wirkungen des Fernsehens und Fernseherziehung

Damit wären wir unvermittelt von den syntaktischen Anmerkungen über semantische Aspekte zu den pragmatischen gelangt. Welche *Wirkungen* übt das Fernsehen auf den Empfänger aus? Da die bedeutungtragenden Einheiten des Fernsehbildes fast ausschließlich ikonische Kodes sind, wird von dem Empfänger ein analogieentschlüsselndes Sehen verlangt. Eine solche Grundeinstellung des Empfängers wird schon dann deutlich, wenn der Bildempfang gestört ist und Elementarfigurationen einfacher (Punkt- und Strichzeilen und Gitter) und zusammengesetzter Art (Zickzackwandern / abstrakte Figuration) über den Bildschirm ziehen: Der Empfänger genießt nicht die Eigenart ästhetischer Gebilde, sondern wehrt sich. Warum? Er kann in diesen Figurationen keine Analogien entdecken, und da sie tatsächlich ja auch nur Signalcharakter haben – ohne eine verabredete

Relation zu irgendeiner Wirklichkeit –, versagt seine Entschlüsselungshaltung. Sie wird desto empfindlicher gestört, je höher für ihn der Realitätsgehalt der Bildübertragung ist – und es ist erwiesen, daß für sehr viele Empfänger der Zeichencharakter der Bildfolgen ganz aus ihrem Bewußtsein verschwindet und selbst zur Realität wird.

Dieser Umstand hat gravierende Folgen. Denn der Empfänger denkt bei dem Gesehenen nicht an Informationsreduktion. Im Gegenteil – er konventionalisiert gewissermaßen den Kode in Richtung Wirklichkeit. Er erlebt – ohne Rückbezug auf den tatsächlichen Verkodungsvorgang! Und wer je Gelegenheit hatte, an einer „Life"-Sendung teilzunehmen (bitte stellen Sie sich hier hin, sagen Sie das so, nein, nicht heruntersehen, sondern in die Kamera – nicht blinzeln, noch einmal . . .), der weiß von der „Lebensechtheit" dieses Verkodungsvorgangs ein Lied zu singen!

Dabei stoßen wir auf eine andere Eigenart dieses Mediums: Es ist *immateriell* und unterscheidet sich hierin von allen anderen Medien überhaupt. Ein Verkehrsschild, ein Bild im Museum und ein Comic strip in einer Zeitung besitzen materielle Zeichenträger – das Blech des Schildes, das Emaille, die Leinwand des Bildes, die Ölfarbe und den Deckfirnis, das Papier und die eigentümlich duftende Druckerschwärze – sie alle haben mit dem Zeichen selbst irgend etwas zu tun. Zeichenträger und Zeichengut sind auf eigentümliche Art miteinander verbunden. Am stärksten wirkt sich dies beim Kunstwerk aus: Hier passen Zeichenträger und Zeichengut lückenlos ineinander. Tun sie es nicht, wird man von technischem Ungeschick oder einem schlechten Erhaltungszustand sprechen. Erstmals bei Diapositiv und Film spaltet sich der physikalische Zeichenträger – er ist einmal Zelluloid und Filmschicht, das andere Mal aber immaterielles Licht! Beim Fernsehen aber ist er nur noch immateriell vorhanden – als Magnetbandaufzeichnung (Ampex) wie als elektronische Life-Aufzeichnung. Optische Daten werden in elektrische Impulse verwandelt und in optische rückübersetzt – wo bleibt da die Materialität des Zeichenträgers? Der Empfänger sitzt vor einer glatten Röhrenwandung – auf ihr ziehen Punkte ihre Zeilen, und an nichts vermag der Betrachter sich „wirklich" zu halten – was Wunder, wenn er alle vermittelte Realität – zurückgeworfen auf seine eigenen Erfahrungen – für möglich und daher für real hält? Manipulation durch wen?

In einem fast dialektisch zu nennenden Verhältnis hierzu steht dann die *private Atmosphäre* der häuslichen Umgebung, die durchaus in das Kalkül der Produzenten und Agierenden aufgenommen wird! Ein Politiker wirkt in der Öffentlichkeit des Plenarsaals des Bundestages eben anders als auf dem Fernsehschirm! Bei einer Life-Sendung glaubt aber der Empfänger bei den vom Fernsehen bevorzugten Einstellungen, der Politiker spräche zu ihm – zu Heino Moeller, der jetzt gerade im Sessel sitzt und ein Bier trinkt. An die Hektik eines schnell zwischen die Geschäfte des Politikers geschobenen Interviews, an die verzweifelten Versuche des Reporters, „gute" Einstellungen zu erhaschen, an die auf ein später erst festgelegtes Zeitmaß reduzierte Kürzung des Interviews, an die „einstimmenden" Worte des Kommentators – an all dies denkt er nicht. Aber er weiß auch nicht seinen eigenen Zustand zu reflektieren – müde von der Arbeit, nur noch für Spaß und Klamauk aufgelegt, hört er „politisches Gewäsch", bildet sich emotional eine Meinung von etwas, wovon man überhaupt keine „eigene" Meinung haben kann! Das relativierende Nachdenken über die vermittelte Meinung – es ist nicht vorhanden.

Aber es sind noch andere Faktoren, die auf den Empfänger einwirken. Die geringe Ausdehnung des Bildschirms und das Auflösungsvermögen des Auges bedingen nämlich eine Entfernung des Betrachters vom Schirmbild, bei der er nur einen Blickwinkel von 10 Grad (normale Filmleinwand 35 Grad) hat. *Wahrnehmungspsychologisch* bedeutet dies, daß der mit der Fovea (gelber Fleck) selektiv sehende Empfänger alles auf dem Schirm mit starrem Auge wahrnimmt. Das heißt aber nichts anderes, als daß das Sehen von Fernsehsendungen schon allein deshalb ermüdend auf den Betrachter wirkt, weil er seine Augenmuskulatur zum Bewegen des Augapfels nur selten zu betätigen braucht, was die in den Muskelzügen enthaltenen Aufmerksamkeitsreaktoren in Untätigkeit läßt. Es entsteht dadurch ein bewußtseinsmäßiges Abschlaffen, ein *Ermüden* auf physiologischer Basis, das im Kino so nicht stattfindet, weil hier das Auge fortwährend über die Leinwand gleiten muß, um alles Bildgeschehen zu erfassen. Diesem Umstand versuchen die Fernsehleute dadurch entgegenzuwirken, daß sie nur kurze Einstellungen von max. 3 Sekunden bevorzugen. Durch den häufigen Wechsel des Standortes, der Zeichenverbindung und der Einstellung wollen sie mit psychologischen Mitteln Aufmerksamkeit erwecken.

Erinnern wir uns nun noch der *psychologischen Funktion*, die die Vorwegnahme von Einstellungen durch die Kamera beim einzelnen hat, so wird deutlich, daß das Fernsehen in einem noch viel intensiveren Maße als der Film auf die Willensstruktur des Empfängers negativ einwirkt. Immaterialität des Zeichenträgers, Privatheit der Atmosphäre, schnelle Einstellungsfolge und Ermüdung zusammen ergeben ein *Realitätstrauma,* welches mit dem Verlust des Wissens um ikonische Zeichenfunktionen gleichzusetzen ist. Die Verzerrung der Wirklichkeit durch Auswahl, durch Verlust von Dreidimensionalität und wahrer Größe, durch Lautstärke und Auswahl der Geräusche, durch Reduktion und gleichzeitige Betonung von Erscheinungen ergibt Beeinflussungsmöglichkeiten unterhalb des Bewußten in einer Form, die sich der Fernsehende selbst auch nicht wieder bewußtmachen kann. Hat sich so die hämische Prognose Spenglers von der „Enteignung des Bewußtseins der Menschen durch die zentralisierten Mittel der öffentlichen Kommunikation" bereits erfüllt?

Noch nicht – wenn man neuesten Forschungsberichten aus dem Bereich der Medienforschung Glauben schenken kann (Ruprecht Kurzrock, Hrsg.: Medienforschung, 1974). Dort berichtet einer der Autoren:

„So verschieden die Menschen sind, so unterschiedlich reagieren sie auf Druckerzeugnisse und Sendungen der Massenmedien. Denn ihre Reaktion bestimmt eine Reihe verschiedener Faktoren: Erfahrung und Bildung, soziale Situation und persönliches Interesse, psychische und physische Disposition, Einflüsse des privaten und öffentlichen Bereiches, soweit sie auf direkten zwischenmenschlichen Beziehungen beruhen."

Die neueste Untersuchung des Bredow-Instituts, Hamburg, über die Wirkungen der Sendefolge „Sesamstraße" geben dieser Meinung auch recht. Abgesehen von den schon beschriebenen medialen Begleiterscheinungen als solchen reagierten die Kinder spezifischer und kontextabhängiger, als es die Ziele des sozialen Lernens für diese Sendung je auswiesen.

Nimmt man diese von Soziologen gemachten Aussagen ernst, so kann das Ziel einer medialen Erziehung nicht die Veränderung der Institution sein, sondern nur die Stärkung der individuellen Selbständigkeit. Alle Versuche, sich nur gegen das Fernsehen als gesellschaftliche Macht zu wenden und dies in der Erziehung vorrangig herauszustellen, alle Versuche also, dysfunktional zu erziehen, bieten dem Schüler ideologische Surrogate. Ersatzerregung, um durch Errichten von Herrschaftssymbolismen gehindert zu werden, sich selbst zu verändern.

An der Institution Fernsehen selbst etwas zu verändern bedarf der Einwirkung auf viele komplizierte und unüberschaubare Faktoren, zumal wenn es – wie in der BRD – ein Bemühen um die Repräsentation pluralistischer Meinungen gibt, womit weder verhindert noch untersagt sein kann, daß das Fernsehen natürlich einmal dieser, das andere Mal jener gesellschaftlichen Gruppe nützt oder schadet. Gerade daran könnte man aber sein eigenes politisches Bewußtsein messen und schulen!

Emanzipatorische Fernseherziehung – und damit übertragbar auf eine Erziehung in allen Bereichen der visuellen Kommunikation – kann doch nur bedeuten, den einzelnen aufzuklären über den Produktionsweg einer „Botschaft" mit allen wirtschaftlichen und gesellschaftlichen Verflechtungen, um von hier aus zu dem zentralen Thema vorzustoßen: Aufklärung über die auch psychologische Leistungsfähigkeit ikonischer Kodes.

Dem einzelnen muß deutlich gemacht werden, daß er z. B. nach einer Sendung über die FRELIMO in Mozambique noch überhaupt nichts über die Probleme dieses Landes weiß, sondern nur die Meinung eines anderen über etwas empfangen hat, ohne selbst auch nur einen Erfahrungsschimmer zu besitzen. Dies heißt aber gleichzeitig, dem Schüler die Spanne zwischen Realbegegnung und Medialbegegnung aufzuzeigen und die Immaterialität des Mediums Fernsehen zum Anlaß zu nehmen, mit allen verfügbaren Motivationen ihn dazu zu bringen, 100 Fernsehstunden leichten Herzens für eine Stunde Realität hinzugeben! Und ihn dazu zu bringen, so viel rationales Urteil über sich selbst aufzubauen, daß er wenige Programmstunden aus dem Angebot auswählen kann, von denen er glaubt, daß sie ihm nützen. Davon unberührt bleibt wiederum die ästhetische Einstellung, deren Möglichkeiten nicht unterschätzt und schon gar nicht vergessen werden dürfen. Ein erzieherischer Erfolg stellt sich wohl erst dann ein, wenn die Beschäftigung mit dem Fernsehen in ein dialektisches Verhältnis zu den Erlebnisweisen des einzelnen in der Wirklichkeit gestellt wird. Nur so bietet sich die Möglichkeit, die beeinflussende Funktion dieses Mediums als „Freiheitsberaubung" erkennbar zu machen.

Für den Unterricht ergeben sich dann folgende Aufgaben:
1. *Ikonische Kodes müssen als Zeichen für Realität mit allen sich daraus ergebenden Konsequenzen der Informationsreduktion als dem möglichen Ausgangspunkt für Meinungsmanipulation erkennbar und verstehbar gemacht werden.*
2. *Die Herstellung von Zeichenfolgen mit all ihren Bedingungen – technischen, szenischen, psychologischen, gesellschaftlichen – ist mit möglichst viel Realerfahrung anzureichern, damit dem Realitätsdruck ikonischer Zeichenfolgen eigene Erfahrungen entgegengesetzt werden können.*
3. *Sogenannte medial vermittelte „Dokumentationen" sind als unverbindliche Meinungsäußerung bar jeder Nachprüfbarkeit erkennbar zu machen; Schüler müssen lernen, eigenen Erfahrungen mehr zu trauen und sie in jedem Fall der medialen Übermittlung von „Botschaften" vorzuziehen, auch dann, wenn die eigenen Erfahrungen gering sind.*
4. *Die Privatheit der Vermittlung muß als Täuschung erkannt werden, an der Sender, Gesendetes und die soziale Umgebung des Empfängers gleichermaßen beteiligt sind und als Realitätsbruch erlebt werden.*
5. *Es muß einsichtig gemacht werden, daß die Begegnung mit der phänomenalen Wirklichkeit unmittelbare und notwendige Lebenserfahrung ist, während die Begegnung mit dem Medium eine mittelbare und frei wählbare Form der Erfahrungs- und Meinungssuche ist, ungeeignet, Normen des einzelnen zu begründen.*

Kritische Anmerkungen zur „visuellen Kommunikation"

Richtungen oder Richtungslosigkeit?

Was bisher dargestellt wurde, ist nun keineswegs problemlos. Dies könnte zunächst als Wachstumsprobleme einer jungen Wissenschaft gesehen und verstanden werden. Es ist ganz selbstverständlich, daß es in der semiotischen Wissenschaft – wie in jeder anderen Wissenschaft auch – Richtungen und Vertreter gibt, die einander widersprechen oder in ganz verschiedene Richtungen forschen. Doch ist Mißtrauen am Platz, zumal, wenn wir uns des Versuchs erinnern, Kommunikation und Information als Gegenstand von Wissenschaft abzugrenzen. Hierbei gelangt man bei kühlem Überblicken des Umfangs dieser Wissenschaft, die ja nur ein Teilgebiet der Kybernetik ist, zu der Feststellung, daß es sich schon im flüchtigen Überblick um drei Richtungen handelt, die in ihrer Argumentation kaum noch etwas miteinander zu tun haben:

1. das Sehen-Verstehen-Modell (Informations- und Kommunikationsforschung)
2. die Analyse des Zeichens (Semiotik und Strukturalismus)
3. die Beobachtung von gesellschaftlichen Prozessen vor allem der Massenmedien und ihrer politischen Destruktion (Medien- und soziale Kommunikationsforschung)

Damit aber noch nicht genug. Innerhalb der Informations- und Kommunikationsforschung lassen sich in dem kleinen Teilbereich der Informationsästhetik nach Alsleben (Informationstheorie und Ästhetik, in: Neue Anthropologie, hrsg. von Gadamer u.a., Bd. 4: Kulturanthropologie, S. 321) allein schon vier verschiedene Forschungsansätze unterscheiden:
— die statistische Ästhetik (W. Fucks, J. Lauter, J. Thiele)
— die Objektästhetik (M. Bense, R. Garnich, R. Gunzenhäuser, S. Maser)
— die Informationsästhetik im engeren Sinne (A. Moles, H. Frank, H. W. Franke)
— die Kommunikationsästhetik (K. Alsleben, K. Götz, F. Nake u. a.)
Betrachtet man nun noch ausschnittweise die Forschungsansätze von Vertretern der gleichen Forschungsrichtung, z. B. die Ansätze von Max Bense und Siegfried Maser, so stellt man fest, daß sie sich in dem ihre Forschungen begründenden Modell zur Ermittlung des mittleren Informationsgehalts (Entropie) als Voraussetzung für das Aufstellen von (mathematisierbaren)

Regeln widersprechen: Während Bense sein Entropiemodell aus den Gesetzen der Thermodynamik ableitet, unternimmt Maser eine Ableitung aus den Gesetzen der statistischen Mechanik. Folgerichtig behauptet dann Bense, Kunst machen bedeute Ordnung machen durch unvorhersehbares (neues) Anordnen von Teilen, weshalb die Kunst — physikalischen Prozessen entgegengesetzt — Ausgleich und Ordnung entgegenwirkt und eine „Negentropie" wird. Maser hingegen folgert, daß ästhetische Prozesse entsprechend den physikalischen verlaufen: Dort, wo Ordnung zunimmt, nimmt die Redundanz auch zu. Da Kunst ein Ordnungsprinzip ist, hat dasjenige Kunstwerk den höchsten Wert, das den höchsten Ordnungsgewinn beim Betrachten verspricht. Bense hingegen möchte dann von einem „wertvollen Kunstwerk" sprechen, wenn es nur Zufall, Neues — möglichst wenig Redundanz enthält! Es sei denn auch nur der Vollständigkeit halber angemerkt, daß derartige Widersprüche sich beim Vergleich verschiedener Forschungsansätze im grundsätzlichen wiederholen: Während Gunzenhäuser (Objektästhetik) das Erfassen des Kunstwerks als ästhetisches Objekt schon geleistet zu haben glaubt, lehnt Helmar Frank (Informationsästhetik) das Erfassen von Kunst durch die Informationstheorie als unmöglich ab.
Ein Übersichtsschema (S. 178) verdeutlicht den Zusammenhang noch einmal.

Man wird den Verdacht nicht los, daß es innerhalb dieser Wissenschaft bisher mehr hypothetische Vermutungen, Setzungen und Erklärungsversuche gibt als eine brauchbare Theorie und daraus anwendbare Ergebnisse. Hiervon sind einzig die Informationstheorie ausgenommen, die in der Nachrichtentechnik eine praktische Entsprechung (Nachrichtenverarbeitungstheorie) gefunden hat und der Bereich der Programmiersprachen im Felde der Computertechnik (Kodierungstheorie).

Methodische Irritation?

Mißtrauen muß dann auch ein Vorgehen hervorrufen, das als wissenschaftlich ausgegeben wird und seine Wissenschaftlichkeit aus der besonderen Verwendung von „Bildzeichen" als „Mittel" zum Übertragen einer Nachricht / Mitteilung / Botschaft erklären möchte. Dies ist in den Wissenschaften ein durchaus unübliches Verfahren; denn im allgemeinen wird zunächst der zu erforschende Gegenstand beschrieben, und daraus werden Methoden zu seiner Erforschung entwickelt. Im Bereich der „Bildzeichen" jedoch wird die Methode des Vermittelns Gegenstand wissenschaftlichen Forschens, und die Gegenstände lassen sich kaum beschreiben. Sie umfassen ja alles Sichtbare in dieser Welt – also das, was existiert (natürliche Zeichen), und auch das, was als figurale (nicht nur figürliche) Gestaltung erst durch den Menschen hergestellt wird.

177

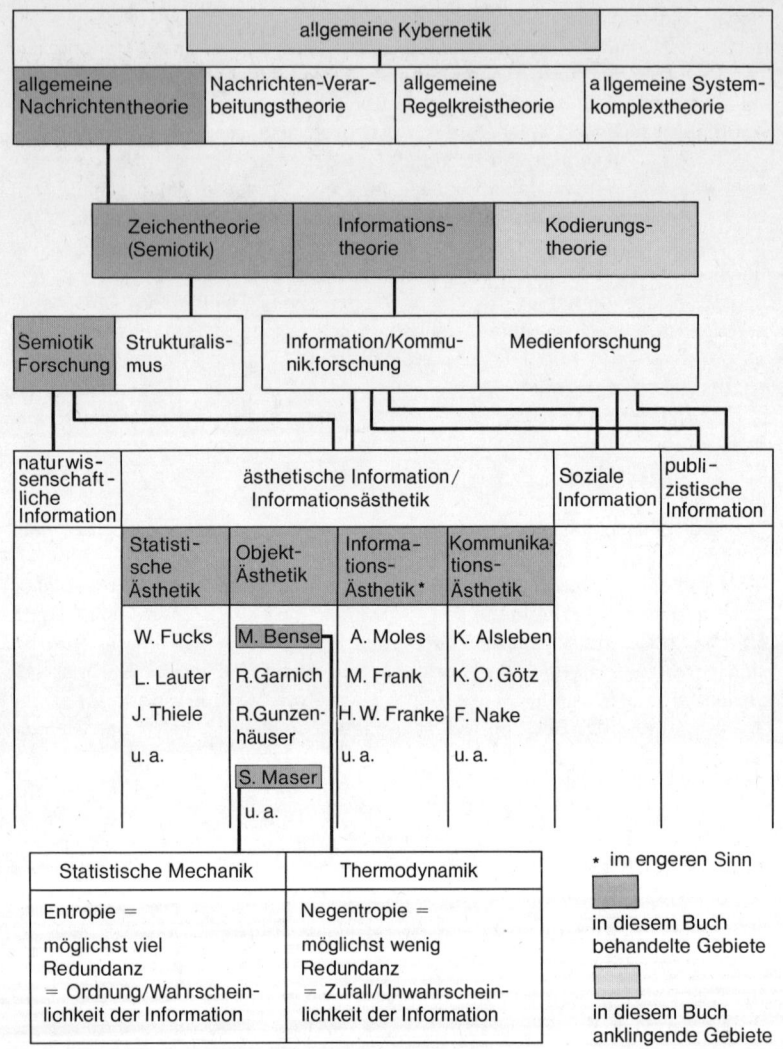

allgemeine Kybernetik

| allgemeine Nachrichtentheorie | Nachrichten-Verarbeitungstheorie | allgemeine Regelkreistheorie | allgemeine Systemkomplextheorie |

| Zeichentheorie (Semiotik) | Informationstheorie | Kodierungstheorie |

| Semiotik Forschung | Strukturalismus | Information/Kommunik.forschung | Medienforschung |

| naturwissenschaftliche Information | ästhetische Information/ Informationsästhetik | | | | Soziale Information | publizistische Information |

	Statistische Ästhetik	Objekt-Ästhetik	Informations-Ästhetik *	Kommunikations-Ästhetik		
	W. Fucks	M. Bense	A. Moles	K. Alsleben		
	L. Lauter	R. Garnich	M. Frank	K. O. Götz		
	J. Thiele	R. Gunzenhäuser	H. W. Franke	F. Nake		
	u. a.	S. Maser	u. a.	u. a.		
		u. a.				

Statistische Mechanik	Thermodynamik
Entropie =	Negentropie =
möglichst viel Redundanz = Ordnung/Wahrscheinlichkeit der Information	möglichst wenig Redundanz = Zufall/Unwahrscheinlichkeit der Information

* im engeren Sinn

in diesem Buch behandelte Gebiete

in diesem Buch anklingende Gebiete

Erinnern wir uns nun an den Abschnitt, in dem wir von der für die Bestimmung eines Zeichens notwendigen Relation zur Realität gesprochen haben, so muß uns noch einmal deutlich werden, daß die Anwendung dieser oben als Gegenstand der semiotischen Wissenschaft gekennzeichneten Methode nur für den bedeutsam werden kann, der von sich aus in die verabredete Relation zwischen Zeichen und Wirklichkeit einwilligt. Ob etwas ein Zeichen ist oder nicht, liegt im Ermessen desjenigen, für den dieses Zeichen vielleicht bestimmt ist.

Wir wollen dahingestellt sein lassen, ob sich damit die Semiotik mit allen ihren Nebengebieten in den Bannkreis magischer Beschwörung des Empfängers wie in alten Zeiten begibt. Fest steht nur: Wenn ich einen Tatbestand nicht als Zeichen von etwas anerkennen will, so ist mir dies freigestellt. Da mit dem Erstellen einer Zeichenrelation auch immer eine Informationsreduktion einhergeht – das Zeichen also immer weniger ist als der reale Gegenstand, wenn er nicht zum Zeichen gemacht worden ist –, so entspricht der Informationswert eines Zeichens keineswegs dem Denken über diesen Gegenstand. Wenn „Schneefall" nichts anderes mehr ist als ein Zeichen für das Absinken der Temperatur, dann möchte ich mich gegen diese Relation auflehnen. Sie bedeutet eine Verarmung, denn bei der Verarbeitung dieser Relation durch mein Denken entstehen doch zusätzliche Vorstellungen. Umfang und Art dieser Vorstellungen und ihre Verknüpfung mit dem Phänomen „Schneefall" sind sowohl abhängig von meinen bisherigen Erfahrungen, Erlebnissen und Erinnerungen wie auch von der augenblicklichen Situation – in der ich entweder auf Sonne warte oder den Schnee als Möglichkeit zum Skifahren bejubele. Beides zu unterdrücken hat die Kommunikationstheorie allen Grund, denn beider Größen kann sie auch durch die vollständigste Wahrscheinlichkeitsermittlung nicht habhaft werden, obwohl ja gerade diese beiden Größen ausschlaggebend für die Interpretation des „Ereignisses" und seines „Informationswertes" sind. Vom „Vorverständnis des Empfängers" zu sprechen verschleiert hier nur den Tatbestand, daß sich ein Vorverständnis von einer Sache weder beim Empfänger noch beim Sender erheben läßt, geschweige denn in einer rechenbaren Größe quantifizieren! So ist denn ein Satz wie „Sehen ist eine Nachrichtenverarbeitung" eine Leerformel, geeignet, Eindruck zu hinterlassen, ohne irgendeinen Inhalt zu fassen: Es wird nämlich nichts anderes behauptet, als daß Sprache, Sehen, Kunst und Regierungssysteme – zunächst als qualitativ unterschiedliche Gegenstände angenommen – bei einer solchen „wissenschaftlichen" Betrachtung ein und dasselbe sind: Regelkreise. Nach den – gleichen – Regeln dieser Kreise wird allerdings bislang noch geforscht . . .

Divergenz zwischen Qualität und Quantität beim Messen?

Damit ist keineswegs behauptet, daß die Operationen, die ein Computer ausführt – aufgrund von Regelkreisen – keine „richtigen" Ergebnisse erbringen, wenn er rechnet oder zeichnet. Tatsächlich kann er nur nicht im humanen Sinne denken – da er keine Vorstellungen entwickeln kann, niemals in eine individuelle Situation gestellt wird und, aufs Ganze gesehen, keine Erinnerung besitzt. Er kann nur das als Operation ausführen, was in seinem Programm enthalten ist. Dabei kann er – viel besser als der „unvollkommene" Mensch – Variationslücken ausfüllen, d. h. an einem vorgegebenen Material in vorher bestimmten Schnittgrößen *alle* Kombinationsmöglichkeiten finden! Aber die Auswahl und Interpretation des angelieferten Materials muß der Mensch selbst vollbringen. Und daß dieses notwendig erscheint, mag die Abbildung unten beweisen, in der ein Computer ein „Zeichenprogramm" vollständig abgewickelt hat. Es ist nun

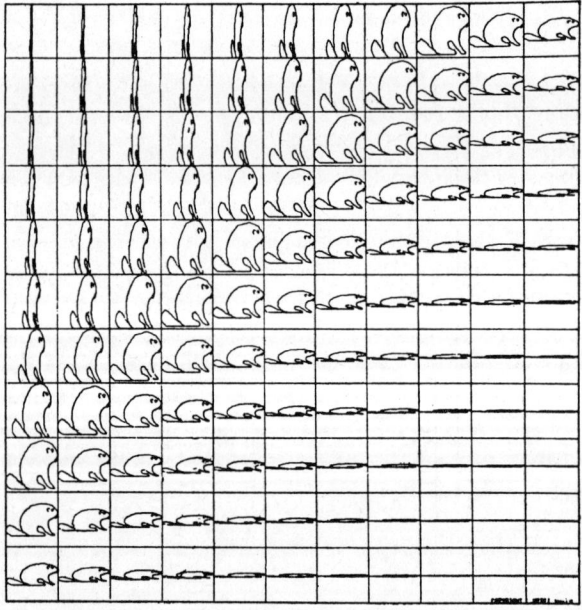

Leslie Mezei, „Biber", aus: Neue Anthropologie, Bd. 4, Hrsg. H.-G. Gadamer / P. Vogler, Deutscher Taschenbuch Verlag, München, Georg Thieme Verlag, Stuttgart 1973, S. 352

aber die Entscheidung des dahinterstehenden Menschen, das Ganze – wie hier – oder nur wenige „interessante" Bildrasterausschnitte zu veröffentlichen und von „Computergrafik" zu sprechen. Oder anders gesprochen: Der Computer kann nur quantitative Verarbeitungsformen ausführen, und der Mensch bringt durch die Auswahl- und Interpretationsgesichtspunkte den Aspekt der Qualität erst hinzu.

Aber auch das ist noch weitgehend Zukunftsmusik, weil es den Kybernetikern auf die Vorhersage eines Ereignisses ankommt. Sollte es aber wirklich einmal möglich sein, daß vorhergesagt werden könnte, wieviel „bit" eine Werbeanzeige für die dispersen Empfänger tatsächlich besitzt, so wäre auch dies nur die Angabe einer Quantität. Aber ein Maß – zumindest in den Naturwissenschaften – ist immer Quantität, z. B. 5 (Meter), und Qualität, (5) *Meter*, zugleich! Kann also die semiotische Wissenschaft in all ihren Ausfaltungen tatsächlich zu einem „ästhetischen Maß" kommen, wie es sich S. Maser erhofft (a. a. O., S. 161), der dabei aber ebenso klar den augenblicklichen Stand kommunikativer Forschungen umschreibt:

„Da der Begriff des Zeichens sehr allgemein definiert ist und da über den Begriff des Zeichens die Information definierbar ist, folgt die universelle Anwendbarkeit dieser Begriffe. Allgemeine Begriffe befähigen aber nur zu allgemeinen Sätzen. Aufgabe der Ästhetik ist es jedoch letztlich, Werturteile über singuläre, einmalige, originelle Kunstwerke zu fällen. Auf diesem Weg sind bis heute nur erste Schritte gemacht worden."

Diese Schritte beziehen sich auf erste Ergebnisse einer syntaktischen Theorie der Sprache und sehr einfach formulierte Hypothesen im visuellen Bereich, die die Kompliziertheit von Analogien noch kaum erreicht haben. Schon eine semantische Theorie existiert in der Linguistik nicht. Hier sind erste Versuche auf eben die Schwierigkeiten gestoßen, die sich beim visuellen Kode schon im Syntaktischen ergeben. Eine pragmatische Theorie ist allerorten in weiter Ferne. Alle sogenannten „Wirkungsanalysen", auch im Bereich von Film und Fernsehen, sind Symptombeschreibungen, aber weit davon entfernt, überhaupt analytische Schritte angeben zu können, geschweige denn sie messen zu können.

Was also bleibt, sagt Maser (Grundlagen der allgemeinen Kommunikationstheorie, 1971):
„Die Probleme der Syntaktik sind heute klar formuliert und können weitgehend gelöst werden, insbesondere auch im Hinblick auf eine Definition der Information und Kommunikation. Die Probleme der Semantik dagegen bilden wesentlich das Feld heutiger Forschung, insbesondere im Bereich der Sprachwissenschaften. Im Bereich der visuellen Kommunikation sind bis heute die Probleme der Semantik nur anfänglich thematisiert. Ähnliches, nur in noch stärkerem Maße, gilt später für die Probleme der Pragmatik." (S. 99 f.)

„Das grundlegende Problem einer allgemeinen Pragmatik besteht ... in einer allgemeinen Theorie des Wertens oder in der Logik der Werte. Bei zunehmender inhaltlicher Differenzierung der Werte geht — in völliger Analogie zur Semantik — die allgemeine Pragmatik über in die einzelnen Disziplinen der normativen Wissenschaften wie Ethik, Ästhetik, Politik, Soziologie und andere mehr." (S. 127)

Sprache oder Nicht-Sprache?

Allgemein wird anerkannt, daß es der Linguistik (Sprachwissenschaft) bisher unter allen „geisteswissenschaftlichen" Disziplinen am ehesten geglückt ist, eine Zeichentheorie zumindest im Bereich der syntaktischen Beziehungen zu erstellen. Für den Bereich der visuellen Zeichen ist nicht geklärt, ob es sich hierbei um den Aufbau eines Zeichensystems nach den Baugesetzen der Sprache oder um eine andere Art von System handelt. So weist z.B. Eco als einer der ersten darauf hin, daß Zeichensysteme nicht ausschließlich Sprachstruktur zu haben brauchen, um „Aussagen" zu machen. Er stellt denn auch Hypothesen für visuelle Kodes auf, die zwar des Nachdenkens wert sind, jedoch im Bereich der Hypothesen bleiben. Wichtigstes Indiz für seine Unsicherheit sind z.B. Fragen der visuellen Zeichenstruktur im Bereich der Architektur – in der ein visueller Kode genau das als Realität repräsentiert, was er selbst ist. Die Säule als Realität ist in der Architektur auch gleichzeitig ein Zeichen dieser Realität – ein Umstand, der einen Zeichentheoretiker schon in Unruhe versetzen kann. Der hypothetische Charakter der Äußerungen Ecos erklärt sich aber auch daraus, daß es im visuellen Bereich sowohl „grammatische" – also sprachliche, vokabelartig organisierte – Zeichenelemente geben kann, als auch Punkt, Linie, Fläche, Gerade, Gebogene, Schnitt, Überblendung und so fort, aber auch Analogien zu Gestalthaftem der erfahrenen Wirklichkeit, also typisch „nichtgrammatische" Aspekte von Zeichenelementen. Das Problem ist nun, daß jene in diesen, diese aber nicht immer in jenen auftauchen. Wie soll entschieden werden?

Erwähnt seien hier auch noch die Schwierigkeiten, die mit der Segmentierung visueller Zeichenelemente zusammenhängen, z.B. mit der noch äußerst beliebigen Zuordnung von ikonischen Sememen wie „Kopf" oder „Mensch" oder „Zimmer" zu abgeschlossenen ikonischen Zeichen – wobei die bisher konstatierte „operationale Freiheit" des Analytikers nur ein schwacher und wissenschaftlich nicht zufriedenstellender Trost ist. Von einer einheitlichen Klassifizierung der Zeichenelemente gar nicht zu reden: Maser stellt eindrucksvoll nebeneinander, worin die verschiedenen Klassifizierungsvorschläge von Klaus, Scharf, Morris und Pierce *nicht* übereinstimmen, wobei Maser das Ganze noch unter klassischem und transklassischem Wissenschaftsaspekt sieht . . . Die Beispiele an Unstimmigkeiten, die Ungezügeltheit, aber auch kreatives Potential sein können und sind, ließen sich beliebig fortsetzen.

Beredtes Zeugnis dieses Zustandes der visuellen Kommunikationstheorie sind die Texte von Fachvertretern. Wenn z. B. Burckhardt (Bildnerisches Denken in der semantischen Dimension, in: Festschrift für R. Pfennig, 1974) schreibt:
„Geht man von der Annahme aus, bildnerisches Denken in der semantischen Dimension sei ein Strukturieren von Bedeutungen, so verlagern sich die beiden Hauptintentionen des Kunstunterrichts auf das Strukturen als Bedeutungszusammenhang herstellen und verstehen lernen. In der Terminologie der Informations- und Zeichentheorie wäre dies das Kodieren und Dekodieren von Bildzeichen/Bildern als visuelle Zeichensysteme. Unter dem Gesichtspunkt visueller Kommunikation stellen solche Bedeutungszusammenhänge Aussagen dar, die sich möglicherweise überprüfen lassen. Aussagen in ikonischen Kodes können, wie in der verbalen Kommunikation, die Gestalt von gegebenenfalls verifizierbaren oder falsifizierbaren Sätzen annehmen. In diesem Sinne sollten Bilder als ‚optische Texte‘ aufgefaßt und behandelt werden.“

Wir sind Eco in der Annahme gefolgt, daß der ikonische Kode das glatte Gegenteil einer Sprachstruktur ist. Burckhardt hingegen empfiehlt geradezu ein „Sprachmodell“. Außerdem sind Teile dieses Textes für den Leser dieses Buches unverständlich, weil z. B. hier der Ansatz der französischen Strukturalisten nicht berücksichtigt wurde, da diese sich sehr stark mit Forschungen innerhalb der Linguistik beschäftigen. Kann man dem Autor eines solchen Textes auch die Beschäftigung mit der Sache „visuelle Kommunikation“ ohne Einschränkungen bescheinigen, so wird doch deutlich, daß es ganz unterschiedliche Positionen gibt, die weder hier noch dort rechtfertigen, von „der“ Informations- und Kommunikationstheorie zu sprechen.

Bildnerische oder semiotische Analyse?

Unter der Überschrift „Eine Werbeanzeige als Superzeichen“ (s. S. 184) für eine 8. Klasse (Praxis Deutsch 1/73, S. 51) werden abgehandelt: „die sprachlichen Zeichen“, „die Bildzeichen“, „die Farben“ (sind das keine Zeichen?) und schließlich „die Anordnung der Zeichen“. In dem Text heißt

Hol Dir die fröhlicher Pril-Blumen

Aktion Fröhliche Küche

Pril
HANDMILD
Aktion Fröhliche Küche

Auf jeder Pril-Flasche gibt
es drei fröhliche Blumen dazu.
Zum „Abpflücken" und „Selbstauf-
kleben". Holen Sie sie sich!
Viel Spaß mit Pril, Ihrem freundlichen Helfer.

es: „Im Verlauf der Hauptdiagonalen sind in der rechten unteren Ecke zwei Pril-Flaschen plaziert – eine von hinten (zur Werbung für die Blumen [?!?]), halb verdeckt von der anderen, die fast aus dem Bild fällt, nämlich mit der Papierkante abschließt. Sie ist quasi [!] griffbereit, und zwar für die rechte, die Guten-Tag-Hand... In das Bildzentrum (hier gleichzeitig die Mitte der gesamten Werbeseite) jedoch sind die Menschen gerückt. Die Personengruppe ist eingerahmt von einem Kranz unscharfer Pril-Blumen, die wie ein zum Garten hin geöffnetes Fenster wirken, durch das man in die Küche hineinblickt. Hierdurch und weil die Personen den Betrachter direkt anschauen, wird ihm suggeriert, er gehöre dazu, er werde eingeladen mitzumachen."

Wie war das noch mit der Überschrift? Anordnung von Zeichen? – Das müßte eigentlich eine Analyse der Beziehungen der Zeichen untereinander sein, die Morris vorgeschlagen hatte, die „syntaktische Dimension des Zeichens" zu nennen! Aber wo wird hier eine einzige Aussage über Beziehungen der Zeichen untereinander gemacht?

Was hier durchgeführt wird, ist eine Beschreibung des Bildes auf der Werbeanzeige – schlecht und wenig recht, weil ja schon emotional alles, was eigentlich eine solche Analyse erst zutage bringen soll, vorwegnehmend subjektiv deutend eingebracht wird, z. B.: „...weil die Personen den Betrachter direkt anschauen, wird ihm suggeriert, er gehöre dazu, er werde eingeladen mitzumachen." So einfach ist das also: Pferde schauen mich auf einer Postkarte an, und ich bin eingeladen mitzumachen! Und von der Beschreibung eines Superisationsvorganges – denn es soll ja ein Superzeichen in der Werbeanzeige erkannt werden – keine Spur! Wäre es in diesem Fall nicht ehrlicher zu schreiben: Wir betrachten eine Werbeanzeige und statt der „Anordnung von Zeichen" es mit der „Beschreibung der Bildteile" zu versuchen?

Halten wir fest: Es ist ein Irrtum, daß das Schmücken mit einem semiotischen Wortschatz ausreicht, um von einer „alten" Kunsterziehung zu einer moderneren Fassung zu kommen! Wir müssen hier noch einmal konstatieren: Das Beschreiben der (bildnerischen) Sachverhalte, die Benennung der Gegenstände, das Sprechen über die Komposition und der Versuch einer Deutung – das ist nicht eine „alte Kunsterziehung", sondern ist legitime „bildnerische" Analyse eines optischen Bestandes.

In ihr braucht das Zeichenspezifische nicht erwähnt zu werden, da ja nur die Sache selbst und ihre Herleitung aus dem historischen Zusammenhang sowie ihre Auswirkungen auf eine Person dargelegt und abschließend gedeutet werden. Dies gerade will die semiotische Analyse vermeiden. Sie hat darzulegen, welche Beziehungen die Zeichen untereinander eingehen müssen, welche Bedeutung sie dadurch erhalten werden und welche Wirkung dieser Kode ausüben soll (Zielvorstellung des Produzenten) und tatsächlich ausübt (Verstehen des Rezipienten). So wäre unter dem Anspruch „Anordnung der Zeichen" über die Pril-Anzeige etwa folgendes zu sagen:

Die ikonischen Zeichenelemente Mensch, Blume, Tisch, Geschirr repräsentieren Gradstufen der Zeichengliederung, die von außen nach innen an Realitätsgehalten zunimmt. Außen: flächig-unscharf-dunklere Tonwerte; innen: körperhaft-scharf-dunkle bis hellste Tonwerte-Oberflächenstrukturierung. Schriftzeichen, Warenabbild und Blumenmarke überdecken diesen Zusammenhang ohne Tendenzen der Einordnung. Sie sind schwebend-scharf-groß gewählt und besonders im Warenabbild kontrastreich. Beziehung vorne – hinten (beide Ebenen scharf-kontrastreich-körperhaft!) ist Zeichen für die Realität „Ware" (vorne) und Zeichen für die Realität „Hausfrauenarbeit" (hinten). Der Konnex beider Ebenen wird durch das Produkt selbst hergestellt – einmal unzusammenhängend von vorne und hinten gleichzeitig gezeigt, um „einprägsam" zu wirken; das andere Mal zusammenhängend mit Küche, Essen, Geschirr, Mutter und Kindern. Semantische Verknüpfung: vorne das einprägsam ikonisch wiedergegebene Warenzeichen, im Hintergrund die ikonisch wiedergegebenen Zeichen für die Realsituation nach Produktkauf. Dazwischen eine unscharfe, blumig-atmosphärisch-irreal aufgebaute Ebene des Erlangenwollens der Blumen = Markenzeichen des Produkts = Motiv der Wirkungsebene Fröhlichkeit und Frische... pragmatische Ebene...

Nicht der Schein des Bildes, sondern die Relation der Zeichenzusammenstellung muß Schwerpunkt der Analyse sein, sonst ist es nicht möglich, zwischen Realität und Zeichen zu unterscheiden, die unter bestimmten Zielvorstellungen eine vom Produzenten „bestimmte Realität" vergegenwärtigen.

Daraus wird ersichtlich, daß eine semiotische Analyse sich nicht auf die Gegebenheiten des vor mir Ausgebreiteten bezieht, sondern in einer Art „Metamethode" die Hintergründe des Soseins zu erfassen versucht, um daraus Regeln abzuleiten. Dazu bedarf es des Nachweises von Beziehungen. Diese sind nicht individuell – wie mit Recht vor Kunstwerken geübt –, sondern gesellschaftlich zu verstehen – wie häufig in Literatur über „visuelle Kommunikation" exerziert!

Bei aller Einsicht bleibt aber die pädagogische Verführung bestehen, sich auf die neuen Kategorien von Syntaktik, Semantik und Pragmatik, auf die Vokabeln Informationsreduktion, Relation, Zeichen, Zeichenträger, Denotat, Konnotat und vieles andere mehr einzig und allein deshalb zu stürzen, weil hier endlich wieder etwas für den Schüler „Lernbares" und „Abfragbares" im Fach auftaucht. Dies wäre dann freilich das fatalste Mißverständnis! Als ob es im Unterricht darauf ankäme, Begriffe und ihre richtige Anwendung zu lehren und das erlösende „richtig" oder „falsch" bei der Benennung einer Kodebeziehung in einer Anzeigenwerbung (ikonographisch, tropologisch, topisch?) beim Abfragen einbringen zu können. Freilich geht es ohne Begriffe nicht – daher mußten sie auch hier eingeführt werden –, aber sie können nicht das Ziel des Unterrichts werden, sondern sind nur eines von vielen Mitteln, es besser zu erreichen!

Kommunikation – Wissenschaft oder Lebensentwurf?

Und das Ziel eines solchen Unterrichts? Wenn die Semiotik noch keine festen Ergebnisse im visuellen Bereich vorweisen kann – und damit jede didaktische Verkürzung dessen, was man durch die Semiotik in Erfahrung bringen kann, ein Mißverstehen ihrer wissenschaftlichen Problematik nach sich zieht – und wenn andererseits zwei Anschauungsweisen dieser Welt – die phänomenal-gegebene und die kommunikativ-abgeleitete – möglich sind, dann ist vielleicht „visuelle Kommunikation" gar kein Zweig einer Wissenschaft, sondern die Ausarbeitung eines Lebensentwurfes?
„Kommunikationstheorie und Kybernetik beanspruchen daher beide universelle Anwendungsmöglichkeiten, sie sind keine spezielle wissenschaftliche Disziplin, sondern wissenschaftliche Denkweise schlechthin. Als Teilaspekte treten dabei jeweils syntaktische, semantische und pragmatische Momente auf, methodische, realitätsbezogene und normative Gesichtspunkte" (Maser, a. a. O., S. 178).
Handelt es sich also um eine besondere Art zu denken, so sind zwei Entscheidungen möglich, die schon eingangs erwähnt wurden: Entweder Kultur und – damit – Gesellschaft ist Kommunikation, oder Kommunikation ist ein Bestandteil von Kultur und damit der Gesellschaft. Machen wir uns den Unterschied an einem einfachen Beispiel deutlich:
Meine Frau schenkt mir das Buch „Die verlorene Ehre der Katharina Blum" von H. Böll. Im Klappentext ist von der emanzipatorischen Wendung des alten Themas Frauenehre zugunsten der Frau die Rede. Mir

187

könnte noch auffallen, daß die Grundfläche des Buchumschlags weißliches Grün ist, die Schrift ein bläuliches Rot – Farben, von denen meine Frau wissen müßte, daß ich sie schon einzeln nicht ausstehen, im Zusammenhang aber kaum ertragen kann. Wie soll ich nun das Geschenk deuten? Wenn Kultur Kommunikation *ist,* dann handelt es sich hier um ein gegebenes Signal, das ich als Aufforderung deuten müßte, die Bedingungen unserer Ehe und des Alltags gründlich zu verändern. Sowie ich mit meiner Frau zusammen das Buch zu lesen anfange, dürfte ich nur den Signalgehalt im Geschenk wahrnehmen und mich mit allen Möglichkeiten der Kritik an mir und meiner Frau – vermittelt durch das Medium dieses Buches – auseinandersetzen, mit dem Ziel, mein gesellschaftliches Bewußtsein in dieser Frage zu erarbeiten und zu verändern. Die Zwanghaftigkeit der Situation liegt darin, daß ich dem zeichenhaften Grundmuster dieser Welt und dieses Lebens, auch dann, wenn es sich erst um Signale (mögliche Zeichen) handelt und noch gar keine festen Relationen bestehen, ausgeliefert bin. Jede meiner Handlungen ist dann der kommunikativen Analyse unterworfen. Immer müßte ich mich – und andere sich – fragen: „Warum und mit welchem Ziel macht er dies, und wen will er damit beeindrucken, und welche Veränderungen – dazu noch manipulierte! – strebt er an?" Was für ein Leben!

Wäre nicht aber auch die Möglichkeit gegeben, sich über das Geschenk als solches zu freuen, gemeinsam das Buch zu lesen und sich darüber, d. h. über Bölls Kunst und die Thematik als solche zu unterhalten? Niemand kann mich zwingen, Gegenstände dieser Welt als Signal oder Zeichen aufzufassen! Hin und wieder wird das sehr praktisch sein, wenn ich Auto fahre und ein Verkehrszeichen sehe, wenn ich mich mit jemandem wortlos verständigen will, wenn ich einen Urlaubsprospekt betrachte und mich frage, ob ich dem, was da abgebildet ist, Glauben schenken kann – aber schon bei einer Werbeanzeige, erst recht aber bei einem Bildwerk, einem Buch, das zunächst keinem Zweck zu dienen scheint, möchte ich mir die Freiheit herausnehmen, die Sache als Phänomen aufzufassen und ästhetisch, d. h. distanziert von dem eigentlichen Zweck, genußvoll zu betrachten.

Freiheit oder Gebundenheit im gesellschaftlichen Zusammenhang? Diese Frage ist nicht nur eine Frage der normativen Einstellung. Denn wenn uns wieder deutlich wird, daß die Begegnung mit der phänomenal gegebenen gesellschaftlichen Wirklichkeit – gleich in welchem artefaktischen Zustand sie sich befindet – eine nicht zu umgehende und daher notwendige Erfahrungsanreicherung ist, dagegen aber der Eintritt in ein kommunikatives Verhältnis zu Teilen dieser gesellschaftlichen Wirklichkeit eine Verabredung ist, eine Wahl auf Zeit, in der nur mittelbare Erfahrungen gemacht werden können, dann wird deutlich, daß das eine *zuerst* und konstitutiv für das menschliche Leben ist, das zweite aber *erst dann* und lebensstrukturierend ist. Keinesfalls aber ist „wirksame Kommunikation Existenzbedingung", wie Möller im eingangs zitierten Text (S. 13) behauptet, sondern eine *Orientierungshilfe.* Es ist gar kein Zweifel – mein Denken und Handeln ist ohne Relation zur Gesellschaft, zu einer bestimmten Kultur nicht zu denken. Das heißt aber nicht, daß diese Beziehung nur vom Zustand der Gesellschaft bestimmt wird, sondern es heißt auch, daß individuelle Handlungen gesellschaftliche Zustände bewirken. Sicher ist, daß jedem Menschen dieser Freiraum seines Handelns zusteht und daß innerhalb der Kultur Mitteleuropas die Kunst das „Anders-Sein gegenüber der Gesellschaft" (Malecki) ist und dennoch zu ihr gehört.

Für den Schüler – und damit auch für sein möglichst reich zu strukturierendes Leben – sollte dann gelten, daß die phänomenale und die kommunikative Anschauungsweise ihre Gültigkeit haben. Das Erfahren beider – und nicht die absichtsvolle Verkürzung auf eine der beiden Möglichkeiten – bedeutet, den jungen Menschen in gesellschaftliches Sein einzuführen. Er muß die normativen Entscheidungen ausgelegt bekommen, und ihm müssen die Konsequenzen erfahrbar gemacht werden, damit er selbst zum Wählen fähig wird. Wer absichtsvoll weniger unterrichtet, macht sich der Ideologie schuldig.

Lernziele im Bereich „visuelle Kommunikation"

Bleibt bei soviel Divergenz in den Ansichten der Forscher, bei soviel Unsicherheit und Lückenhaftigkeit im Stoffgebiet überhaupt etwas, was des Vermittelns im Unterricht wert ist? Ist es nicht seltsam, daß Inhalte, Verhalten und Methoden propagiert werden sollen, ohne daß es eine unter gemeinsamen Prämissen forschende Wissenschaft der Semiotik schon gibt? Aus den vorangegangenen kritischen Anmerkungen folgern wir daher auch, daß es sich bei der Vermittlung semiotischer Inhalte im Fach nicht um *die* neuen allgemeinen und gültigen Fachinhalte handeln kann und, ferner, daß es nicht Sinn und Zweck des grundlegenden Unterrichts in der Sekundarstufe I sein kann, in die Formen dieser Wissenschaft propädeutisch einzuführen, so wie es z. B. die Mathematik betreibt. Sinn der sich besonders im Bereich der Massenmedien und der Kritik an einer Theorie der sozialen Kommunikation ergebenden Fragestellungen sollte vielmehr sein, dem einzelnen dazu zu verhelfen, sich seine Umwelt einschließlich der optischen Medien stärker durchschauend aneignen zu können, um Distanz und Affinität seiner Anschauungsweisen gegenüber dieser Welt selbst bestimmen zu können.

Ich glaube, daß die Einführung in die Sachverhalte, so wie sie hier ausschnittweise in diesem Buch dargestellt wurden, nicht das Ziel, sondern nur das Mittel ist, um zu einer Bildung von Selbstbewußtsein des Schülers zu gelangen. Der Schüler soll veranlaßt werden, sich eine Meinung zu bilden und den Mut zu entwickeln, personal verantwortetes Handeln mit dieser Meinung in Einklang zu bringen. Hierzu bedarf es klarer Einsichten in Aufbaugesetze optischer Bestände, die ihm aus sehr unterschiedlichen Zielvorstellungen heraus angeboten werden. Und es bedarf der Fähigkeit, diese zu orten und sich in einem möglichst rationalen analytischen Vorgehen zuzuordnen, das den Genuß – die ästhetische Distanz zu den Dingen als solche – unberührt läßt und allerhöchstens in andere Dimensionen des Genießens einzustellen fähig ist. Dies ist ein Vorgang, der die sinnliche Erfahrung und das intelligible Denken gleichermaßen berührt. Der erste Schritt – den die Schule anregen und erfahrbar machen sollte – wäre dann die Intelligibilität kommunikativer Prozesse:
„Im Lichte der gewöhnlichen Erfahrung ist es nicht nötig, sich zu fragen, aufgrund welcher Mechanismen wir kommunizieren: Wir kommunizieren, das genügt! Aber im Lichte der gewöhnlichen Erfahrung ist es auch nicht

190

nötig, sich zu fragen, aufgrund welcher Mechanismen wir wahrnehmen: Wir nehmen wahr, und das genügt! Aber die Psychologie (in bezug auf die Wahrnehmung) und die Semiotik (in bezug auf die Kommunikation) stellen sich gerade dann ein, wenn man einen scheinbar ,spontanen' Prozeß auf Intelligibilität zurückführen will" (Eco, S. 203). Und dies ist der Ansatz, den wir für den jungen Menschen und seine Heranbildung für die Aufgaben der gegenwärtigen Gesellschaft wählen müssen: Nicht die Tatsache „des Machens", auch nicht die „des Wissens um", sondern das Erkennen der Konsequenzen, die aus dem Handeln erwachsen, ist für jedermann, der eine selbständige Haltung einnehmen möchte, von größter Wichtigkeit. Aufgabe der Schule sollte es daher sein, den Heranwachsenden in alle Spielarten gesellschaftlichen Seins innerhalb einer Kultur einzuführen, sie auszulegen und ihm die Konsequenzen jeder begrenzenden Wahl begreifbar zu machen. Weder der eng an der „bildenden Kunst" orientierte Fachdidaktiker noch der in gesellschaftlichen Prozessen aufgehende „Kommunikationsdidaktiker" können das leisten. Nur das Eröffnen eigener Initiativemöglichkeiten innerhalb unserer Kultur und die Möglichkeit einer intelligiblen Begründung von Entscheidungen, die dem Handeln vorausgehen oder ihm nachgestellt werden sollten, vermögen mitzuhelfen, Selbständigkeit gegenüber den oft verlockenden Angeboten unserer Kultur zu wahren. Hier sollte dann auch ein Unterschied zwischen Denken und Handeln gemacht werden, indem festgestellt wird, daß das eine das andere bedingt.

Der Bildungsprozeß des Schülers hat zum Ziel, ihn zu einem selbstbewußten Menschen zu machen, der sich und seine Umwelt nicht als gegeben hinnimmt, sondern zu kritischer Reflexion und eingreifendem Handeln befähigt wird. Dies geschieht am besten durch einen Unterricht, in dem alternative Entscheidungen möglich sind und eine Erziehung zur Wahl nach Erkenntnisstand und Interesse des Schülers gefördert wird.

Dies bedeutet, daß der Schüler lernen muß, sich im Spannungsfeld individueller und gesellschaftlicher Ansprüche nicht nur zu sehen, sondern auch im Bewußtsein eigener Einflußmöglichkeiten politisch rational betätigen zu können. Dies wird nur erreicht, wenn individuelle Formen des kritischen und produktiven Denkens geübt, Methoden des Kommunizierens und kooperativen Verhaltens bewußt angewendet und die Fähigkeit zu wissenschaftlichem Arbeiten entwickelt werden. Damit fördert Lernen in der Schule Individuationsprozesse mit dem Ziel, daß der einzelne möglichst viel Ichautonomie erlangt und mit Hilfe von Sozialisationsprozessen soziale und kulturelle Kompetenz erwirbt.

Groblernziele des Fundamentums

Gehen wir von der eingangs beschriebenen inhaltlichen Grundgliederung das Fachs (bildende Kunst/visuelle Kommunikation) aus und berücksichtigen wir die durch die Erörterungen gewonnenen Erkenntnisse, so sind *Vorstellung bildende* und *Mitteilung machende visuelle Komplexe* zwar voneinander nicht grundsätzlich zu trennen, in ihren Intentionen aber jeweils zu gewichten. Sie stellen zwei Formen von differenzierter Einstellung zum Leben dar. In jedem Fall sollte der Versuch gemacht werden, über die situativen Anlässe in unserer Kultur zum Verstehen beider Prozesse zu gelangen.

Für den Bereich der visuellen Kommunikation lassen sich drei allgemeine Lernziele formulieren:
1. Der Schüler soll den Vorgang der kommunikativen Nachrichtenübermittlung an einem selbstgewählten Beispiel erklären können.
2. Der Schüler soll den Aufbau je eines Zeichensystems aus dem Bereich der Superisation und der Adjunktion aus gegebenen Zielvorstellungen entwickeln können.
3. Der Schüler soll zwischen Zeichen als allgemeingültigen Mitteilungen und Versuchen, individuelle Vorstellungen ins Bild zu setzen, unterscheiden können.

Während das erste und zweite Lernziel nicht voneinander abhängig sind – die Reihenfolge also gleichgültig ist –, ist das letzte Lernziel vor Erreichen der beiden anderen nur schwer zu erfüllen. Bei allen Lernzielen dieser komplexen und allgemeinen Art muß berücksichtigt werden, daß sie nicht mit einemmal zu erreichen sind, sondern daß sich Zwischenziele ergeben, die im einzelnen schon von langer Hand stufenweise erreicht werden können. Die zeitliche Anordnung der Teilschritte sollte sich daher sowohl auf die Primarstufe wie vor allem auf die Sekundarstufe I erstrecken. Es ist kein plausibler Grund dafür zu nennen, warum nicht schon in der *Vorschule* (Eingangsstufe) mit den allerersten Unterscheidungen zwischen mathematischen, sprachlichen und bildlichen Zeichensystemen begonnen werden sollte. Aus eigener Erfahrung kann hier bestärkend berichtet werden, daß das Verschlüsseln von Mitteilungen in die eine oder andere Zeichenmodalität den Kindern nicht nur einen Mordsspaß macht, sondern auch auf sehr einfache Weise wichtige Erfolgserlebnisse für die Gruppe und den einzelnen zeitigt, sofern man dies spielerisch betreibt. Zudem wird die interdisziplinäre Arbeit auf diese Weise ungemein gefördert, so daß sich auch noch Anzeichen dieser positiven Regungen in der Grundschule selbst dann zeigen, wenn das Fachsystem eng ausgelegt wird. In der *Grundschulzeit* sollte der Schüler den Unterschied zwischen dem Zeichen-Setzen und dem Reproduzieren von Erlebnissen oder Vorstellungen erfahren. Dies läßt sich ganz fugenlos im Unterricht dann einbauen, wenn tatsächlich Mitteilungen auf optischem Wege gemacht werden müssen, wie z. B. bei Schulfesten oder auch Geburtstagen und Klassenausflügen. Am Ende des vierten Schuljahrs sollte der Schüler wissen, was er macht, ohne freilich die Konsequenzen der Repertoirebildung und aller damit zusammenhängenden Fragen schon kennen zu müssen. Er wird dann auch schon in der Lage sein, Bereiche, in denen er die Anwendung optischer Zeichen erfahren hat, zu sammeln und eine erste Systematisierung vorzunehmen. Als Unterrichtshilfe kann die zweite Lerneinheit des Unterrichtswerkes „Material für Kunstunterricht" vom selben Autor (Klett Verlag, Stuttgart 1975) angesehen werden.

In der weiterführenden Schule oder *Sekundarstufe I* kommt es dann darauf an, alle weitergehenden Aspekte zu bearbeiten und zu gliedern. Hierbei kann nach den in diesem Buch behandelten Oberkapiteln vorgegangen werden. Am Ende der 10. Klasse sollte es dem Schüler möglich sein, in den Lernzielen des Fundamentums und den noch näher zu bezeichnenden Teilschritten ausreichende Leistungen durch informelle Tests zu erbringen.

Zum Erreichen des ersten allgemeinen Lernziels bilden die Kapitel „Gegenstand und Abbildung – die Zeichenfunktion" (S. 23 ff.), „Fotobericht über unsere Schule – Mitteilungen durch Zeichen" (S. 28 ff.) und „Der Aufbau visueller Zeichen" (S. 43 f.) die Grundlage. Anregungen für die jeweils schrittweise Annäherung an die beiden anderen Lernziele lassen sich aus den Kapiteln „Beispiele für die Anwendung visueller Kodes bei Superzeichen" (S. 117 ff.) und „Beispiele für die Anwendung visueller Kodes bei Zeichenketten" (S. 129 ff.) entnehmen.

Es ist auch hier zu beachten, daß das Ziel nicht durch eine einmal durchgeführte Unterrichtseinheit zu erreichen ist. Nur ein schrittweiser, über mehrere Klassenstufen hinweg aufbauender Unterricht, der auch die fortwährende Wiederholung des bereits Erkannten und Praktizierten mit einschließt, wird den gewünschten Erfolg zeitigen. Eine curricular abgesicherte Darstellung dessen, was in den einzelnen Klassen tatsächlich gemacht werden soll, kann hier noch nicht geleistet werden. Um aber die lernzielgerechte Umsetzung der Groblernziele und die Ankoppelung an das beschriebene allgemeine Richtziel zu erleichtern, sollen hier wenigstens Teilziele genannt und kurz begründet werden. Aber auch dabei ist zu beachten, daß Lernziele keine methodische Abfolge von Unterrichtsstunden beschreiben und das zeitliche Erreichen der hier wiedergegebenen Teilschritte in der Aufstellung nicht mit berücksichtigt werden konnte. Der Unterricht kann auch durchaus anders gegliedert werden als die Abfolge der Lernziele hier. Z. B. könnte es methodisch angebracht sein, vom Empfänger einer Nachricht und nicht wie hier vom Produzenten auszugehen oder Fragen des Vorverständnisses mit denen nach dem teilidentischen Kode, dem feedback und dem kommunikativen Anspruch zu einer einführenden Unterrichtseinheit zusammenzuziehen. Wenn hier Lernziele in einer Reihenfolge aufgeführt werden, so geschieht das auf der Grundlage eines Rasters, der aus der Schematisierung des Kommunikationsgeschehens (S. 21) vereinfachend entnommen ist und am ehesten erlaubt, über die Jahre hinweg den Überblick über Bearbeitetes und noch Fehlendes zu behalten. So ist die folgende Aufgliederung als Programm über mehrere Schuljahre hinweg zu verstehen.

Teillernziele des Fundamentums für die Klassen 5 bis 10

1	2	3	4	5
Produzent	Produktion	Übermittlung	Rezeption	Rezipient
planen	machen	transportieren	sehen	verstehen
Vorverständnis Absicht	Möglichkeiten Können	Medium Kanal	Möglichkeiten Vermögen	Vorverständnis Veränderung

Ergebnis ← feedback → Erwartung

→ Kommunikation ←

6

Diese Aufstellung müßte am Ende der unterrichtlichen Bemühungen entsprechend dem fachlichen Groblernziel vom Schüler mit Inhalten seiner Wahl erklärt und gefüllt oder auf gegebene Sachverhalte angewendet werden können. Dazu sind verschiedene Schritte notwendig. Die Numerierung in der Übersicht dient nur der Orientierung und sagt nichts über eine zwingende Reihenfolge aus. Wie der Unterricht tatsächlich aussehen könnte, kann z. B. aus dem Kapitel „Fotobericht über unsere Schule" (S. 28) ersehen werden. In dem dort dargestellten Beispiel sind Teillernziele enthalten, die hier an unterschiedlicher Stelle wieder auftauchen.

194

Lernziele der Rubrik 1: Produzent (Hersteller)

☐ Der Schüler soll Absichten verschiedener Produzentengruppen angeben können:

z. B. technischer Zeichner	z. B. planvolles und nachvollziehbares Festhalten von Werkstücken
Künstler	z. B. Konfrontation mit neuen Seh- Denk-Weisen
Werbefachmann	z. B. Überreden zum Konsum
Fotograf	z. B. Dokumentieren von Gegenwartsgeschehen
Filmregisseur	z. B. unreflektierte Unterhaltung.

☐ Der Schüler soll andere alternative Absichten für einzelne Produzentengruppen angeben, erläutern und kritisch dazu Stellung nehmen, um die normative Grundstruktur und die daraus resultierende Veränderbarkeit zu erfahren:

z. B. Werbefachmann	Überreden zum Konsum eines Produktes Informieren über ein Produkt Dokumentieren, wie ein Produkt entsteht
z. B. Architekt	Bauen von Wohnräumen, die funktional durchdacht sind Bauen von Wohnräumen, die billig sind Bauen von Wohnräumen, in denen man sich wohl fühlt

☐ Der Schüler soll verschiedene Vorverständnisse an vorgegebenem Material alternativ entwickeln können, um sich über sein eigenes Vorverständnis der betreffenden Gegenstände Klarheit zu verschaffen und später rational begründet handeln zu können.

z. B. Auftrag	erste Alternative	zweite Alternative
z. B. Wohnung	Korridorwohnung	Wohndielenwohnung
z. B. sakraler Raum	Kirche als liturgischer Funktionsraum	Kommunikationszentrum mit unterschiedlichen Funktionsräumen
z. B. Abbild der Wirklichkeit	Landschaftsbild eines Realisten	Landschaftsbild eines Kubisten
z. B. Konsumanreiz	Reklameanzeige	Werbeanzeige

Der Schüler diskutiert einige angegebene Beispiele, er sammelt und diskutiert selbstgewählte und versucht, sein Verständnis zu orten.

Lernziele der Rubrik 2: Produktion (Herstellung)

☐ Der Schüler lernt Aussagen zu machen über den Unterschied zwischen anschaulicher Realität und visuellem Zeichen von dieser Realität, um so den Eingriff in die Freiheit seiner Möglichkeiten des Sichvorstellens und Urteilens über Wirklichkeit zu begreifen.

Z. B. Kleidung im Gegensatz zur werbenden Darstellung dieser Kleidung; Radiogerät – Darstellung des Geräts in einem Prospekt.

☐ Der Schüler lernt Zeichen als Mitteilungen über Aspekte der Wirklichkeit und über das Meinen des Herstellers über diese Wirklichkeit zu begreifen, um so eine kritische Distanz zu den Mitteilungen durch Zeichen zu gewinnen.

Z. B. die Botschaft „Neuer VW" stellt die vom Produzenten gesehenen Vorteile gegenüber dem alten Modell heraus, relativiert aber nicht die Vorteile des alten zu den Nachteilen des neuen und zum Auto überhaupt – was nur durch reale Erfahrungen möglich ist.

☐ Der Schüler soll zwischen Realität, Signal, Zeichenträger und Zeichengut unterscheiden und sie in komplexen Situationen analysierend trennen können, um seine Freiheit der Wahl gegenüber der gesellschaftlichen Wirklichkeit behaupten zu können.

Wirkliche Sachverhalte sind darauf zu überprüfen, ob sie die Möglichkeit, Zeichen zu werden, enthalten (Signale) oder ob sie als Zeichen von etwas angesehen werden können, z. B. ein geknickter Ast auf einem Waldweg – mögliches Zeichen, Kreidepfeil auf dem Schulhof – Zeichen. Zeichengut = Richtungsangabe, Zeichenträger = Asphalt, Kreide, Linien; Realität: Ich kann gehen, wohin ich will; Entscheidung: mitmachen oder weitergehen?

☐ Der Schüler soll optisch bedeutsame Signale als Zeichen für etwas einsetzen können, indem er die Relation zwischen optischer Wirklichkeit und visuellem Zeichen angeben kann, also den Verabredungscharakter aller kommunikativen Prozesse begriffen hat.

Realer Gegenstand oder wirklicher optischer Eindruck	Bild von diesem Gegenstand oder einem optischen Eindruck
z. B. Plastik	*Verschiedene Bilder der Plastik*
Landschaftsaussicht	*Bild von der Landschaftsaussicht als Grafik, Ölbild, Foto, Fernsehreport*

196

Stadt

Bilder von der Stadt als Ansichts-
postkarte, Plan, Prospekt, Luftbild,
kunsthistorisches Foto

☐ Der Schüler soll den auftretenden Anteil an Informationsreduktion beim Herstellen eines Zeichens einschätzen und gewichten können, um die Kanalisierung des Informationsgehalts beim Kodieren als Quelle von Manipulationsmöglichkeiten zu erkennen.

Z. B. Absturz eines Flugzeuges   *Fotobericht davon in einer Illustrierten*
Besichtigung einer Stadt   *Angebot von Ansichtspostkarten*
über diese Stadt, Stadtführer

☐ Der Schüler soll visuelle Zeichen als Einheit von syntaktischer, semantischer und pragmatischer Dimension auffassen lernen, um mit den Gesichtspunkten Ordnung, Bedeutung und Wirkung zu einem differenzierten Verstehen der sich ihm darbietenden Situationen und Objekte seiner Umwelt zu gelangen.

Z. B. an einem Verkehrszeichen oder religiösen Symbol – die Ordnungs-
qualitäten und ihre Beziehung zueinander, die Bedeutungen der Komplexe
und ihre gesellschaftliche Bedingtheit und ihre Wirkung auf sich und
andere Schüler getrennt erfassen.
Z. B. Richtung, Lage, Ausdehnung, Beschaffenheit und Beziehung von
Ästen an einem Stamm als Ordnungszusammenhang sehen, ihm eine Be-
deutung wie „Baum" oder „Eiche" geben und die Wirkung „wetterzer-
zauster, einsamer Baumriese" als Produkt von Ordnungs- und Bedeu-
tungsbeziehungen sowie eigenem Vorverständnis erklären.

☐ Der Schüler soll Zeichen herstellen können, die Analogien zum Realobjekt haben, diese als semantische Dimension begreifen und interpretieren lernen.

Z. B. Zeichen für „Mensch", „Baum", „Landschaft", „Körper" erfinden
und Zeichen mit syntaktischen Momenten „Viele Menschen", „Viele
Bäume", „Viele Häuser" als gereihte, geballte, gestreute syntaktische Ver-
knüpfung mit einem bestimmten Inhalt verbinden (Versammlung; Scho-
nung; Siedlung).

☐ Der Schüler soll Zeichen erfinden, die ohne Analogie zu Realobjekten einen realen Inhalt vertreten, und deren Stichhaltigkeit überprüfen.

Z. B. Zeichen für Horizont = Waagerechte im Blattformat
Zeichen für Christentum = waagerechte und senkrechte Strecke gekreuzt.

197

☐ Der Schüler soll eine Planungsstrategie für ein Zeichensystem (Superzeichen/Zeichenkette) in Stichworten, Skizzen unter Anwendung der Lasswellschen Formel erstellen können, um eigene Erfahrungen zur Grundlage seines Urteilens machen zu können.
Z. B. Fotobericht, Comic, Kurzfilm oder Fernsehspot herstellen.

☐ Der Schüler soll verschiedene Fertigungsmöglichkeiten innerhalb eines Mediums der optischen Nachrichtenübermittlung an vorgegebenem Material mündlich erklären können und qualitative Unterschiede erkennen.
Z. B. Fotografie   *Knipsen als Zufallsprodukt, Schnappschuß als geplantes Zufallsprodukt, Dokumentation als geplante Darstellung, Gestaltung als geplante Interpretation der Realität*

☐ Der Schüler soll die Herstellung eines Spielfilms bis in Fragen des Szenenaufbaus exemplarisch analysieren können, um den auf Wahrnehmungstäuschungen beruhenden Wirkungen rational begegnen zu können.
Z. B. exemplarische Bearbeitung einer Mordszene, bei der Blut als Farbe, der Messerstich als Schminke, das stöhnende Zusammenbrechen als Spiel, der Tote als Lebendiger, die filmischen Einstellungen und Schnitte als Täuschungstricks zu erkennen sind.

Lernziele der Rubrik 3: Übermittlung (Nachrichtentransport)

☐ Der Schüler lernt selbsthergestellte oder gesammelte optische Bestände von einem Medium in ein anderes zu übertragen, um zu erfahren, daß die unterschiedliche Wahl eines Mediums das Nachrichtengut nicht zu verändern braucht.
Z. B. Umsetzen eines Films in Comic und umgekehrt;
z. B. Erforschen einer „Ausschlachtungsstrategie", z. B. bei Walt Disney, wo über einen Inhalt Schallplatte, Film, Diaserie, Bilderbuch und Fernsehsendung laufen.

☐ Der Schüler soll zwischen verschiedenen Medien der Übermittlung unterscheiden und ihre jeweilige Leistung kritisch darlegen können, um die Wahl des Mediums nicht für Zufall zu halten.
Z. B. Fotografie, Zeichnung, Film, Fernsehen, Plakat, Anzeige, Prospekt oder realistisches Bild werden gemeinsam auf ihren „Nachrichtengehalt" und dessen fehlerlose Schlüssigkeit geprüft. Hieraus wird durch Vergleich die Leistungshöhe, die Leistungsrichtung und der Leistungsumfang eines Mediums festgestellt. Die Schüler lernen danach, ein selbstgewähltes Transferbeispiel möglichst selbständig zu analysieren.

☐ Der Schüler soll die Informationsreduktion bei unterschiedlicher Verkodung anschaulich wahrnehmbarer Objekte analysieren und alternative Beispiele nennen können.

Z.B., daß Fotos von Bildern nicht ihre richtige Größe und Farbgebung, Fotos von Plastiken nicht ihre Ausgedehntheit und den ganzen Werkzustand wiedergeben können und dadurch der unbewußten Manipulation ausgesetzt sind. Sie versuchen, selbst solche Fotos herzustellen.

☐ Die Schüler lernen, daß die optischen Zeichen durch die Wahl eines „Nachrichtenkanals" an Wirkung gewinnen oder verlieren können, und erkennen so die Relation zwischen Wahl des Mediums und des Kanals.

Die Schüler experimentieren z.B. mit einem Dia und einem Plakat in Richtung auf die „Kanalisierung" der Übermittlung und diskutieren Möglichkeiten. Sie wählen andere Medien und stellen „Kanalisierungsmöglichkeiten" zusammen.

☐ Die Schüler sollen Möglichkeiten der Störung bei Wahl eines Mediums und Kanals angeben und bei alternativen Vorschlägen Vor- und Nachteile abwägen und sich begründet für eine Wahl entscheiden können, um bei späterem Kauf medialer Apparaturen ein reflektiertes Urteil zu haben.

Z.B. die Übermittlung einer Schilderung über eine Klassenfahrt durch einen gezeichneten Comic, einen Fotobericht, einen Film oder einen Diavortrag gegeneinander abwägen, Randbedingungen bestimmen und die Durchführung einer gewählten Übermittlung verantwortlich betreiben.

☐ Der Schüler soll lernen, über die verschiedensten Transportbedingungen einer Nachricht reflektierend verfügen zu können und dabei vor allem den Kodierungsvorgang, die Wahl des Übertragungsmediums und die Bedingungen der Anordnung innerhalb eines Systems (Iteration/Superisation/Adjunktion) als das Empfängerverhalten bestimmende Faktoren erklären zu können, um Einblick in mediale Wirkungsmöglichkeiten bei gleichem realem Ausgangsprodukt zu erhalten und kritische Distanz zu gesendeten Aussagen zu gewinnen.

Z.B. Fernsehinterview mit einer bekannten Persönlichkeit – Zeitfaktor, Kürzungsfaktor, Kommentatorbeeinflussung usw.

Lernziele der Rubrik 4: Rezeption

☐ Der Schüler soll das Verhältnis zwischen dem Sichtbaren und dem Sehvorgang bei optischer Informationsaufnahme an Beispielen erklären können, um eine Vorstellung von den individuellen Interpretationsmöglichkeiten bei Zeichen zu erhalten.

Z. B. den Einfluß reflektieren können, den ein Hintereinander von Dias (oder Filmschnitten) auf das Deuten des Aufgenommenen ausübt; durch Verändern der Reihenfolge der vorgeführten Dias kann ein anderer – scheinbar ebenso logischer – Zusammenhang hergestellt werden.

☐ Der Schüler soll über die physiologisch/psychologischen Möglichkeiten des „Sehens" informiert sein und einige stichwortartig angeben können, um die im medialen Übermitteln enthaltenen optischen Täuschungen erkennen zu können.

Z. B. Aufbau des Auges, Gang und Verarbeitung des Lichtreizes, Reizschwelle, Auflösungsvermögen, Bezugsgröße, Aktualgenese, metrische Täuschungen.

Lernziele der Rubrik 5: Rezipient

☐ Der Schüler soll seine Rolle als Dekodierer von optischen Kodes begreifen lernen, um zur Differenzierung des Verhaltens gegenüber optisch Gegebenem zu gelangen.

Es ist darauf hinzuarbeiten, daß „Betrachten" nicht nur ein Verstehensprozeß ist, der von der Fähigkeit, optische Zeichen entschlüsseln zu können, abhängig ist, sondern auch das Vor-Urteil und Vorverständnis des Betrachtenden einschließt, z. B. Abneigung gegen „Kunst".

☐ Der Schüler soll darstellen können, auf welche Weise seine Fähigkeiten des Entschlüsselns optischer Bestände von verschiedenen Faktoren seines Selbst- und Vorverständnisses abhängig sind; so erfährt er, daß er auch bei massenmedialer Übermittlung durch das Fernsehen noch die Möglichkeit zu einer individuellen Einstellung besitzt.

Z. B. Vergleich alter, moderner, aufregender, langweiliger, politisch extremer, kitschiger und künstlerischer Zeichensysteme, um das unterschiedliche „Ankommen" bei allen Klassenmitgliedern zu erforschen und differenziert festzuhalten sowie eine „ästhetische" Einstellung bewußt werden zu lassen.

☐ Der Schüler soll an einem Beispiel die Veränderung der Zeichenwirkung aufzeigen können, die einer optischen Botschaft widerfahren kann, wenn sie an einem anderen als dem vorgesehenen Ort empfangen wird; er lernt so die Einflüsse der Umgebung als „Stimmungsmacher" zu identifizieren.

200

Z. B. Plakat nicht an der Litfaßsäule, sondern zu Hause im Wohnzimmer; Fernsehaufnahme von Politikern in öffentlicher Tätigkeit im häuslichen Privatbereich; Film im Rahmen von Unterricht, denselben Film auf einem Geburtstag, im Kino.

☐ Der Schüler soll den Vorgang des feedback (Rückkopplung) erklären können und an einem selbstgewählten Beispiel durchführen, um Erfahrungen im Kommunizieren mit Produzenten von Zeichensystemen zu erlangen.

Z. B. über einen Fotobericht mit dem Hersteller korrespondieren, mit dem Macher einer Sendung im Fernsehen korrespondieren, mit Parteigremien über die Wirkung eines Plakates korrespondieren.

☐ Der Schüler soll in die Lage versetzt werden, Erwartungen des Senders mit Erwartungen des Empfängers vergleichen und in eine Korrelation zur realen Situation bringen zu können, um die Begrenztheit medialer Übermittlung und die fast unbegrenzten Möglichkeiten realen Erlebens als zwei im eigenen Leben zu gewichtende „Informationsstrategien" zu erkennen.

Lernziele der Rubrik 6: Kommunikation

☐ Der Schüler soll „Kommunikation" als eine Möglichkeit politischen Einwirkens erkennen und selbst handelnd erweisen, um zu erfahren, daß ein solches Handeln Ichautonomie erfordert.

Z. B. muß dem Schüler deutlich werden, daß er über die Annahme, Ablehnung oder Veränderung optischer Nachrichten durch „feedback" verantwortlich und zielbewußt mitentscheiden kann, indem er z. B. einen Leserbrief schreibt, eine Diskussion entfacht oder Selbstproduziertes ausstellt. Es wären z. B. „Künstler", „Werbemanager", „Reporter", „Wissenschaftler" in diesem Sinne anzugehen. Die darin enthaltene normative Entscheidung sollte als existentielle Frage erörtert werden.

☐ Der Schüler soll den Unterschied zwischen „optischer Information" und „Kommunikation" darstellen können.

☐ Der Schüler soll einen Unterschied zwischen „erlebnishafter Auffassung" und „kommunikativem Verhalten beim Auffassen" erklären und als alternative Verhaltensweisen beschreiben können.

Das dritte allgemeine Lernziel (S. 192) kann erst – wie schon erwähnt – nach Annäherung an die beiden vorausgegangenen erreicht werden. In Verbindung mit dem zweiten Richtziel stellt es das wichtigste Ziel dar. Geht es doch hier um die Frage, ob die Abhängigkeit des einzelnen von den Produkten dieser Gesellschaft so total ist, daß es für ihn keinen anderen Weg mehr gibt, als sich den Übermittlungsstrategien der Medien hinzugeben. Hier scheint mir ein klarer Hinweis auf die individuellen Aspekte „ästhetischer Erfahrung" nicht nur höchst sinnvoll, sondern im Zusammenhang mit dem Auftrag des Fachs und seiner sachlichen Struktur sogar notwendig. Auf die Fragen, was „bildende Kunst" eigentlich leiste und was ein Kunstwerk denn nun sei, konnte in diesem Buch aus verständlichen Gründen nicht ausführlich eingegangen werden. Hier geht es nur darum, allen Versuchen, die künstlerische Aussage, was auch immer das sei, der visuellen Kommunikation als Ganzes einzuverleiben und „das ganz andere" des Kunstwerks gegenüber Lifesendungen, Werbeprodukten, Symbolen und Signalen zu nivellieren, ganz entschieden entgegenzutreten – im übrigen mit den Argumenten der Semiotiker, gegen eine Gruppe von Didaktikern, deren Schwerpunkt im Bereich der sogenannten „sozialen und massenmedialen Kommunikation" liegt und teilweise zu politischer Indoktrination entartet ist.

So richten sich die Teillernziele des dritten allgemeinen Lernziels vor allem auf die Eingrenzung des Wirkungsfeldes visueller Zeichen mit dem Ziel der voraussagbar irrtumsfreien Kommunikation. Wird das fachliche Groblernziel in dieser Richtung ausgelegt, ergeben sich folgende Teillernziele:

☐ Der Schüler lernt, visuelle Zeichensysteme als allgemein verstehbare Kodes von Mitteilungen über etwas an sich schon Bekanntes zu werten, um die Begrenztheit dieser Systeme und ihrer geplanten Wirkung zu erkennen.
Z. B. Verkehrszeichen als optisch gefaßte Regeln des vorhandenen Verkehrs.

☐ Der Schüler lernt, daß visuelle Zeichensysteme gesellschaftlich beherrschte Bedeutungen mit einer vom Produzenten im voraus bestimmten Wirkungsabsicht zu einer allgemein verstehbaren Mitteilung umformen; er lernt so, sie mit einer angemessenen Methode zu analysieren.
Z. B. Anwenden der Lasswellschen Formen auf jedes optische Signal.

☐ Der Schüler lernt, daß nicht alle optischen Signale aus schon gesellschaftlich beherrschten Bedeutungen zusammengesetzt sind, sondern daß durch sie auch individuell Erfahrenes und Vorgestelltes erst in den Kontext einer Kultur eingebracht werden kann.

Z. B. ein aus Comicbildern entwickeltes Bild von Roy Lichtenstein als Dar-
stellen individueller Erfahrungen über Zeichensysteme in unserer Kultur
verstehen und wertend bearbeiten.
Deutungsfreiheit und Irrtumsmöglichkeit nicht als fehlerhaftes gesell-
schaftliches Kodieren ansehen, sondern als notwendige Denkanstöße für
individuelles Verhalten vor „dem ganz anderen" begründen und für sich
verwenden können.
Z. B. moderne oder ältere Werke der bildenden Kunst als Möglichkeit zur
Erweiterung eigener Lebensanschauung und -erfahrung werten und dar-
über urteilen.

Es ist jedem, der sich auch nur ein wenig mit den Bereichen bildende
Kunst und visuelle Kommunikation auseinandergesetzt hat und zu einem
differenzierenden Urteil gelangt ist, klar, daß hier eine Fülle von Lernzielen folgen müßte, die den inhaltlichen Komplex „bildende Kunst"
weiter aufschlüsseln. Da es sich in dieser Abhandlung nur um den Aspekt
„visuelle Kommunikation in der Schule" handeln soll, muß auf eine
weitere Erörterung in der sich anbietenden Richtung absichtsvoll verzichtet
werden. Es sei hier nur einiges angemerkt, damit der Gesamtzusammenhang dennoch verständlich ist:

Bildende Kunst und visuelle Kommunikation stehen sich nach den bisherigen Erkenntnissen gegenüber. Es scheint möglich, sich als Lehrer entweder für den einen oder den anderen Gesichtspunkt allein zu entscheiden.
Dies ist aber schon deshalb nicht angebracht, weil das Prinzip des Fachs
vor allem das *Sehen* ist. Die übergeordnete Vereinigung zweier sehr unterschiedlicher Verhalten – dem vor „Kunst" und dem vor „Mitteilung" –
findet in einem Unterrichtsfeld statt, das mit *Wahrnehmungsschulung* bezeichnet werden soll. Die Wahrnehmung ist das bindende Glied zwischen
zwei recht unterschiedlichen Auslegungen von optisch Gegebenem in unserer Kultur und findet in sehr unterschiedlichem Verhalten auch des
naiven Menschen eine jeweilige Entsprechung. Erst ein Curriculum des
Fachgebiets, das diese drei Komponenten entsprechend gewichtet und im
Unterrichtsvorgang berücksichtigt, wird didaktisch zufriedenstellend Sach-
inhalte der Wissenschaft mit entsprechenden Verhaltensweisen der Menschen verbinden können. Es braucht nicht noch einmal ausgeführt zu werden, daß dann auch gesellschaftliche und politische Aspekte in das Fach
integriert sind und daß nicht umgekehrt so getan werden darf, als seien
Sehen, Kunst und Zeichen nur beliebig austauschbare Vehikel, um eine
erwünschte politisch-gesellschaftliche Grundstimmung beim noch ahnungs-
losen Schüler zu erlangen.

Additum im Lernbereich „visuelle Kommunikation"

Da sich nicht leugnen läßt, daß visuelle Zeichensysteme gleich welcher Art die Lebenswirklichkeit des Schülers wie des Erwachsenen bestimmen, läßt sich daher auch ein Fundamentum formulieren, das sowohl den individuellen Bedürfnissen des einzelnen entspricht als auch die gesellschaftlich gewordenen Aspekte unserer Kultur berücksichtigt.

Anders verhält es sich mit den Addita in diesem Bereich. Sie sind nicht notwendigerweise zu unterrichten und lassen dem Lehrer entsprechend seiner Vorbildung, den Interessen seiner Schüler und der Gewichtung seines normativen Standorts Freiheiten bei der Wahl und der Durchführung. Dabei ist nicht nur die Forderung zu erheben, daß Unterrichtseinheiten als Addita nicht dem Fundamentum vorauseilen oder dieses gar überflüssig machen dürfen, sondern es ist natürlich Aufgabe des Didaktikers, ein in diesem Sinne offenes Curriculum zu entwickeln, in welchem die möglichen Verhältnisse zwischen Fundamentum und Addita bestimmt, auf Klassenstufen bezogen und zeitlich im Verlauf des Gesamtfachunterrichts eingeplant werden müßten. Dies ist hier nicht zu leisten. Hier sei daher nur stichwortartig vorgeschlagen, welche zusätzlichen Möglichkeiten der Lehrer besitzt, den Bereich „visuelle Kommunikation" auszuweiten und zum Wohle des Schülers zu vertiefen.

Alles, was bei der Unterrichtung über das Fundamentum nicht zur Sprache gekommen ist – und das ist nicht wenig –, kann prinzipiell zum Additum erhoben werden. Ob es sich dabei z. B. um die Klassifizierungsprobleme visueller Zeichen handelt, ob Zeichenarten und Kodearten erkannt werden sollen, ob Fragen des ikonischen Zeichens besonders behandelt werden sollen oder die Frage nach der „ästhetischen Information" im Vordergrund steht oder die „Massenmedien", ob die Analyse eines solchen Produktions- und Wirkungsprozesses oder die Herstellung eines solchen als „massenmediale Vermittlung" aufgebauten Zeichensystems das Ziel gemeinsamer Reflexion und Produktion ist – alle Inhalte müßten Kurscharakter haben, in sich abgeschlossen sein, gruppenspezifische Arbeitsformen bevorzugen und immer kontrolliert die Vertiefung des Fundamentum-Unterrichts leisten. So gesehen ließen sich auch für die Sekundarstufe II Kurse zusammenstellen, die z. B. die vergleichende Bearbeitung von linguistischen und visuellen Problemen zum Inhalt haben oder die Erarbeitung des Standes semiotischer Forschung samt der kritischen Auseinandersetzung mit den einzelnen Richtungen, oder auch eine vergleichende Studie – Möglichkeiten genug . . .

Glossar

Einige häufig wiederkehrende Begriffe der semiotischen Wissenschaft werden hier erklärt. Dabei hat die Bedeutung Vorrang, in der die Begriffe in diesem Buch verwendet werden. Erst in zweiter Linie werden andere Bedeutungen erwähnt, jedoch nicht vollständig bearbeitet.

Adjunktion
Bildung einer Kombination von Kodes, bei der die Folge der Kodes vom ersten bestimmt wird. Dabei entsteht eine Zeichenkette, die nach einer Seite hin offen ist.

Apperzeption
Die physiologisch/psychologische Verarbeitung von Lichtreizen auf der Retina (Netzhaut) des Auges und im Kurzzeitspeicher des Kleinhirns (10 se. max.).

bit
Abkürzung von *binary digit* – Ja-Nein-Entscheidung; Meßeinheit, mit der die Anzahl der Ja-Nein-Entscheidungen angegeben wird, die zum Auffinden z. B. einer Neuigkeit innerhalb einer Informationsmenge notwendig ist.

black-box
„Zauberkasten", Modell für in ihrem Aufbau unbekannte Systeme.

Dekodierung
Vorgang, bei dem unter Anwendung von Regeln eine als Zeichen bestimmte Darstellungsform in eine andere rückübersetzt wird. Für eine Dekodierung muß dieser Vorgang umgekehrt eindeutig sein.

Denotat
Worauf ein Zeichen in der Realität verweist.

Designat
Was ein Zeichen unabhängig vom Realbezug verabredungsgemäß bezeichnet; das, worüber ein Zeichen informiert.

diskretes Signal/Zeichen
Signal oder Zeichen, dessen Informationsumfang nur endlich viele (diskrete) Werte annehmen kann.

enthymematische Beziehung
Hergeleitet von *enthymem* – Gedanke; Wahrscheinlichkeitsschluß; hier: die Beziehung zwischen dem vielseitig interpretierbaren Bild und einem Text, der eine bestimmte Richtung des Verstehens wahrscheinlich werden läßt.

feedback
Rückkoppelung. Vorgang, bei dem die veränderten Ausgangsgrößen gegenüber den ursprünglichen Eingangsgrößen eines Systems auf die Eingangsgrößen zurückwirken. Die „Regelung" ist ein Spezialfall der Rückkoppelung.

ikonische Beziehung
Diejenige Beziehung eines Zeichens zur Realität, die eine oder mehrere Wahrnehmungsbedingungen der realen Gestalt durch ein Zeichen für diese Gestalt besonders hervorhebt.

ikonische Zeichen
Alle durch das Auge wahrnehmbaren Zeichen, die analog zu realen Gestalten gebildet werden.

ikonographische Beziehung
Hergeleitet von *ikon* – Bild, *graphein* – schreiben; hier: mit Bildern schreiben; diejenige Beziehung zwischen Objekt und Zeichen, die mittels Bildern, die selbst keinen Bezug zum Objekt haben, ausgedrückt wird.

Information
Neuigkeit, Nachricht; in der Semiotik Größe der Wahrscheinlichkeit, mit der ein Ereignis eintreffen wird.

Informationsgehalt
Relative Häufigkeit des Auftretens einer Nachricht in bezug zu einer bestimmten Nachrichtenquelle.

Iteration
Bildung einer Kombination von Kodes, die nach allen Seiten hin offen ist.

Kodierung
Vorgang, bei dem unter Anwendung von Regeln eine Nachricht von einer Darstellungsform in eine andere transformiert wird.

Kommunikation
Mitteilung, Verständigung, Gemeinsammachen von Information mit dem Ziel, bestimmte Handlungen und Verhaltensweisen zu bewirken.

Konnex
Verbindung, Zusammenhang von Zeichenelementen in einer regelhaften Form.

Konnotat
Was beim Lesen von Zeichen mitgefühlt und mitgewußt wird und dadurch das Verstehen der Zeichenbedeutung beeinflußt.

Konventionalisierung

Das Allgemeinwerden von Bedeutungen eines Zeichens durch allmähliches Herauskristallisieren eines Bedeutungsgrundsatzes, der nicht mehr auf die Relation Zeichen – Realität zurückgeführt wird, sondern auf gesellschaftliche Übereinkunft. Die Bedeutung eines solchen Zeichens stützt sich nur auf die Relation Zeichen – Bedeutungsgrundsatz.

Kybernetik

Wissenschaft von den Steuerungsfunktionen innerhalb realer oder modellartig konstruierter Regelkreise.

Medium

Mittler, Träger physikalischer oder chemischer Vorgänge; Mittel, das den Transport von kodierten Nachrichten ermöglicht.

Modell

Hier: ein Gegenstand (Aufbau, Prozeß), der Analogien zu einem anderen Gegenstand (Aufbau, Prozeß) aufweist, die Rückschlüsse auf den der Analogie zugrunde liegenden Gegenstand (Aufbau, Prozeß) zulassen.

Nachrichtenquelle

Auch Signal-, Zeichen- oder Informationsquelle genannt, ist der zusammenfassende Begriff für das Vorhandensein einer Menge von Elementen, dem Repertoire, und einem System von Regeln – unabhängig davon, ob es sich um Personen oder Sachen handelt.

Perzeption

Der rein physiologisch/physikalische Vorgang des Aufnehmens von Lichtreizen beim Sehen. Im englischen Sprachraum wird der gesamte Wahrnehmungsvorgang unter diesem Begriff zusammengefaßt.

Pragmatik (Interpretandenbezug)

Es wird die Beziehung zwischen Zeichen und dem Erzeuger und Empfänger von Zeichen untersucht, um zu Regeln über Wirkungsweise und -umfang von Zeichen zu gelangen.

Repertoire

Eine bestimmte Menge von Zeichen, die von vornherein zur Übermittlung einer Nachricht durch den Sender bestimmt werden.

Rezeption

Die sinnfüllende Verarbeitung von aufgenommenen Lichtreizen, Verkoppelung mit bereits gemachten Erfahrungen und Einordnung in den Langzeitspeicher des Hirns.

Rezipient
Eine Person, die Wahrgenommenes mit Sinn verbindet und bereits Gewußtem zuordnet.

Semantik (Objektbezug)
Es werden die Beziehungen zwischen Objekt (Realität) und dem zu Bezeichnenden untersucht, um zu Regeln über Bedeutungsart und -umfang eines Zeichens zu gelangen.

Semiose/Zeichenprozeß
Jede Situation, in der etwas durch die Vermittlung eines Dritten von etwas, das nicht unmittelbar kausal wirksam ist, Notiz nimmt. Jeder Zeichenprozeß ist also ein Vorgang des „mittelbar Notiznehmens".

Semiotik
Theorie der Zeichen, Wissenschaft von den Zeichen überhaupt; Semiotiker sind Wissenschaftler, die Gestalt, Aufbau sowie Bedeutung und Wirkung von Zeichen systematisch untersuchen, um Regelsysteme von Zeichenprozessen aufstellen zu können.

Signal
Materielle Zustände in der Wirklichkeit, die auf Verabredung Zeichenfunktionen übernehmen können (in diesem Sinne wird auch „Symbol" verwendet); im engeren Sinne ein Zeichen, das eine bestimmte Handlung hervorruft und von Fall zu Fall im Zusammenhang mit der Handlung auftritt.

substitutives Zeichen sensu stricto
Ein Zeichen, das mit dem es repräsentierenden materiellen Gegenstand gestalthafte Ähnlichkeit hat und selbst materiell ist.

Superisation
Bildung einer Kombination von Kodes unter einer höheren Ordnung, dem Superzeichen, das ein abgeschlossenes Ganzes ist.

Symbol
Im weiten Sinne ähnlich wie „Signal" verwendet; im engeren Sinne ein Zeichen, das für abstrakte Begriffe steht, in seiner Lesbarkeit von gesellschaftlichen Übereinkünften abhängig ist, ein Abstraktum in einer sinnlichen Form repräsentiert.

Syntaktik (Mittelbezug)
Es werden die Beziehungen der Zeichen untereinander untersucht, ohne Bedeutungsgehalte zu berücksichtigen, um Ordnungsregeln für Zeichensysteme aufstellen zu können.

topische Beziehung
Hergeleitet von *topos* – Denk- und Ausdrucksschema, auch Gemeinplatz, Block von erworbenen Vorurteilen; hier: die Beziehung zwischen dem Zeichenzusammenhang und einem kulturell erworbenen Meinungsblock des Rezipienten.

tropologische Beziehung
Hergeleitet von *tropos* – Wendung; in der Rhetorik das Ersetzen eines naheliegenden Ausdrucks durch einen anderen mit dem Ziel des vollkommeneren Ausdrucks. Hier: die Beziehung zwischen dem Objekt und der ihm zugeordneten neuen bildhaften Wendung.

visuelle Zeichen
Alle durch das Auge wahrnehmbaren Zeichen.

Zeichenfunktion
Die Wirksamkeit des Zeichens, vor allem die sigmatische, syntaktische, semantische und pragmatische Wirksamkeit; in diesem Zusammenhang auch die gegenseitige Abhängigkeit der einzelnen Ebenen voneinander.

Zeichenrelation
Diejenige Verbindung, die zwischen der Realität und dem Zeichen für diese Realität besteht.

Zeichenträger
Der physikalische Zustand oder Prozeß, an den ein Zeichen geknüpft wird.

Anregungen zum Selbststudium

Grundlagenliteratur

Bense, Max: Semiotik – allgemeine Theorie der Zeichen, Baden-Baden 1967
Cherry, Canon: Kommunikationsforschung – eine neue Wissenschaft, Frankfurt 1967
Cube, Felix von: Was ist Kybernetik? Grundbegriffe, Methoden, Anwendungen, Bremen 1967
Eco, Umberto: Einführung in die Semiotik, München 1972
Flechtner, Hans J.: Grundbegriffe der Kybernetik, Stuttgart 1969
Klaus, Georg: Semiotik und Erkenntnistheorie, München 1973
Maser, Siegfried: Grundlagen der allgemeinen Kommunikationstheorie, Stuttgart 1971
Morris, Charles, W.: Grundlagen der Zeichentheorie (1938); Ästhetik und Zeichentheorie (1939), Reihe Hanser 106, München 1972
Pierce, Charles S.: Über Zeichen, hrsg. von E. Walther, Stuttgart 1965
Schaff, Adam: Einführung in die Semantik, Frankfurt 1969
Walther, Elisabeth: Allgemeine Zeichenlehre, 1972

Kritik der Grundlagen

Held, Karl: Kommunikationsforschung – Wissenschaft oder Ideologie, München 1973

Kunst und Information

Gunzenhäuser, Rul: Ästhetisches Maß und ästhetische Information, Quickborn 1962
Franke, Herbert: Phänomen Kunst, München 1967
Pfeiffer, Günter: Kunst und Kommunikation – Grundlegung einer kybernetischen Ästhetik, Köln 1972

Massenkommunikation

Adorno Th. W.: Prolog zum Fernsehen, in: Eingriffe, Frankfurt 1963
Feldmann, Erich: Theorie der Massenmedien, München 1962
Knilli, Friedrich (Hrsg.): Semiotik des Films, München 1971
Maletzke, G.: Psychologie der Massenkommunikation, Hamburg 1963
Metz, Christian: Semiologie des Films, München 1972
Prokop, Dieter (Hrsg.): Massenkommunikationsforschung, Bd. 1 und Bd. 2, Frankfurt 1972

Didaktische Ansätze

Ehmer, Hermann K. (Hrsg.): Visuelle Kommunikation – Beiträge zur Kritik der Bewußtseinsindustrie, Köln 1970

Knilli, Friedrich / Reiss, Erwin: Einführung in die Film- und Fernsehanalyse – ein ABC für Zuschauer, Steinbach 1971

Ronge, H. (Hrsg.): Kunst und Kybernetik, Köln 1968

Lexikon

Klaus, Georg: Wörterbuch der Kybernetik, Berlin 1967